2018年第四季度

Quarter Four, 2018

中国货币政策执行报告

CHINA MONETARY POLICY REPORT

中国人民银行货币政策分析小组

Monetary Policy Analysis Group of the People's Bank of China

责任编辑：童祎薇
责任校对：潘　洁
责任印制：程　颖

图书在版编目(CIP)数据

2018年第四季度中国货币政策执行报告(2018 nian Disi Jidu Zhongguo Huobi Zhengce Zhixing Baogao)/中国人民银行货币政策分析小组.—北京：中国金融出版社，2019.5
ISBN 978-7-5220-0101-2

I.①2… II.①中… III.①货币政策－工作报告－中国－2018 IV.①F822.0

中国版本图书馆CIP数据核字(2019)第087801号

出版发行 中国金融出版社
社址 北京市丰台区益泽路2号
市场开发部 (010)63266347，63805472，63439533 (传真)
网 上 书 店 http://www.chinafph.com
(010)63286832，63365686 (传真)
读者服务部 (010)66070833，62568380
邮编 100071
经销 新华书店
印刷 北京侨友印刷有限公司
装订 平阳装订厂
尺寸 210毫米×285毫米
印张 13.75
字数 290千
版次 2019年5月第1版
印次 2019年5月第1次印刷
定价 98.00元
ISBN 978-7-5220-0101-2

本书执笔人

总　　纂：刘国强　孙国峰

审　　稿：李　斌　霍颖励　纪志宏　王景武　阮健弘　朱　隽
周诚君　孙天琦

统　　稿：张　蓓

执　　笔：

第一部分：徐　伟　李炜楠　曾冬青　胡　婧

第二部分：黄海涛　陈　颖　穆争社　尚昕昕

第三部分：毛奇正　孟令阔　赵瑞清

第四部分：王一飞　马志扬　戴　革　赵亚琪

第五部分：李文喆　单敬雯

附录整理：夏座蓉　张淳奕　时昱旻等

提供材料的还有：李　航　王丝雨　邱潮斌　刘雨宁　苏小竞
张双长　罗嗣源　程艳芬　蔡春春　王小立
段　炼　孙　雪　王　宁　庞　博　卢　瑶
刘　敏　莫依依　刘　浏　昝国江　黄健洋

英文总纂：朱　隽　张正鑫

英文翻译：曹志鸿　周　朔　何君玲　韩士皓　郑朝亮
马　辉　仵　洁　陈　松　齐　喆　任　浩
舒　林　王一飞

英文审校：Nancy Hearst（美国哈佛大学费正清东亚研究中心）

Contributors to This Report

CHIEF EDITORS:

LIU Guoqiang SUN Guofeng

READERS:

LI Bin HUO Yingli JI Zhihong WANG Jingwu RUAN Jianhong ZHU Jun ZHOU Chengjun SUN Tianqi

EDITORS:

ZHANG Bei

AUTHORS:

PART ONE: XU Wei LI Weinan ZENG Dongqing HU Jing

PART TWO: HUANG Haitao CHEN Ying MU Zhengshe SHANG Xinxin

PART THREE: MAO Qizheng MENG Lingkuo ZHAO Ruiqing

PART FOUR: WANG Yifei MA Zhiyang DAI Ge ZHAO Yaqi

PART FIVE: LI Wenzhe SHAN Jingwen

APPENDIX: XIA Zuorong ZHANG Chunyi SHI Yumin et al.

OTHER CONTRIBUTORS: LI Hang WANG Siyu QIU Chaobin LIU Yuning SU Xiaojing ZHANG Shuangchang LUO Siyuan CHENG Yanfen CAI Chunchun WANG Xiaoli DUAN Lian SUN Xue WANG Ning PANG Bo LU Yao LIU Min MO Yiyi LIU Liu ZAN Guojiang HUANG Jianyang

ENGLISH EDITION

CHIEF EDITORS: ZHU Jun ZHANG Zhengxin

TRANSLATORS: CAO Zhihong ZHOU Shuo HE Junling HAN Shihao ZHENG Zhaoliang MA Hui WU Jie CHEN Song QI Zhe REN Hao SHU Lin WANG Yifei

PROOFREADER:

Nancy Hearst (Fairbank Center for East Asian Research, Harvard University)

内容摘要

2018年以来，全球经济总体延续复苏态势，但外部环境发生明显变化，不确定因素增多。中国经济保持较强韧性，但在新旧动能转换阶段，长期积累的风险隐患暴露增多，小微企业、民营企业融资难问题较为突出，经济面临下行压力。

面对稳中有变、变中有忧的内外部形势，按照党中央、国务院部署，中国人民银行坚持稳中求进工作总基调，实施稳健的货币政策，坚持金融服务实体经济的根本要求，主动作为、创新操作、精准发力，前瞻性地采取了一系列逆周期调节措施，激励引导金融机构加大对实体经济尤其是对小微企业和民营企业的支持力度，着力缓解资本、流动性和利率等方面的约束，疏通货币政策传导，并把握好内部均衡与外部均衡之间的平衡，为供给侧结构性改革和高质量发展营造适宜的货币金融环境。一是通过定向降准、中期借贷便利（MLF）等操作，增加中长期流动性供应，保持流动性合理充裕，货币市场利率整体下行，并逐步传导至实体经济。二是在保持总量适度的同时，运用和创新结构性货币政策工具，加大对小微、民营企业的支持。扩大MLF等工具担保品范围，三次增加再贷款和再贴现额度共4 000亿元、下调支小再贷款利率0.5个百分点、扩大支小再贷款对象和支持企业范围，创设定向中期借贷便利（TMLF），根据金融机构对小微企业、民营企业支持情况，以优惠利率向其提供长期稳定资金。推动以永续债为突破口，多渠道补充商业银行资本，创设央行票据互换（CBS）工具，为银行发行永续债提供流动性支持。三是适时调整和完善宏观审慎政策。充分发挥宏观审慎评估（MPA）的逆周期调节和结构引导作用，在宏观审慎评估中增设小微企业和民营企业融资、债转股情况等专项指标，鼓励金融机构加大对实体经济的支持力度。出台资管新规，并推动其平稳实施。四是继续深入推进利率市场化改革和人民币汇率形成机制改革。进一步健全市场利率定价自律机制，推动同业存单和大额存单有序发展，引导金融机构自主合理定价，完善市场化的利率形成、调控和传导机制。在保持汇率弹性的同时，果断采取一系列有针对性、创新性的措施，适时调整外汇风险准备金率，重启人民币汇率中间价报价“逆周期因子”，有效稳定市场预期，保持了人民币汇率在合理均衡水平上的基本稳定。在香港发行中央银行票据，完善香港人民币收益率曲线。

总体来看，货币政策调控较好把握了支持实体经济和兼顾内外部均衡之间的平衡，在不搞“大水漫灌”的同时更好地服务实体经济，促进了国民经济的平稳健康发展。银行体系流动性合理充裕，贷款同比大幅多增，广义货币（M2）和社会融资规模存量增速与名义GDP增速基本匹配，宏观杠杆率保持稳定。2018年以来，M2增速保持在8%以上；人民币贷款全年新增16.2万亿元，同比多增2.6万亿元；年末社会融资规模存量同比增长9.8%。截至2018年12月，企业贷款加权平均利率已连续四个月下降，累计下降0.25个百分点，其中，微型企业贷款利率已连续五个月下降，累计下降0.39个百分点。年末，CFETS人民币汇率指数为93.28，人民币汇率预期总体稳定。国民经济继续运行在合理区间，2018年GDP同比增长6.6%，消费对经济增长的拉动作用增强，CPI同比上涨2.1%。

当前中国经济保持平稳发展的有利因素较多，中国仍处于并将长期处于重要战略机遇期，三大攻坚战开局良好，供给侧结构性改革深入推进，改革开放力度加大，经济发展潜力较大，宏观政策的效果正在逐步显现。但世界经济形势更加错综复杂，我国发展长短期、内外部等因素变化带来的风险挑战明显增多，内生增长动力有待进一步增强。下一阶段，中国人民银行将按照党中央、国务院部署，以习近平新时代中国特色社会主义思想为指导，坚持稳中求进工作总基调，坚持新发展理念，坚持推动高质量发展，坚持以供给侧结构性改革为主线，紧紧围绕服务实体经济、防控金融风险、深化金融改革三项任务，创新和完善金融宏观调控。稳健的货币政策松紧适度，保持银行体系流动性合理充裕和市场利率水平合理稳定，促进货币信贷和社会融资规模合理增长。平衡好总量和结构之间的关系，创新货币政策工具，发挥"几家抬"的政策合力，从供需两端共同夯实疏通货币政策传导的微观基础。协调好本外币政策，处理好内部均衡和外部均衡之间的平衡，保持人民币汇率弹性，保持人民币汇率在合理均衡水平上的基本稳定。切实防范化解重点领域金融风险，平衡好促发展与防风险之间的关系。提高金融结构的适应性，在服务经济结构转型升级的同时增强金融体系的韧性。在实施稳健货币政策、增强微观主体活力和发挥好资本市场功能三者之间形成三角形支撑框架，促进国民经济整体良性循环。

Executive Summary

In 2018 the global economy continued its general recovery trend, yet the external environment witnessed obvious changes with increasing uncertain factors. The Chinese economy maintained its relatively strong resilience. However, during the transitional period with new growth drivers replacing old ones, the long-accumulated and latent risks were increasingly exposed. The financing difficulties of small and micro businesses (SMBs) and private enterprises were rather prominent and the Chinese economy was under downward pressures.

Facing the internal and external environments characterized by changes and concerns amidst stability and following the arrangements of the CPC Central Committee and the State Council, the PBC adhered to the overall strategy of seeking progress while maintaining stability and implemented sound monetary policies. Insisting on the basic requirement that financing should be channeled to serve the real economy, the PBC proactively carried out innovative operations so as to address targeted problems. It adopted a series of counter-cyclical adjustments in a forward-looking manner to motivate and guide financial institutions to beef up support to the real economy, especially to small and micro enterprises and the private sector, by relieving constraints on capital, liquidity and interest rates. It enhanced the transmission of monetary policy and established a proper balance between the internal and the external equilibrium so as to provide a favorable monetary and financial environment for supply-side structural reforms and high-quality development.

First, through operations such as targeted reductions of the reserve requirement ratios and the Medium-term Lending Facility (MLF), the medium and long-term liquidity supply was increased to keep liquidity at a reasonable and adequate level. The effects of the decline in money-market interest rates have gradually been transmitted to the real economy.

Second, structural monetary-policy tools were employed and innovated to step up support for SMBs and private enterprises, while keeping the aggregate money supply at an appropriate level. The scope of collaterals for instruments such as the MLF was expanded, and quotas on central-bank lending and central-bank discounts were raised three times with a cumulative increase of RMB400 billion, and central-bank lending rate for SMBs was lowered by 0.5 percentage point, and the scope of entities and enterprises eligible for central-bank lending to SMBs was expanded. A targeted Medium-term Lending Facility (TMLF) was launched to provide a long-term stable source of funding at favorable rates for financial institutions based on the growth of their loans to SMBs and private enterprises. It used perpetual bonds as one of the channels to replenish the capital of the commercial banks and launched the central-bank bill swap (CBS) to provide liquidity support for the issuance of perpetual bonds by banks.

Third, macro-prudential policies were adjusted and improved in a timely manner. The PBC gave full play to the role of macro-prudential assessments (MPA) in counter-cyclical adjustments and structural guidance. It added certain specific indices, such as indices on financing to SMBs and private enterprises and indices on debt-to-equity swaps in the MPA so as to encourage financial institutions to step up their support for the real economy. The PBC also released new asset management regulations and promoted their steady implementation.

Fourth, the PBC continued to deepen the reform of interest-rate marketization and the reform of the RMB exchange-rate formation mechanism. It further improved the self-discipline mechanism of market interest-rate pricing, promoted the orderly development of interbank CDs and large-value CDs, guided financial institutions to establish independent and reasonable pricing, and improved the formulation, adjustment and transmission mechanism of market-based interest rates. While maintaining a flexible RMB exchange rate, the PBC decisively adopted a series of targeted and innovative measures, adjusted the foreign-exchange risk reserve ratio, and reintroduced "counter-cyclical factors" in the pricing of the RMB central parity. It effectively stabilized market expectations and kept the RMB exchange rate basically stable at a reasonable and balanced level. The PBC issued central-bank bills in Hong Kong, thus improving the RMB yield curve there.

In general, the monetary-policy adjustments established a good balance between supporting the real economy and maintaining an internal and external equilibrium. It worked to better serve the real economy without massive stimulation so as to promote stable and healthy economic growth. Liquidity in the banking system was reasonable and adequate, and lending by financial institutions grew much more rapidly than during the same period in 2017. The growth of broad money (M2) and all-system financing aggregates matched the growth of nominal GDP, and the macro leverage ratio remained stable. In 2018, M2 growth remained above 8 percent. RMB loans registered an increase of RMB16.2 trillion from the beginning of the year, up by RMB2.6 trillion from the previous year. At the end of the year, outstanding all-system financing aggregates were growing by 9.8 percent year on year. By December 2018, the weighted average interest rate on loans to non-financial enterprises and other sectors had dropped for four consecutive months, with a cumulative decrease of 0.25 percentage point. Among these, the interest rate on loans to micro firms dropped for five consecutive months, with a cumulative decrease of 0.39 percentage point. At the end of 2018, the CFETS RMB exchange-rate index was 93.28 and expectations about the RMB exchange rate were generally stable. The economy continued to grow within a reasonable range. GDP in 2018 grew by 6.6 percent, with consumption playing a bigger role in driving the economy, and the CPI rose 2.1 percent year on year.

Now there are a number of favorable factors to keep the Chinese economy operating smoothly. China will continue to be in a phase of vital strategic opportunities for a long time. The economy still has great potential as the effects of the macroeconomic policies are gradually emerging, the three critical battles start well, the supply-side structural reforms deepen, and the reform and opening-up has increased. However, as the global economic situation becomes more complicated and the risks and challenges resulting from internal and external changes affect our development in the long and short run, the endogenous growth momentum should be further enhanced. Going forward, under the overall arrangements of the CPC Central Committee and the State Council, guided by Xi Jinping Thought on Socialism with Chinese Characteristics for a New Era as guidance, the PBC will insist on the principle of seeking progress while maintaining stability, implement the concept of new development, promote high-quality development, and focus on supply-side structural reforms. To fulfill the three tasks of serving the real economy, guarding against financial risks, and deepening financial reform, the PBC will work on innovating and enhancing financial measures to make macroeconomic adjustments. It will maintain an adequate sound monetary policy with reasonably ample liquidity in the banking system and reasonably stable interest rates in the money market so as to promote the adequate growth of the money supply and of all-system financing aggregates. It will watch both the aggregate and its structure, provide innovative monetary policy instruments, and make full use of various policies in other agencies to consolidate the micro foundation for smooth monetary policy transmission from both the supply and demand sides. It will coordinate RMB and foreign exchange policies to strike a balance between an internal and external equilibrium, maintain the elasticity of the RMB exchange rate, and keep the RMB exchange rate generally stable at a reasonably balanced level. It will effectively prevent and defuse financial risks in key sectors and strike the right balance between promoting growth and forestalling risks. It will enhance the adaptability of the financial structure and strengthen the resilience of the financial system while also upgrading and transforming the structure of the service economy. Implementation of a sound and neutral monetary policy, enhancement of the vitality of micro entities, and full use of capital markets will form a triangular support framework to facilitate a virtuous economic circle.

目 录

图

①数据来源：中国人民银行、国家统计局、商务部、海关总署、国家外汇管理局、世界银行、国际货币基金组织、世界贸易组织、联合国贸易和发展会议等。

②数据来源：相关中央银行、国家统计机构、世界银行、国际货币基金组织等。

Contents

Tables

Figures

1. Sources: The People's Bank of China, National Bureau of Statistics, Ministry of Commerce, General Administration of Customs, State Administration of Foreign Exchange, the World Bank, International Monetary Fund, World Trade Organization, and United Nations Conference on Trade and Development, etc..

1. Source : Central banks, national statistical agencies in relevant countries, the World Bank, IMF, etc..

第一部分　货币信贷概况

2018年以来，按照党中央、国务院部署，中国人民银行继续实施稳健的货币政策，根据外部不确定性增大、经济下行压力有所加大的形势变化，有针对性地适时适度预调微调，加大金融对实体经济尤其是小微企业和民营企业的支持力度。银行体系流动性合理充裕，货币市场利率整体下行，金融机构贷款增长较快，信贷结构继续改善，货币供应量、社会融资规模总体平稳增长，人民币汇率弹性增强。

一、流动性合理充裕，货币市场利率整体下行

2018年，中国人民银行通过四次降准和开展中期借贷便利（MLF）操作等措施加大中长期流动性投放力度，同时灵活开展公开市场逆回购操作，保持银行体系流动性合理充裕。2018年末，金融机构超额准备金率为2.4%，较上年同期高0.3个百分点。货币市场利率总体平稳，利率中枢有所下行，12月银行间市场存款类机构以利率债为质押的7天期回购利率（DR007）中枢在2.6%左右，较上年同期下行约30个基点。

二、金融机构贷款增长较快，贷款利率稳中有降

贷款保持较快增长，金融支持实体经济的力度稳固。2018年末，金融机构本外币贷款余额为141.8万亿元，同比增长12.9%，比年初增加16.2万亿元，同比多增2.6万亿元。人民币贷款余额为136.3万亿元，同比增长13.5%，比年初增加16.2万亿元，同比多增2.6万亿元，多增量是上年的3倍，一定程度上弥补了表外融资的减少。2018年第四季度以来，中国人民银行进一步强化逆周期调节，着力缓解资本、流动性、利率等信贷供给的

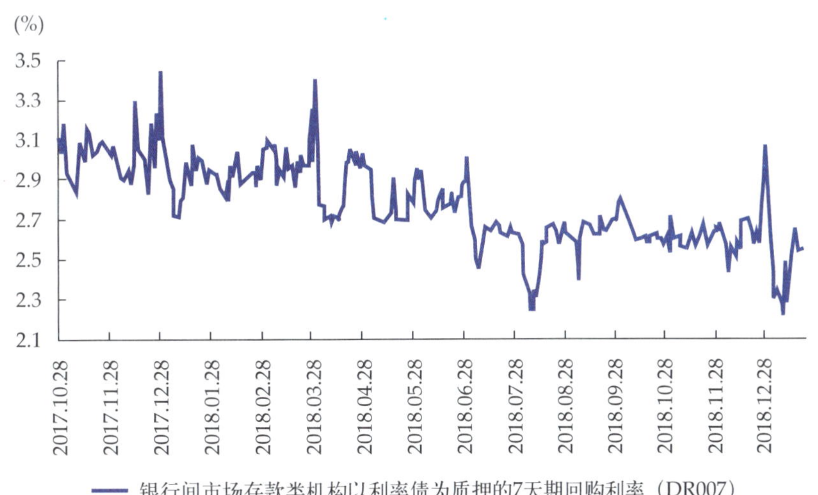

数据来源：中国货币网。

图1　货币市场利率走势

制约因素，引导商业银行加大对实体经济的信贷支持力度，取得了较好的政策效果。

信贷结构继续优化，小微企业贷款增长较快。2018年以来，中国人民银行引导金融机构加大对普惠口径小微企业的贷款支持力度，效果逐步显现。2018年末，单户授信1 000万元以下的普惠小微贷款全年新增1.23万亿元，是上年的2.3倍，年末余额增速为15.2%，同比提高8.2个百分点。从人民币贷款部门分布看，住户贷款增速趋稳，2018年末为18.2%，与9月末持平，比上年末低3.2个百分点。其中，个人住房贷款增速回落至17.8%，较上年末低4.4个百分点，2018年增量为3.9万亿元，同比少增818亿元，增量占比为24.1%，较上年低5.3个百分点。个人住房贷款之外的其他住户贷款比年初增加3.5万亿元，同比多增3 117亿元。非金融企业及机关团体贷款比年初增加8.3万亿元，同比多增1.6万亿元。从人民币贷款期限看，中长期贷款增量比重回落。2018年末，中长期贷款比年初增加10.5万亿元，同比少增1.2万亿元，增量占比为65.0%，比上年同期低21.2个百分点。

贷款利率下行，企业贷款和小微企业贷款利率分别连续四个月和五个月下降。12月，非金融企业及其他部门贷款加权平均利率为5.63%，同比下降0.11个百分点，比9月下降0.31个百分点。其中，一般贷款加权平均利率为5.91%，比9月下降0.28个百分点；票据融资加权平均利率为3.84%，比9月下降

表1　2018年人民币贷款结构

单位：亿元、%

	2018年末余额	同比增速	当年新增额	同比多增额
人民币各项贷款	1 362 967	13.5	161 705	26 427
住户贷款	478 843	18.2	73 641	2 299
非金融企业及机关团体贷款	868 289	10.5	83 082	16 010
非银行业金融机构贷款	10 760	69.2	4 401	7 584
境外贷款	5 075	14.8	581	534

数据来源：中国人民银行。

表2　2018年分机构新增人民币贷款情况

单位：亿元

	新增额	同比多增
中资大型银行①	63 388	9 773
中资中小型银行②	97 915	24 286
小型农村金融机构③	20 002	4 400
外资金融机构	908	−569

注：①中资大型银行是指本外币资产总量大于等于2万亿元的银行（以2008年末各金融机构本外币资产总额为参考标准）。

②中资中小型银行是指本外币资产总量小于2万亿元的银行(以2008年末各金融机构本外币资产总额为参考标准)。

③小型农村金融机构包括农村商业银行、农村合作银行、农村信用社。

数据来源：中国人民银行。

0.38个百分点。个人住房贷款利率基本稳定，12月加权平均利率为5.75%，比9月微升0.03个百分点。前期出台的支持民营、小微企业的政策效果逐步显现，企业贷款加权平均利率已连续四个月下降，累计下降0.25个百分点，其中，微型企业贷款利率已连续五个月下降，累计下降0.39个百分点。总体看，包括银行贷款、债券、表外融资等在内的全社会综合融资成本较上年末有所下降。

执行上浮利率的贷款占比下降，执行基

表3　2018年1～12月金融机构人民币贷款各利率区间占比

单位：%

月份	下浮	基准	上浮					
			小计	(1.0，1.1]	(1.1，1.3]	(1.3，1.5]	(1.5，2.0]	2.0以上
1月	11.89	20.31	67.80	16.45	19.67	12.32	12.11	7.26
2月	12.50	18.83	68.67	15.98	18.66	12.88	12.65	8.50
3月	9.61	16.04	74.35	15.86	21.29	14.00	14.53	8.68
4月	10.38	15.15	74.47	15.77	21.12	14.13	14.72	8.73
5月	9.03	14.36	76.61	16.60	20.85	14.39	15.65	9.12
6月	9.93	14.83	75.24	15.19	21.36	14.10	16.32	8.27
7月	9.59	14.08	76.33	14.96	21.08	14.07	16.63	9.59
8月	11.87	13.33	74.81	13.20	20.53	14.23	16.31	10.55
9月	12.60	13.64	73.76	12.79	21.26	13.87	16.06	9.78
10月	12.91	14.40	72.69	12.15	19.73	13.22	16.49	11.10
11月	14.92	14.87	70.21	12.39	19.71	13.12	15.28	9.70
12月	16.27	18.47	65.26	13.59	17.81	11.52	13.89	8.45

数据来源：中国人民银行。

表4　2018年1～12月大额美元存款与美元贷款平均利率

单位：%

月份	大额存款						贷款				
	活期	3个月以内	3(含3个月)～6个月	6(含6个月)～12个月	1年	1年以上	3个月以内	3(含3个月)～6个月	6(含6个月)～12个月	1年	1年以上
1月	0.19	1.79	2.37	2.61	2.77	2.87	2.72	3.10	2.84	3.04	4.48
2月	0.18	1.82	2.39	2.70	2.97	2.81	2.79	3.28	2.95	3.21	4.11
3月	0.30	1.92	2.70	3.09	3.28	3.33	3.17	3.42	3.21	3.73	4.23
4月	0.31	2.00	2.90	3.21	2.82	3.26	3.28	3.63	3.39	3.67	4.99
5月	0.32	2.06	3.30	3.45	3.31	3.23	3.30	3.60	3.49	3.60	4.60
6月	0.33	2.15	2.95	2.95	3.40	3.43	3.35	3.61	3.55	3.67	4.32
7月	0.30	2.18	2.94	3.11	3.41	3.34	3.47	3.67	3.57	3.61	4.66
8月	0.38	2.23	3.00	3.20	2.80	3.54	3.50	3.71	3.59	4.01	4.39
9月	0.40	2.34	2.95	3.37	3.03	3.19	3.49	3.66	3.56	3.82	4.49
10月	0.42	2.45	3.03	3.33	3.68	3.09	3.64	3.87	3.89	5.09	4.74
11月	0.37	2.46	3.22	3.75	3.74	3.99	3.65	4.05	4.07	4.21	4.85
12月	0.40	2.64	3.31	3.45	3.54	3.59	3.61	3.89	3.91	3.93	4.74

数据来源：中国人民银行。

表5　2018年人民币存款结构

单位：亿元、%

	2018年末余额	同比增速	当年新增额	同比多增额
人民币各项存款	1 775 226	8.2	134 049	-1 071
住户存款	716 038	11.2	71 970	25 985
非金融企业存款	562 976	3.8	21 584	-19 320
政府存款	325 585	6.8	20 566	-13 627
非银行业金融机构存款	159 798	14.5	19 569	7 300
境外存款	10 828	3.5	361	-1 409

数据来源：中国人民银行。

准和下浮利率的贷款占比上升。8月以来，一般贷款中执行上浮利率的贷款占比持续下降，12月为65.26%，比7月下降11.07个百分点；执行下浮利率的贷款占比持续上升，12月为16.27%，比7月上升6.68个百分点；执行基准利率的贷款占比也从9月开始持续上升。

受美联储连续四次加息、境内外币资金供求变化等因素影响，外币存贷款利率持续上升。12月，活期、3个月以内大额美元存款加权平均利率分别为0.40%和2.64%，分别较上年末上升0.20个和0.94个百分点；3个月以内、3（含）~6个月美元贷款加权平均利率分别为3.61%和3.89%，分别较上年末上升0.94个和0.90个百分点。

存款增长有所放缓，定期存款在增量中占比上升。2018年末，金融机构本外币各项存款余额为182.5万亿元，同比增长7.8%，增速比上年末低1.0个百分点，比年初增加13.2万亿元，同比少增5 040亿元。人民币各项存款余额为177.5万亿元，同比增长8.2%，增速比上年末低0.8个百分点，比年初增加13.4万亿元，同比少增1 071亿元。外币存款余额为7 275亿美元，比年初减少634亿美元。2018年，住户存款和非金融企业存款增量中定期存款占比为80.7%，比上年同期高25.9个百分点。从人民币存款部门分布看，住户存款、非银行业金融机构存款同比分别多增2.6万亿元、7 300亿元，非金融企业存款、政府存款同比分别少增1.9万亿元、1.4万亿元。

三、货币供应量、社会融资规模适度增长

M2增速趋稳，与名义GDP增速大体相当。2018年末，广义货币供应量M2余额为182.7万亿元，同比增长8.1%，与上年末持平。狭义货币供应量M1余额为55.2万亿元，同比增长1.5%。流通中货币M0余额为7.3万亿元，同比增长3.6%。2018年现金净投放2 563亿元，同比多投放221亿元。2018年以来M2增速总体趋稳、保持在8%以上，与名义GDP增长率基本匹配，宏观杠杆率保持稳定。2019年1月末，M2余额为186.6万亿元，同比增长8.4%，增速比上月末高0.3个百分点。

专栏1　货币发行机制

货币发行不仅包括现金发行，也包括存款等广义货币的创造。在信用货币体系下，商业银行通过发放贷款等资产扩张创造广义货币，中央银行则通过资产扩张创造基础货币，并通过调节基础货币来调控商业银行创造广义货币的能力。

国际上看，各经济体一般都是根据自身经济发展和货币政策调控需要，主动选择相应的货币发行机制。例如，美联储主要通过在公开市场上买卖国债投放基础货币，支持其发行货币的基础实际上是美国财政的信用。在国际金融危机之前，美国银行体系持有的准备金较少，绝大部分基础货币都是现金，因此美联储购买国债的数量与其现金投放的数量基本上是挂钩的。货币发行机制不是一成不变的，会根据实际需要调整。为应对国际金融危机冲击，2008年以来，美国、欧元区、日本等发达经济体先后实施量化宽松等非常规货币政策，通过购买国债、高等级信用债、交易所指数基金（ETF）等，向市场大量投放基础货币。

我国的货币发行机制也主要服务于经济发展和宏观调控需要，并根据不同阶段需要适时进行调整。进入新世纪以来十多年的时间里，我国经济运行中的一个显著特征，是国际收支持续大额双顺差和外汇储备的积累。为适应形势需要，在启动汇率市场化改革、增强人民币汇率弹性的同时，中国人民银行主要通过在市场上买入外汇相应投放基础货币。虽然这个阶段我国主要通过外汇占款投放基础货币，但这并不意味着货币发行和信用扩张受制于美元等其他国家货币。实际上，外汇储备是由我国出口货物等换回来的，随时可用来从国际上购买物资，因此人民币发行的基础本质上是国家掌握的物资。中国人民银行在买入外汇、投放人民币的同时，还通过提高准备金率、公开市场操作、发行央行票据等方式，进行了大规模的流动性对冲，加上提高人民币汇率灵活性，有效应对了双顺差带来的挑战和问题，保持了物价水平基本稳定和经济的平稳增长，并为经济结构调整创造了较为适宜的货币环境。

2014年以来我国国际收支更趋平衡，中国人民银行主要通过公开市场操作、中期借贷便利（MLF）、抵押补充贷款（PSL）等工具，向市场投放基础货币，并为国民经济重点领域和薄弱环节提供有力支持。中央银行主动供给和调节流动性的能力进一步增强。我国基础货币发行机制的改变，不仅适应了经济金融发展的新情况、新变化，有效地满足了银行体系创造广义货币的需要，也为加快推进货币政策调控框架从数量型调控为主向价格型调控为主转变创造了条件。

总的来看，人民币发行机制安排及其调整过程，与我国经济金融发展阶段基本适应，体现了我国货币政策的自主权和主动性。当前，我国金融体系以银行为主导，货币政策传导的中枢在银行，中国人民银行通过货币政策操作的市场化方式，激励和调节银行贷款创造存款货币的行为是有效的，货币政策仍有很大空间，央行大规模从金融市场上购买国债等资产意义不大，没有必要实施所谓量化宽松（QE）政策。下一阶段，中国人民银行将继续根据经济金融发展和金融宏观调控需要，不断完善人民币发行机制，疏通货币政策传导渠道，并以此促进金融更好地支持实体经济发展。

社会融资规模适度增长。初步统计，2018年末社会融资规模存量为200.75万亿元，同比增长9.8%。全年增量为19.26万亿元，比上年少3.14万亿元，主要是表外融资大幅下降。2018年社会融资规模增量有以下特点：一是对实体经济发放的人民币贷款同比多增。2018年金融机构对实体经济发放的人民币贷款增加15.67万亿元，比上年多增1.83万亿元，占同期社会融资规模增量的81.4%。二是委托贷款、信托贷款和未贴现的银行承兑汇票同比显著减少。2018年上述表外三项融资减少2.93万亿元，比上年多减6.5万亿元。三是企业债券融资显著增加，股票融资同比少增。2018年企业债券净融资为2.48万亿元，比上年多2.03万亿元；非金融企业境内股票融资3 606亿元，比上年少5 153亿元。四是

表6　2018年社会融资规模

	2018年末		2018年	
	存量（万亿元）	同比增速（%）	增量（亿元）	同比增减（亿元）
社会融资规模	200.75	9.8	192 584	−31 386
其中：人民币贷款	134.69	13.2	156 712	18 280
外币贷款（折合人民币）	2.21	−10.7	−4 201	−4 219
委托贷款	12.36	−11.5	−16 067	−23 837
信托贷款	7.85	−8	−6 901	−29 456
未贴现银行承兑汇票	3.81	−14.3	−6 343	−11 707
企业债券	20.13	9.2	24 756	20 335
地方政府专项债券	7.27	32.6	17 852	−2 110
非金融企业境内股票融资	7.01	5.4	3 606	−5 153
其他融资	5.25	43.3	15 901	5 834
其中：存款类金融机构资产支持证券	1.28	86.7	5 940	3 963
贷款核销	3.01	50.9	10 151	2 565

注：1. 社会融资规模存量是指一定时期末实体经济从金融体系获得的资金余额，社会融资规模增量是指一定时期内实体经济从金融体系获得的资金额。

2. 从2018年7月起，中国人民银行完善社会融资规模统计方法，将“存款类金融机构资产支持证券”和“贷款核销”纳入社会融资规模统计，在“其他融资”项下反映。

3. 2018年8月以来，地方政府专项债券发行进度加快，对银行贷款、企业债券等有明显的接替效应。为将该接替效应返还到社会融资规模中，从2018年9月起，中国人民银行将“地方政府专项债券”纳入社会融资规模统计，地方政府专项债券按照债权债务在托管机构登记日统计。

数据来源：中国人民银行、中国银行保险监督管理委员会、中国证券监督管理委员会、中央国债登记结算有限责任公司、银行间市场交易商协会等。

地方政府专项债券同比少增。2018年地方政府专项债券融资1.79万亿元，比上年少2 110亿元。五是存款类金融机构资产支持证券和贷款核销同比均有所多增。2018年其他融资中，存款类金融机构资产支持证券融资5 940亿元，比上年多3 963亿元；贷款核销1.02万亿元，比上年多2 565亿元。2019年1月末，社会融资规模存量为205.08万亿元，同比增长10.4%。从结构上看，1月末对实体经济发放的人民币贷款余额占同期社会融资规模存量的67.4%，同比上升1.9个百分点。

四、人民币汇率总体稳定、弹性增强，跨境人民币业务快速增长

人民币对一篮子货币汇率基本稳定，对美元双边汇率弹性进一步增强，汇率预期总体平稳。2018年末，CFETS人民币汇率指数报93.28，较上年末下跌1.7%；参考SDR货币篮子的人民币汇率指数报93.14，较上年末下跌3.0%。根据国际清算银行的计算，2018年人民币名义有效汇率升值1.17%，实际有效汇率升值0.94%；2005年人民币汇率形成机制改革以来至2018年末，人民币名义有效汇率升值35.54%，实际有效汇率升值44.37%。2018年末，人民币对美元汇率中间价为6.8632元，比上年末贬值4.8%。2005年人民币汇率形成机制改革以来至2018年末，人民币对美元汇率中间价累计升值20.59%。2018年人民币对美元汇率中间价年化波动率为4.2%，较2017年明显提升，调节宏观经济和国际收支"自动稳定器"的作用增强。

跨境人民币业务快速增长，收支基本平衡。2018年，跨境人民币收付金额合计15.85万亿元，同比增长46%，其中实收8万亿元，实付7.85万亿元。经常项目下跨境人民币收付金额合计5.11万亿元，同比增长18%，其中，货物贸易收付金额3.66万亿元，服务贸易及其他经常项目下收付金额1.45万亿元；资本项目下人民币收付金额合计10.74万亿元，同比增长65%。

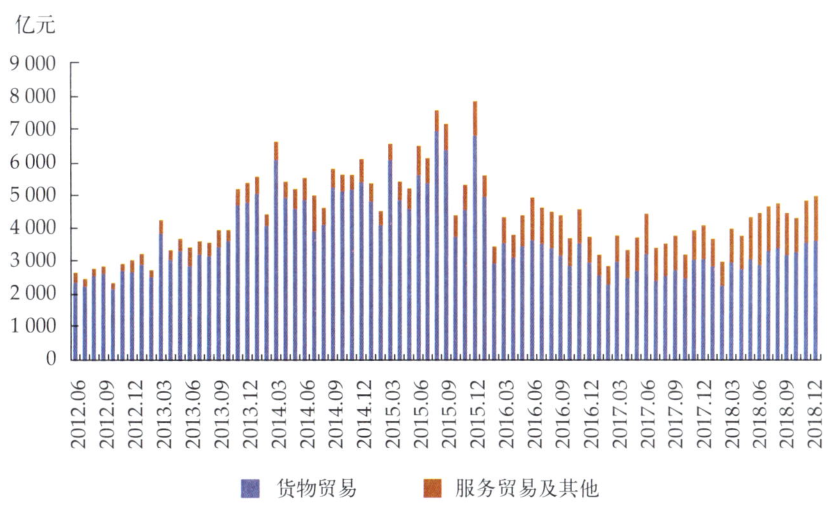

数据来源：中国人民银行。

图2 经常项目人民币收付金额按月情况

第二部分 货币政策操作

2018年，国内外经济金融形势更加复杂多变，中国人民银行全面贯彻落实党中央、国务院决策部署，实施好稳健的货币政策，并根据形势变化，前瞻性地采取了一系列逆周期调节措施，做到松紧适度，保持流动性合理充裕，保持货币信贷和社会融资规模合理增长，促进经济金融良性循环，为供给侧结构性改革和高质量发展营造了适宜的货币金融环境。

一、灵活开展公开市场操作

灵活开展短期逆回购操作。以7天期逆回购为主搭配不同期限品种灵活开展公开市场操作，及时对冲税收、节日现金投放、季末监管考核等因素对流动性的冲击，弥补短期流动性缺口，将银行体系流动性总量保持在合理充裕水平。同时，针对金融体系结构性去杠杆过程中，市场流动性内生波动阶段性加大的实际情况，适当增厚关键时点的流动性缓冲垫，维护金融市场平稳运行。在此基础上，通过《公开市场业务交易公告》传递流动性形势变化等相关信息，提高货币政策操作的透明度，有效引导市场预期，增强操作效果。

引导货币市场利率中枢下行。货币市场基准性的DR007中枢从年初的2.9%左右下降至2.6%左右，第四季度以来至2019年春节前保持平稳。2018年第一季度，央行公开市场7天期逆回购操作利率在美联储加息后上行5个基点，其他操作品种利率相应上行；第二季度以来，美联储继续加息三次，中国人民银行保持公开市场操作利率稳定，巩固货币市场利率下行逐步传导至债券市场和信贷市场的效果，为稳定实体经济融资需求、降低民营小微企业融资成本创造适宜的货币金融环境，也有利于稳定市场对经济前景的预期。

2018年，中国人民银行累计开展逆回购操作10.84万亿元，其中7天期操作7.1万亿元，14天期操作2.6万亿元，28天期操作9 100亿元，63天期操作2 300亿元。年末，公开市场逆回购操作余额为8 400亿元。

二、适时开展中期借贷便利和常备借贷便利操作

适时开展中期借贷便利操作，弥补银行体系中长期流动性缺口，中期借贷便利成为央行基础货币供给的重要渠道。2018年，中国人民银行累计开展中期借贷便利操作49 510亿元，均为1年期。各季度分别开展中期借贷便利操作12 235亿元、11 865亿元、16 640亿元和8 770亿元，期末余额为49 315亿元，比年初增加4 100亿元。第二季度中期借贷便利利率上行5个基点，此后保持稳定，2018年最后一期操作1年期利率为3.30%。4月和10月，部分金融机构使用降准释放的资金置换中期借贷便利共13 515亿元。

在春节期间和月末、季末等货币市场利率易发生波动的时点，及时开展常备借贷便利操作，满足中小金融机构短期流动性需求。2018年，中国人民银行累计开展常备借贷便利操作4 385亿元，各季度分别开展常备借贷便利操作1 069亿元、1 425亿元、519亿

元和1 372亿元，期末余额为928亿元。探索发挥常备借贷便利利率作为利率走廊上限的作用，促进货币市场平稳运行。根据执行货币政策需要，第一季度上调常备借贷便利利率5个基点，此后保持稳定，目前隔夜、7天、1个月利率分别为3.40%、3.55%和3.90%。

三、降低金融机构存款准备金率

2018年四次下调金融机构存款准备金率，加强对小微企业、民营企业等实体经济的信贷支持力度。1月，普惠金融定向降准全面实施，释放资金约4 500亿元。普惠金融定向降准是将原有定向降准政策拓展和优化为统一对普惠金融领域贷款达到一定标准的金融机构执行较低的存款准备金率。4月和10月，中国人民银行两次下调大型商业银行、股份制商业银行、城市商业银行、非县域农村商业银行和外资银行人民币存款准备金率各1个百分点，并置换部分中期借贷便利，净释放资金约1.15万亿元。7月，中国人民银行下调大型商业银行、股份制商业银行、城市商业银行、非县域农村商业银行和外资银行人民币存款准备金率0.5个百分点。其中，五家国有商业银行和十二家股份制商业银行释放资金约5 000亿元，用于支持市场化法治化“债转股”，其他金融机构释放资金约2 000亿元。这些降准措施能够增加银行体系资金稳定性，优化流动性结构，增加金融机构支持小微企业、民营企业和市场化法治化“债转股”等重点领域和薄弱环节的资金来源，推动实体经济健康发展。

2019年1月下调金融机构存款准备金率，调整普惠金融定向降准考核标准，完成普惠金融定向降准动态考核。一是下调金融机构存款准备金率1个百分点，分两次实施，并对金融机构2019年第一季度到期的中期借贷便利不再续做，释放长期资金约3 000亿元。二是自2019年起将普惠金融定向降准小型和微型企业贷款考核标准由“单户授信小于500万元”调整为“单户授信小于1 000万元”，有利于扩大普惠金融定向降准优惠政策的覆盖面，使更多的小微企业受益。三是完成2018年度普惠金融定向降准动态考核，在政策激励下，与上年相比，更多金融机构达到普惠金融定向降准标准，净释放长期资金约2 500亿元。这次降准置换中期借贷便利，加上普惠金融定向降准动态考核和1月开展的2 575亿元定向中期借贷便利操作，共释放长期资金约8 000亿元。

专栏2　当前金融机构的存款准备金率

2019年1月4日，中国人民银行宣布下调金融机构存款准备金率1个百分点，分两次实施，已于1月25日调整到位。目前金融机构存款准备金率的基准档次大体可分为三档，即大型商业银行为13.5%、中小型商业银行为11.5%、县域农村金融机构为8%。大型商业银行包括中国工商银行、中国农业银行、中国银行、中国建设银行、交通银行和中国邮政储蓄银行6家。中小型商业银行主要包括股份制商业银行、城市商业银行、非县域农村商业银行、民营银行和外资银行。县域农村金融机构主要包括农村信用社、农村合作银行和村镇银行。

在基准档次的基础上，中国人民银行对金融机构还实施了普惠金融定向降准政策和新增存款一定比例用于当地贷款的相关考核政策。大型商业银行和中小型商业银行可参与普惠金融定向降准政策考核，达到一定标准的机构可在相应基准档次上降低0.5个或1.5个百分点的存款准备金率要求。县域农村商业银行和县域农村金融机构用于当地贷款发放的资金达到其新增存款一定比例的，可在相应基准档次上降低1个百分点的存款准备金率要求。这两项政策旨在激励金融机构将更多的信贷资源配置到小微企业和“三农”等普惠金融领域，支持实体经济发展。中国人民银行已于2019年1月25日完成了2018年度普惠金融定向降准动态考核调整工作。

综合上述政策，目前6家大型商业银行均至少达到普惠金融定向降准第一档标准，实际执行存款准备金率为12%和13%；中小型商业银行实际执行存款准备金率为10%、11%和11.5%；县域农村金融机构实际执行存款准备金率为7%和8%。绝大部分金融机构都适用优惠的存款准备金率。目前政策性银行执行7.5%的存款准备金率，财务公司、金融租赁公司和汽车金融公司执行6%的存款准备金率。全部金融机构加权平均存款准备金率约为11%。

四、继续完善宏观审慎政策框架

加强宏观审慎管理，充分发挥宏观审慎评估（MPA）的逆周期调节作用。调整MPA政策参数，扩大金融机构广义信贷增长空间，支持符合条件的表外资产回表，引导金融机构加大对实体经济的支持力度。同时，发挥好MPA的结构引导作用，增设专项指标，考察金融机构支持民营、小微企业融资和债转股工作的情况。

适时调整外汇风险准备金率。2018年第二季度以来，受贸易摩擦和国际汇市变化等因素影响，外汇市场出现了一些顺周期波动的迹象。为防范宏观金融风险，促进金融机构稳健经营，加强宏观审慎管理，中国人民银行决定自8月6日起，将远期售汇业务的外汇风险准备金率从0调整为20%。

出台《资管新规》和行业细则。为贯彻落实党的十九大精神和全国金融工作会议要求，有效防范化解金融风险，中国人民银行会同有关部门制定出台《关于规范金融机构资产管理业务的指导意见》（以下简称《资管新规》）。2018年3月28日，中央全面深化改革委员会第一次会议审议通过了《资管新规》。经国务院同意，4月27日，人民银行、银保监会、证监会、外汇局联合发布《关于规范金融机构资产管理业务的指导意见》（银发〔2018〕106号），按照产品类型统一监管标准，核心在于弥补监管短板、治理市场乱象、防范系统性风险。7月20日，为指导金融机构更好地贯彻落实《资管新规》，确保在中美经贸摩擦等外部冲击因素增多、社会融资规模增速下降的形势下平稳有序实施《资管新规》，中国人民银行发布《关于进一步明确规范金融机构资产管理业务指导意见有关事项的通知》（银办发〔2018〕

129号，以下简称《通知》），进一步明确过渡期内的具体操作性问题，向社会传达了支持实体经济融资的积极信号。《通知》发布后，资管产品发行有所加快，机构因观望而暂停的投资得以恢复，市场信心得到提振。同时，中国人民银行与金融监管部门加强沟通协调，推动出台配套细则。2018年9月以来，银行理财、银行理财子公司、证券私募资管等行业细则发布实施，在《资管新规》的总体框架下，进一步明确各行业资管业务监管要求，推动资管业务回归本源，引导资管资金以合法、规范形式进入实体经济和金融市场。

五、支持扩大小微、民营企业等重点领域和薄弱环节信贷投放

积极运用再贷款、再贴现和抵押补充贷款等工具，引导金融机构加大对小微和民营企业等国民经济重点领域和薄弱环节的支持。2018年以来，中国人民银行增加支农支小再贷款和再贴现额度共4 000亿元，下调支小再贷款利率0.5个百分点，引导金融机构增加小微企业和民营企业信贷投放，降低企业融资成本。年末，全国再贷款再贴现余额合计8 332亿元，比年初增加3 009亿元。其中，支农再贷款余额为2 870亿元（含扶贫再贷款1 822亿元），支小再贷款余额为2 172亿元，再贴现余额为3 290亿元。2018年，对政策性银行和开发性银行发放抵押补充贷款共6 919亿元，年末余额为33 795亿元。

创设定向中期借贷便利（TMLF）。2018年12月，中国人民银行创设定向中期借贷便利，为金融机构提供长期稳定资金来源，定向支持其扩大对小微企业、民营企业信贷投放。中国人民银行于2019年1月23日开展了第一季度定向中期借贷便利操作，操作利率比中期借贷便利低15个基点，操作数量为2 575亿元，与金融机构支持小微、民营企业的力度挂钩，有利于撬动银行信贷支持实体经济薄弱环节。

创设央行票据互换工具（CBS），推动永续债发行。中国人民银行会同相关部门加快推进银行发行永续债补充资本，明确将永续债到期日设置为银行存续期并允许计入其他一级资本。2019年1月25日，首单永续债顺利发行，认购倍数超过2倍，票面利率处于此前市场预测发行利率区间的下限。为提高银行永续债（含无固定期限资本债券）的流动性，支持银行发行永续债补充资本，中国人民银行于2019年1月创设央行票据互换工具，公开市场业务一级交易商可以使用持有的合格银行发行的永续债从中国人民银行换入央行票据。2月20日，中国人民银行开展了首次央行票据互换操作，费率为0.25%，操作量为15亿元，期限1年。CBS操作可以增加持有银行永续债的金融机构的优质抵押品，提高银行永续债的市场流动性，增强市场认购银行永续债的意愿，从而支持银行发行永续债补充资本，为加大金融对实体经济的支持力度创造有利条件，也有利于完善货币政策传导机制，防范和化解金融风险，缓解小微企业、民营企业融资难问题。由于央行票据互换操作为“以券换券”，不涉及基础货币吞吐，对银行体系流动性的影响是中性的，不是量化宽松。

适当扩大央行担保品范围。将不低于AA级的小微、绿色和“三农”金融债，AA+、AA级公司信用类债券，优质的小微企业贷

款、民营企业贷款和绿色贷款，以及主体评级不低于AA级的银行永续债纳入央行合格担保品范围。在全国范围推进信贷资产质押和央行内部评级工作。

专栏3 运用结构性货币政策工具支持民营和小微企业发展

稳健货币政策保持松紧适度的“度”，主要体现为总量要合理，结构要优化，为供给侧结构性改革和高质量发展营造适宜的货币金融环境。要实施好稳健的货币政策，一方面要把握流动性的总量，既避免信用过快收缩冲击实体经济，也要避免“大水漫灌”影响结构性去杠杆；另一方面要把握流动性的投向，着力发挥结构性货币政策工具精准滴灌的作用，在总量适度的同时，把功夫下在增强微观市场主体活力上。平衡好总量和结构的关系，做到“松紧适度”，需要发挥好结构性货币政策工具的作用。

传统经济理论认为，货币政策是短期的总量政策，难以有效调整经济结构。这个理论一定程度上是成立的，但也不是绝对的。2008年国际金融危机以来，主要发达经济体对于结构性货币政策工具的理论和实践探索逐步深入，欧央行推出定向长期再融资操作（TLTRO）、英国央行推出融资换贷款计划（FLS）、日本央行推出贷款支持计划（LSP），对疏通货币政策传导、加大对实体企业信贷支持力度发挥了积极作用。中国的货币政策则一向注重与信贷政策、产业政策等协调配合，在运用结构性货币政策工具方面有长期的实践和较好的基础，如差别化存款准备金率、再贷款、再贴现、信贷政策等，在支持国民经济重点领域和薄弱环节方面发挥了积极作用。

2018年以来，中国人民银行前瞻性加强预调微调，保持了银行体系流动性合理充裕。但从货币政策传导机制看，央行在将流动性注入银行体系后，能否有效运用和传导出去，还取决于资金供求双方的意愿和能力。若信用扩张受到多重约束，金融体系“有钱”难以运用出去，这种情况下仅靠总量调节，则难以有效发挥作用。实际上调节好结构有助于控制好总量，结构调节不好，总量可能也调控不好。因此，在总量上保持合理充裕的同时还要考虑调整结构，更有针对性地疏通货币政策传导渠道，把金融资源更多引向实体经济。现代信用货币制度下，银行的信用扩张是货币体系运行的中枢。改善货币政策传导，关键是引导银行的行为，不能靠行政性的办法，而是要从机制上下功夫，引入市场化的正向激励机制，鼓励商业银行主动加大对实体经济的支持。

2018年以来，面对复杂的经济金融形势，中国人民银行积极主动作为，坚持市场化原则，通过设计激励相容的机制，将逆周期调节措施与补短板、加强长期制度建设结合起来，进一步创新和运用结构性货币政策工具，着力提高对民营企业、小微企业等重点领域的支持。一是四次定向降准释放中长期资金，优化流动性结构，引导金融机构加大对“三农”、小微、扶贫、“双创”等普惠领域和民营企业、债转股等支持力度。二是创新信贷政策支持再贷款发放模式，采用“先贷后借”的报账方式，引导金融机构将资源更多投向民营、小微企业。要求金融机构在“先借后贷”模式下，对运用再贷款发放的贷款建立台账管理制度。采取“一次授信、多次发放”方式提高再贷款审批发放效率。三次增加再贷款和再贴现额度共计4 000亿元，下调支小再贷款利率0.5个百分点。在12个省份开展优化运用扶贫再贷款发放贷款定价机制试点工作。三是扩大再贷款等货币政策工具的合格担保品范围。将不低于AA级的小微企业金融债以及未经央行内部评级的正常类普惠小微贷款、民营企业贷款、绿色贷款纳入合格抵押品范围，将普惠金融小微企业贷款考核口径从单户授信500万元以下扩至1 000万元以下。四是发挥宏观审慎评估（MPA）的结构优化作用。增设专项指标，考察金融机构支持小微、民企融资和债转股等情况。五是创新推出民营企业债券融资支持工具。中国人民银行提供部分初始资金，依托专业机构市场化运作，为民营企业发债提供信用支持。六是创设定向中期借贷便利（TMLF）工具，向主要金融机构提供优惠利率的长期流动性，数量与其支持小微、民营企业的力度挂钩。七是加快推进银行发行永续债补充资本。以永续债为突破口启动新一轮银行资本补充，创设央行票据互换工具，为银行发行永续债提供流动性支持。

总体来看，结构性货币政策工具在发挥引导作用以及支持和改善小微企业、民营企业融资环境方面取得较好成效。结构上，民营企业、小微企业等重点领域和薄弱环节的金融服务有边际改善，呈“量增、价降、面扩、回暖”的特点。2018年普惠小微贷款大幅多增，年末余额同比增速比上年上升8.2个百分点，融资成本趋于下降，12月新发放的1 000万元以下小微企业贷款利率平均为6.28%，比上年同期低0.26个百分点。2018年末，金融机构对普惠口径小微主体授信1 815万户，比上年末增加465万户，增长34.5%。2018年末，民营企业及个人本外币贷款余额占非金融部门贷款余额的61.6%，较上年末提高0.7个百分点。2018年末，国有企业、民营企业贷款余额合计90.6万亿元。其中，国有企业贷款余额47.7万亿元，占比52.6%；民营企业贷款余额42.9万亿元，占比47.4%。民营企业贷款与国有企业贷款占比大体相当。民营企业债券融资支持工具启动以来，民营企业债券融资也出现改善。

推出民营企业债券融资支持工具。由中国人民银行运用再贷款提供部分初始资金，专业机构进行市场化运作，通过出售信用风险缓释工具、担保增信等多种方式，重点支持暂时遇到困难，但有市场、有前景、技术有竞争力的民营企业债券融资。同时，积极支持商业银行、保险公司以及债券信用增进公司等机构，在加强风险识别和风险控制的基础上，运用信用风险缓释工具等多种手段，支持民营企业债券融资。充分发挥地方政府在改善营商环境、督导民营企业规范经营中的作用。支持金融机构发行小微企业金融债券和贷款资产支持证券，拓宽支小资金来源。开展民营和小微企业金融服务实地督导，强化政策落地传导。按市场化、法治化原则稳定暂遇困难的民营企业融资。此外，中国人民银行会同相关部门研究民营企业股权融资支持工具方案，坚持市场化、法治化原则，按照公开透明的程序，对出现资金困难的民营企业提供阶段性的股权融资支持。

专栏4　积极推动民营企业债券融资支持工具有效实施

2018年我国经济总体保持平稳发展态势，但在内外部多重因素影响下，经济运行面临一些新的挑战，部分民营企业出现违约，金融机构对民营企业风险偏好下降，一些生产经营正常的民营企业遇到融资困难，部分民企陷入债务违约、信贷融资难度加大、股权质押风险上升的负向循环，企业财务状况不佳与融资环境变化相互强化。10月22日，国务院常务会议决定设立民营企业债券融资支持工具，由中国人民银行依法向专业机构提供初始资金支持，委托其按照市场化运作、防范风险原则，通过出售信用风险缓释工具、担保增信等多种方式，为经营正常、流动性遇到暂时困难的民营企业发债提供增信支持。

在设计和实施过程中，民营企业债券融资支持工具重点把握好三个原则：一是坚持法治化、市场化原则，通过专业机构的市场化运作，稳定和促进民营企业债券融资。二是遵循阶段性帮扶、限期有序退出的理念，重点支持遇到暂时困难，但有市场、有前景、有技术竞争力的民营企业，满足其合理融资需求。三是建立风险共担机制，有效防范道德风险。

截至2018年末，民营企业债券融资支持工具与金融机构创设信用风险缓释凭证，共同支持了35家民营企业发行229.2亿元债务融资工具，逐步发挥了引领市场预期、修复民营企业融资信心的作用，民营企业债券融资环境得到改善，市场信心增强。2018年11月和12月民营企业合计发行债券1 550亿元，同比增长约70%，民营企业发债净融资252亿元，扭转了此前民营企业发债净融资连续半年下降的局面。

下一步，中国人民银行将深入总结民营企业债券融资支持工具落地以来的经验做法，不断完善配套政策，继续积极推广支持工具，督促参与各方发挥合力，帮助更多民营企业改善融资状况。

六、充分发挥窗口指导和信贷政策的结构引导作用

中国人民银行全面贯彻落实党中央、国务院决策部署，将加强信贷政策结构性调整与推进供给侧结构性改革有机结合，做好持续推进经济结构优化、产业结构升级、能源结构转型、民生领域普惠等金融服务，引导金融资源配置到经济社会发展重点领域、重要区域和薄弱环节，满足实体经济领域有效融资需求。一是深入开展金融精准扶贫。落实金融助推脱贫攻坚、金融支持深度贫困地区脱贫攻坚等政策，引导金融资源向深度贫困地区倾斜，优化运用扶贫再贷款发放贷款定价机制，推动金融扶贫和产业扶贫融合发

展，提升金融扶贫精准度和有效性。二是做好农村金融服务。深化涉农金融机构改革，建立健全农村金融体系。引导金融机构围绕乡村振兴战略要求，强化产品和服务创新。稳妥推进“两权”抵押贷款试点。三是促进完善地方政府性债务框架，引导银行业金融机构落实政策要求，审慎合规向地方政府融资，保障必要在建项目融资需求，规范支持基础设施建设。四是做好京津冀协同发展、“一带一路”、长江经济带发展、西部大开发、海洋经济发展等国家战略的金融支持，推动区域经济协调发展。五是鼓励银行业金融机构优化对高质量制造业和科技创新领域的金融服务，加强对制造业关键领域和转型升级的资金支持。深化推进投贷联动和科技金融结合试点，优化对重点领域科创企业的金融服务。六是把稳就业放在更加突出的位置，加大创业担保贷款政策实施力度，提高创业担保贷款申请额度，更好发挥创业带动就业作用。研究金融支持退役军人创业就业措施，持续做好助学、农民工、民族地区等薄弱环节和弱势群体金融服务。七是建立完善绿色金融政策体系，大力发展绿色信贷。八是完善资产证券化市场运行机制，统筹推进资产证券化。

七、深化利率市场化改革

继续深入推进利率市场化改革，推动利率“两轨合一轨”。一是提高中央银行市场化利率调控能力，疏通货币政策传导。完善利率走廊机制，提高央行对市场利率的调控和传导效率。二是不断健全市场利率定价自律机制。进一步扩宽自律机制成员范围，目前自律机制成员已扩大至2 051家，包括15家核心成员、1 182家基础成员和854家观察成员。三是加快推动大额存单发展。在维护市场秩序的情况下，扩大大额存单发行主体范围，发挥大额存单在推动利率市场化改革方面的积极作用，“开好正门”。四是促进同业存单市场规范发展。明确自2019年第一季度起将资产规模5 000亿元以下金融机构发行的同业存单纳入MPA同业负债占比指标进行考核。总体看，利率市场化改革进一步深化并取得积极成效，金融机构的自主定价和风险管理能力有所提升，利率走廊初步建立，市场化利率形成机制不断健全，中央银行的利率调控和传导能力逐步增强。

八、完善人民币汇率市场化形成机制

保持人民币汇率弹性，稳定市场预期。2018年以来，面对错综复杂的外部环境，中国人民银行坚持以我为主，适当兼顾国际因素，在多目标中把握好综合平衡。第一季度，在美元走弱、跨境资本流动和外汇供求基本平衡的背景下，中国人民银行发挥市场供求在汇率形成中的决定性作用，逐步推动前期逆周期调控政策回归中性。第二季度以后，受美元指数走强和贸易摩擦影响，人民币汇率有所贬值。中国人民银行继续稳步深化汇率市场化改革，保持人民币汇率弹性，发挥汇率调节宏观经济和国际收支“自动稳定器”的作用。同时，根据形势变化，采取宏观审慎政策等一系列有针对性措施，包括加强与市场沟通、提高远期售汇风险准备金率、重启中间价报价“逆周期因子”等，并创新和丰富调控工具箱，着力引导和稳定市场预期。这些措施释放了积极信号，取得了

表7　2018年银行间外汇即期市场人民币对各币种交易量

单位：亿元人民币

币种	美元	欧元	日元	港元	英镑	澳大利亚元	新西兰元
交易量	491 906.91	7 546.77	2 784.26	1 919.95	516.34	879.09	196.20
币种	新加坡元	瑞士法郎	加拿大元	马来西亚林吉特	俄罗斯卢布	南非兰特	韩元
交易量	553.63	295.89	581.26	34.58	148.29	5.66	218.45
币种	阿联酋迪拉姆	沙特里亚尔	匈牙利福林	波兰兹罗提	丹麦克朗	瑞典克朗	挪威克朗
交易量	85.89	74.41	4.38	7.33	46.78	100.14	20.55
币种	土耳其里拉	墨西哥比索	泰铢	柬埔寨瑞尔	哈萨克斯坦坚戈	越南盾	蒙古图格里克
交易量	2.32	4.20	180.99	0.006	0.025	0.008	0.080

数据来源：中国外汇交易中心。

积极效果，我国跨境资本流动、汇率预期和外汇市场运行基本平稳，人民币汇率在合理均衡水平上保持了基本稳定。

2018年，人民币对美元汇率中间价最高为6.2764元，最低为6.9670元，243个交易日中104个交易日升值、139个交易日贬值，最大单日升值幅度为0.71%（492点），最大单日贬值幅度为0.89%（605点）。人民币对其他国际主要货币汇率走势分化。2018年末，人民币对欧元、英镑、日元汇率中间价分别为1欧元兑7.8473元人民币、1英镑兑8.6762元人民币、100日元兑6.1887元人民币，分别较2017年末贬值0.57%、升值1.19%和贬值6.47%。2005年人民币汇率形成机制改革以来至2018年末，人民币对欧元汇率累计升值27.61%，对日元汇率累计升值18.05%。2018年，银行间外汇市场人民币直接交易成交活跃，流动性明显提升，降低了微观经济主体的汇兑成本，促进了双边贸易和投资。

2018年末，在中国人民银行与境外货币当局签署的双边本币互换协议下，境外货币当局动用人民币余额为327.86亿元，中国人民银行动用外币余额折合4.71亿美元，对促进双边贸易投资发挥了积极作用。

在香港发行中央银行票据，丰富香港高信用等级人民币金融产品，完善香港人民币收益率曲线。2018年9月20日，中国人民银行与香港特别行政区金融管理局签署了《关于使用债务工具中央结算系统发行中国人民银行票据的合作备忘录》。11月7日，中国人民银行通过香港金融管理局债务工具中央结算系统（CMU）债券投标平台，招标发行200亿元人民币中央银行票据，其中3个月和1年期品种各100亿元，中标利率分别为3.79%和4.20%。2019年2月13日，中国人民银行再次通过香港金融管理局CMU平台，招标发行200亿元人民币中央银行票据，其中3个月和1年期品种各100亿元，中标利率分别为2.45%和2.80%。此次发行吸引了离岸市场众多投资者踊跃认购，涵盖银行、基金、证券、中央银行、国际金融组织等多类机构。全场投标总量超过1 200亿元，两期央行票据认购倍数均超过6倍。香港人民币央行票据发行符合市场需求，既丰富了香港市场高信用等级人民币投资产品系列和人民币流动性管理工具，也有利于完善香港人民币债券收益率曲线，有助于推动人民币国际化。

九、深入推进金融机构改革

全面落实开发性、政策性金融机构改革方案。中国人民银行会同改革工作小组成员单位有序推动建立健全董事会和完善治理结构、划分业务范围等改革举措，国家开发银行新一届董事会、中国进出口银行董事会已成立并有效运转，中国农业发展银行董事会正在组建过程中。继续推动国家开发银行、中国进出口银行和中国农业发展银行强化职能定位，加强风险防控，更好服务国家战略，发挥开发性、政策性金融机构作用。

十、深化外汇管理体制改革

提升外汇管理服务实体经济水平。一是深化依法行政和“放管服”改革，持续开展简政放权和法规清理，提高外汇管理公共服务质量和效率。二是推进贸易投资自由化便利化，支持贸易新业态发展，便利跨境电子商务综合试验区和市场采购贸易跨境收付。三是支持区域开放创新与特殊区域建设。

深化重点领域改革。一是取消合格境外机构投资者（QFII/RQFII）资金汇出、锁定期限制，允许开展外汇套期保值管理汇率风险，有序扩大资本市场和外汇市场对外开放。二是扩大合格境内机构投资者（QDII）额度，建立公开透明的额度分配机制。三是支持外汇市场发展产品和优化服务，延长银行间外汇市场人民币对坚戈区域交易时间。

切实维护外汇市场秩序。一是完善管理，打击转口贸易、内保外贷等领域的虚假、欺骗性交易。二是保持对地下钱庄违法犯罪活动及其交易对手的高压打击态势，严厉打击网络炒汇违法犯罪活动，联合多部门合力打击外汇违法违规行为。

第三部分 金融市场运行

2018年，货币市场、债券市场整体运行平稳，股市波动相对较大。货币市场利率下行，交易量较快增长；债券发行利率回落，发行规模同比多增，国债收益率曲线总体下移并呈陡峭化趋势，现券交易活跃；股票市场指数下跌，成交量和筹资额同比减少；保险业资产增速有所放缓。

一、金融市场运行概况

（一）货币市场利率下行，交易量较快增长

银行体系流动性合理充裕，货币市场利率下行。2018年12月，同业拆借加权平均利率为2.57%，比上年同期低34个基点；质押式回购加权平均利率为2.68%，比上年同期低43个基点。银行业存款类金融机构间利率债质押式回购加权平均利率为2.43%，比上年同期下降31个基点。Shibor整体有所下行。2018年末，隔夜和1周Shibor分别为2.55%和2.90%，分别较上年末下降29个和5个基点；3个月和1年期Shibor分别为3.35%和3.52%，分别较上年末下降157个和124个基点。

银行间回购、拆借交易较快增长，中资大中型银行仍是资金的主要净融出方。2018年，银行间市场债券回购累计成交722.7万亿元，日均成交2.9万亿元，同比增长16.8%，

表8 2018年金融机构回购、同业拆借资金净融出、净融入情况

单位：亿元

	回购市场		同业拆借	
	2018年	2017年	2018年	2017年
中资大型银行①	−1 669 110	−1 450 764	−290 833	−170 598
中资中型银行②	−920 274	−651 465	−134 766	−111 693
中资小型银行③	438 495	701 303	184 557	135 183
证券业机构④	692 711	465 915	201 362	119 990
保险业机构⑤	74 081	−8 761	930	77
外资银行	68 718	49 186	−18 563	2 295
其他金融机构及产品⑥	1 315 380	894 587	57 313	24 747

注：①中资大型银行包括中国工商银行、中国农业银行、中国银行、中国建设银行、国家开发银行、交通银行、中国邮政储蓄银行。

②中资中型银行包括政策性银行、招商银行等9家股份制商业银行、北京银行、上海银行、江苏银行。

③中资小型银行包括恒丰银行、浙商银行、渤海银行、其他城市商业银行、农村商业银行和合作银行、民营银行、村镇银行。

④证券业机构包括证券公司、基金公司和期货公司。

⑤保险业机构包括保险公司和企业年金。

⑥其他金融机构及产品包括城市信用社、农村信用社、财务公司、信托投资公司、金融租赁公司、资产管理公司、社保基金、基金、理财产品、信托计划、其他投资产品等，其中部分金融机构和产品未参与同业拆借市场。

⑦负号表示净融出，正号表示净融入。

数据来源：中国外汇交易中心。

表9　2018年利率互换交易情况

单位：笔、亿元

	交易笔数	名义本金额
2018年	188 459	214 911
2017年	138 410	144 073

数据来源：中国外汇交易中心。

比上年高14.3个百分点；同业拆借累计成交139.3万亿元，日均成交5 528亿元，同比增长75.7%，上年为同比下降17.7%。从期限结构看，回购和拆借隔夜品种的成交量分别占其总量的81.6%和90.1%，占比分别较上年上升1.1个和4.0个百分点。交易所债券回购累计成交231.1万亿元，同比下降11.2%。从融资主体结构看，主要呈现以下特点：一是中资大中型银行是资金的融出方，全年经回购和拆借净融出资金301.5万亿元，同比增长26.4%。二是证券业和保险业机构下半年融入资金明显增加，第三、第四季度分别净融入29.7万亿元和27.8万亿元，分别占全年净融入金额的30.7%和28.7%。三是其他金融机构及产品净融入资金保持高速增长，全年净融入137.3万亿元，同比增长49.3%。

同业存单和大额存单业务有序发展。2018年，银行间市场发行同业存单27 306只，发行总量为21.1万亿元，二级市场交易总量为149.85万亿元，同业存单发行交易全部参照Shibor定价。2018年，3个月期同业存单发行加权平均利率为4.06%，比3个月Shibor高32个基点。金融机构发行大额存单共39 961期，发行总量为9.23万亿元，同比增加2.99万亿元。大额存单发行的有序推进，进一步扩大了金融机构负债产品市场化定价范围，有利于培养金融机构的自主定价能力，健全市场化利率形成和传导机制。

利率互换交易增长较快。2018年，人民币利率互换市场达成交易18.85万笔，同比增长36.2%；名义本金总额为21.49万亿元，同比增长49.2%。从期限结构来看，1年及1年期以下交易最为活跃，名义本金总额达15.18万亿元，占总量的70.6%。从参考利率来看，人民币利率互换交易的浮动端参考利率主要包括7天回购定盘利率和Shibor,与之挂钩的利率互换交易名义本金占比分别为79.4%和19.1%。

（二）债券市场发行利率明显回落，国债收益率曲线总体下移

国债收益率曲线总体下移并呈陡峭化趋势。2018年，国债各期限品种收益率整体下行。年末，1年期、3年期、5年期、7年期和10年期收益率分别为2.60%、2.87%、2.97%、3.16%和3.23%，较年初分别下行119个、91个、88个、74个和65个基点；1年期和10年期国债利差为63个基点，较年初扩大54个基点。债券市场债券指数小幅上行。2018年末，中债综合净价指数为101.92点，比上年末上涨4.03%；中债综合全价指数为118.80点，上涨4.79%。交易所上证国债指数为169.88点，上涨5.61%。

债券发行利率明显回落。12月发行的10年期国债发行利率为3.25%，比上年同期发行的同期限国债利率低57个基点；国家开发银行发行的7年期金融债利率为3.60%，比上年同期发行的同期限金融债利率下降134个基

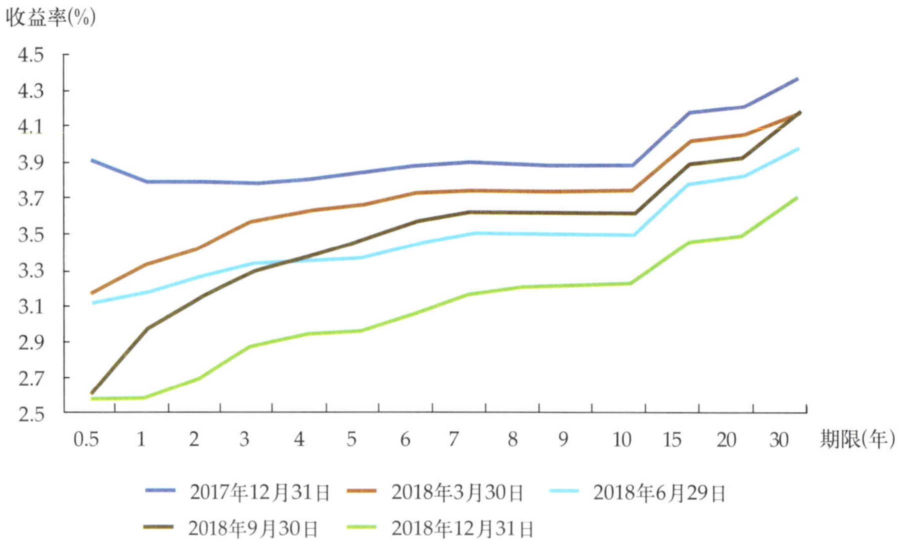

数据来源：中央国债登记结算有限责任公司。

图3 银行间市场国债收益率曲线变化情况

点；主体评级AAA的企业发行的一年期短期融资券（债券评级A-1）平均利率为4.02%，比上年同期低149个基点；5年期中期票据平均发行利率为5.11%，比上年同期低112个基点。Shibor对债券产品定价继续发挥重要的基准作用。2018年，发行以Shibor为基准定价的浮动利率债券及同业存单34只，总量为115.5亿元；发行固定利率企业债286只，总量为2 418.38亿元，全部参照Shibor定价；发行参照Shibor定价的固定利率短期融资券3 561.1亿元，占固定利率短期融资券发行总量的74.5%。

银行间债券市场现券交易活跃。2018年，银行间债券市场现券交易150.7万亿元，日均成交5 982亿元，同比增长46%。从交易主体看，中资中小型银行和证券业机构是主要净卖出方，净卖出现券9.1万亿元；其他金融机构及产品是主要净买入方，净买入现券8.7万亿元。从交易品种看，银行间债券市场政府债券现券交易累计成交23.5万亿元，占银行间市场现券交易的15.6%；金融债券和公司信用类债券现券交易分别累计成交109.3万亿元和17.9万亿元，占比分别为72.5%和11.9%。交易所债券现券成交6.4万亿元，同比增长15.3%。

债券发行规模同比多增。2018年累计发行各类债券43.1万亿元，同比多发行3万亿元，增长7.5%。主要是非金融企业债务融资工具和同业存单发行增加较多。年末国内各类债券余额为86万亿元，同比增长15.1%。

（三）票据融资快速增长，利率震荡下行

票据承兑余额增长较快。2018年末商业汇票未到期金额为9.4万亿元，同比上升14.9%。上半年票据承兑余额小幅增长，6月末较年初增加3 612亿元；下半年以来增速有所加快，年末余额较年初增加1.2万亿元。票据承兑快速增长，对实体经济特别是中小型企业的支持力度加大。由中小型企业签发的银行承兑汇票约占三分之二，企业签发的银

表10 2018年各类债券发行情况

单位：亿元

债券品种	发行额	较上年增减
国债	36 626	-3 306
地方政府债券	41 652	-1 929
中央银行票据	0	0
金融债券①	274 056	16 000
其中：国家开发银行及政策性金融债	33 602	1 067
同业存单	210 832	8 960
公司信用类债券②	77 905	19 173
其中：非金融企业债务融资工具	57 938	17 694
企业债券	4 812	-1 119
公司债	14 555	4 748
国际机构债券	720	147
合计	430 959	30 086

注：①金融债券包括国家开发银行金融债、政策性金融债、商业银行普通债、商业银行次级债、商业银行混合资本债、证券公司债券、同业存单等。

②公司信用类债券包括非金融企业债务融资工具、企业债券以及公司债、可转债、可分离债、中小企业私募债等。

数据来源：中国人民银行、中国证券监督管理委员会、中央国债登记结算有限责任公司。

行承兑汇票余额仍集中在制造业、批发和零售业。

票据融资余额快速增长，票据市场利率震荡下行。2018年末，贴现余额为5.8万亿元，同比上升48.7%。上半年票据融资平稳增长，6月末较年初增加3 857亿元；下半年以来增速有所加快，年末余额较年初增加1.9万亿元。票据融资余额占各项贷款的比重为4.2%，同比上升1个百分点。2018年银行体系流动性合理充裕，票据市场资金供给有所增加，票据市场利率震荡下行。

（四）股票市场指数下跌，成交量和筹资额同比减少

股票市场指数下跌。2018年末，上证综合指数收于2 494点，比上年下跌24.6%；深证成份指数收于7 240点，比上年下跌34.4%；创业板指数收于1 251点，比上年下跌28.6%。2018年末，沪市A股加权平均市盈率从上年的18.2倍降至12.5倍，深市A股加权平均市盈率从上年末的36.5倍降至20.2倍。

股票市场成交量下降。2018年，沪、深股市累计成交90.2万亿元，日均成交3 711亿元，同比减少19.5%；创业板累计成交15.9万亿元，同比下降4%。年末沪、深股市流通市值为35.4万亿元，同比减少21.3%；创业板流通市值为2.5万亿元，同比减少19.5%。

股票市场筹资额同比减少。2018年，境内各类企业和金融机构在境内外股票市场上通过发行、增发、配股、权证行权等方式累计筹资6 827亿元，同比下降41.9%，其中A股筹资5 530亿元，同比下降44.9%。

（五）保险业资产增速有所放缓

保费收入同比下降。2018年，保险业累计实现保费收入3.8万亿元，同比减少1.5%；

表11　2018年末主要保险资金运用余额及占比情况

单位：亿元、%

	余额		占资产总额比重	
	2018年末	2017年末	2018年末	2017年末
资产总额	183 309	167 489	100.0	100.0
其中：银行存款	24 363	19 274	13.2	11.5
投资	139 725	129 932	76.2	77.6

数据来源：中国银行保险监督管理委员会。

累计赔款、给付1.2万亿元，同比增长0.9%，其中，财产险赔付同比增长5.4%，人身险赔付同比减少2.9%。

保险业资产增速有所放缓。2018年末，保险业总资产为18.3万亿元，同比增长9.4%，增速比上年末低1.4个百分点。其中，银行存款同比增长26.4%，投资类资产同比增长7.5%。

（六）外汇掉期交易增长较快

外汇市场交易活跃。2018年,人民币外汇即期成交7.6万亿美元，同比增长19.3%；人民币外汇掉期交易累计成交金额折合16.4万亿美元，同比增长22.7%，其中隔夜美元掉期成交9.2万亿美元，占掉期总成交额的56.1%；人民币外汇远期市场累计成交875亿美元，同比减少15.3%。全年“外币对”累计成交金额折合1 867亿美元，同比增长57.2%，其中成交最多的产品为美元对欧元，占市场份额比重为42.3%。

外汇市场交易主体进一步扩展。截至2018年末，共有即期市场会员678家，远期、外汇掉期、货币掉期和期权市场会员各212家、207家、175家和124家，即期市场做市商32家，远掉期市场做市商27家。

（七）黄金价格弱势震荡

上海黄金交易所黄金价格弱势震荡，小幅收高。国际黄金价格最高为1 360.25美元/盎司，最低为1 176.7美元/盎司，年末收于1 281.65美元/盎司，同比下跌1.15%。上海黄金交易所黄金Au9999最高价为284.9元/克，最低价为260.75元/克，年末收盘价为284.6元/克，同比上涨4.25%。

上海黄金交易所总体交易规模保持增长。2018年，上海黄金交易所黄金累计成交6.75万吨，同比增长24.35%；成交金额18.3万亿元，同比增长22.23%。

二、金融市场制度建设

（一）债券市场相关制度建设不断完善

一是中国人民银行发布公告〔2018〕第3号，规范银行业金融机构发行资本补充债券的行为。二是进一步完善绿色金融债券存续期监督管理，提升信息披露透明度。三是补充完善证券公司短期融资券的发行条件，简化证券公司申请发行短期融资券需提交的文件材料。四是逐步统一银行间债券市场和交易所债券市场评级业务资质，加强对信用评级机构监管和监管信息共享。五是发布《全国银行间债券市场境外机构债券发行管理暂定办法》，完善境外机构在银行间债券市场发行债券的制度安排，促进相关制度规则与国际接轨，进一步提高中国债券市场的国际化水平。六是在银行间债券市场正式推出三方回购交易，市场参与者可以更加便利地开展回购业务，降低结算失败等风险。七是明确可开展柜台业务的地方政府债券类型，进一步丰富柜台业务债券品种。八是明确由证监会依法对银行间债券市场、交易所债券市场违法行为开展统一的执法工作，强化监管执法，加强协同配合。

（二）加强证券期货业监管制度建设

上市公司治理体系进一步完善。一是证监会发布修订后的《上市公司治理准则》，加强对控股股东、实际控制人及其关联方的约束，更加注重中小投资者保护，推动机构投资者参与公司治理，对控制权稳定、独立董事履职、信息披露等问题作了具体要求。二是证监会、财政部、国资委联合发布《关于支持上市公司回购股份的意见》，支持各类上市公司回购股份用于实施股权激励及员工持股计划，鼓励运用多种市场工具为股份回购提供融资支持，简化实施回购的程序。三是国资委、财政部、证监会联合发布《上市公司国有股权监督管理办法》，统一国有股东转让上市公司股份的制度规范，建立国有资产分级监管体系。

证券期货经营机构监管规则进一步健全。一是证监会发布《证券期货经营机构私募资产管理业务管理办法》，统一各类证券期货经营机构私募资管业务监管规则，消除监管套利，重点完善加强风险防控、规制关联交易、防范利益输送、压实经营机构主体责任等方面的制度体系。二是证监会、人民银行联合发布《关于进一步规范货币市场基金互联网销售、赎回相关服务的指导意见》，要求货币市场基金互联网销售过程中严格落实持牌经营、严禁挪用基金销售结算资金，对“T+0赎回提现”业务明确限额管理、严禁违规垫支等限制性要求。

资本市场对外开放水平进一步提升。一是进一步放宽证券期货经营机构外资持股限制和业务范围。证监会修订《外商投资证券公司管理办法》，允许外资控股合资证券公司，并逐步放开合资证券公司业务范围；发布《外商投资期货公司管理办法》，明确期货公司的境外股东要求，规范外商间接持股行为。国家发展改革委、商务部发布《外商投资准入特别管理措施（负面清单）（2018年版）》，将证券公司、基金管理公司、期货公司的外资股比放宽至51%，并于2021年取消上述领域外资股比限制。二是证监会发布《关于上海证券交易所与伦敦证券交易所互联互通存托凭证业务的监管规定（试行）》，宣布推出沪伦通存托凭证（GDR），明确GDR发行审核制度、跨境转换制度安排以及境内上市公司境外发行GDR的监管安排，对参与GDR跨境转换的境外券商和存托人作出规定。三是进一步放开符合规定的外国人开立A股证券账户的权限，允许在境内工作的外国自然人投资者和在境外工作的境内上市公司外籍员工开立A股证券账户参与交易。四是原油期货、铁矿石期货、PTA期货等期货品种相继对境外投资者开放。

创新企业境内发行股票或存托凭证试点工作稳步推进。国务院办公厅发布《国务院办公厅转发证监会〈关于开展创新企业境内发行股票或存托凭证试点若干意见的通知〉》，宣布开展创新企业境内发行股票或存托凭证

（CDR）试点工作。证监会发布《存托凭证发行与交易管理办法（试行）》，并修改《首次公开发行股票并上市管理办法》《首次公开发行股票并在创业板上市管理办法》中有关上市条件的部分规定，为试点工作明确监管制度安排。

（三）完善保险市场基础性制度建设

加强保险业风险防控。一是规范保险公司股东行为。保险监管部门发布《保险公司股权管理办法》，重点明确保险公司股东准入、股权结构、资本真实性、穿透监管等方面的规定。二是强化保险公司资产负债匹配管理。保险监管部门发布资产负债管理监管规则，从定性与定量评估两方面，评估保险公司资产负债管理能力。三是加强保险资金运用监管。保险监管部门发布《保险资金运用管理办法》，进一步规范投资管理人受托管理保险资金的行为，强化境外投资监管，进一步明确保险资金运用信息披露要求等。

加强和改进保险服务，促进保险资金支持实体经济。银保监会发布《关于切实加强和改进保险服务的通知》，严格规范保险销售行为，改进保险理赔，加强互联网保险管理。银保监会发布《关于保险资产管理公司设立专项产品有关事项的通知》，允许保险资金设立专项产品参与化解上市公司股票质押流动性风险，加大保险资金投资优质上市公司力度，发挥保险资金长期稳健投资优势，并明确该产品不纳入保险公司权益类资产投资比例的计算。

推动保险业改革开放。一是启动个人税延养老险试点。银保监会先后发布《关于开展个人税收递延型商业养老保险试点的通知》《个人税收递延型商业养老保险业务管理暂行办法》以及个人税延养老险的资金运用管理办法、产品开发设计指引及产品示范条款等，有序推进试点政策落地。二是进一步扩大保险业对外开放。放开外资保险经纪公司经营范围，与中资保险经纪公司一致。允许境外投资者来华经营保险代理和公估业务。

第四部分 宏观经济形势

一、国际经济金融形势

2018年，全球经济总体延续增长态势，但增长势头有所放缓，经济增长同步性总体下降。受全球贸易摩擦及金融环境变化影响，金融市场波动有所加大，经济下行风险有所增加。

（一）主要经济体经济形势

主要发达经济体增长有所放缓，经济运行出现分化。美国经济增长较为强劲，但出现放缓迹象。2018年前三季度GDP环比折年率增速分别为2.2%、4.2%与3.4%，其中第二季度创2014年第四季度以来最快增速。美国供应管理协会（ISM）制造业PMI全年保持高位，连续34个月高于荣枯线，但12月意外放缓至54.10；密歇根消费者信心指数2018年保持在较高水平，第四季度以来略有波动。6月、7月CPI一度到达2.9%的高位，后逐渐下降至11月、12月的2.2%、1.9%；剔除波动性较高的能源、食品后，同期核心通胀温和上涨，自3月上涨2.1%后始终保持略高于2%的水平，11月、12月均为2.2%。劳动力市场趋紧，全年失业率低位下行，至第三季度曾低至近50年最低的3.7%，12月微升至3.9%。欧元区经济增长势头持续放缓。第一至第四季度欧元区GDP同比分别增长2.4%、2.2%、1.6%和1.2%，增速持续放缓，其中德国第三季度GDP环比收缩0.2%，为2015年以来首次出现负增长。欧元区消费者信心由年初的较为乐观水平持续下滑；制造业PMI全年也呈走低态势，第四季度降至52以内。欧元区通胀水平总体较为温和，核心CPI同比涨幅全年在1.0%左右；失业率保持低位，10月、11月、12月失业率分别为8.0%、7.9%和7.9%。日本经济波动性增大，受自然灾害等因素影响，第三季度GDP环比折年率为-2.5%，继第一季度萎缩1.3%后再度为负值并创2014年第二季度以来最大跌幅。劳动力市场接近充分就业，但受制于企业涨薪动力不足、通胀预期低迷等因素，预计未来通胀仍将处于低位。英国经济持续低速增长，仍面临脱欧带来的不确定性。第一季度GDP仅增长1.3%，为六年来最低水平；此后有所反弹但仍处于较低水平。同时，通胀水平持续超过英格兰银行通胀目标，11月和12月CPI同比分别增长2.3%、2.1%。英国内部对现有脱欧协议存在较大分歧，能否有序脱欧面临较大的不确定性。

新兴市场经济体表现继续分化。巴西经济增长动能有所复苏，2018年第三季度GDP增长1.3%，比第二季度加快0.4个百分点。由于石油等大宗商品价格回升，俄罗斯经济逐步企稳，第二、第三季度GDP同比分别增长1.9%、1.5%，通胀在得到控制后近期略有反弹。印度经济增长较快，第二季度GDP同比增长8.2%，第三季度略有放缓至7.1%，通胀压力略有下降。南非经济第三季度略有起色，但失业率仍居高不下。阿根廷受金融市场动荡影响，第二、第三季度GDP同比连续收缩。

表12　主要发达经济体宏观经济金融指标

经济体	指标	2017年第四季度			2018年第一季度			2018年第二季度			2018年第三季度			2018年第四季度		
		10月	11月	12月	1月	2月	3月	4月	5月	6月	7月	8月	9月	10月	11月	12月
美国	实际GDP增速(环比折年率，%)	2.3			2.2			4.2			3.4			—		
	失业率(%)	4.1	4.2	4.1	4.1	4.1	4.0	3.9	3.8	4.0	3.9	3.8	3.7	3.8	3.7	3.9
	CPI(同比，%)	2.0	2.2	2.1	2.1	2.2	2.4	2.5	2.8	2.9	2.9	2.7	2.3	2.5	2.2	1.9
	道琼斯工业平均指数(期末)	23 377	24 272	24 719	26 149	25 029	24 103	24 163	24 416	24 271	25 415	25 965	26 458	25 116	25 538	2 3327
欧元区	实际GDP增速(当季同比，%)	2.7			2.4			2.2			1.6			1.2		
	失业率(%)	8.8	8.7	8.6	8.6	8.5	8.5	8.4	8.2	8.2	8.1	8.0	8.0	8.0	7.9	7.9
	HICP综合物价指数(同比，%)	1.4	1.5	1.4	1.3	1.1	1.3	1.3	1.9	2.0	2.1	2.0	2.1	2.2	1.9	1.6
	EURO STOXX 50(期末)	3 674	3 570	3 504	3 609	3 439	3 362	3 537	3 407	3 396	3 525	3 393	3 399	3 198	3 173	3 001
英国	实际GDP增速（同比，%）	1.6			1.3			1.4			1.5			—		
	失业率（%）	4.3	4.3	4.4	4.3	4.2	4.2	4.2	4.2	4.0	4.0	4.0	4.1	4.1	4.0	—
	CPI（同比，%）	3.0	3.1	3.0	3.0	2.7	2.5	2.4	2.4	2.4	2.5	2.7	2.4	2.4	2.3	2.1
	富时100指数（期末）	7 493	7 327	7 688	7 534	7 232	7 057	7 509	7 678	7 637	7 749	7 432	7 510	7 128	6 980	6 728
日本	实际GDP增速(环比折年率，%)	1.5			−1.3			2.8			−2.5			—		
	失业率(%)	2.8	2.7	2.8	2.4	2.5	2.5	2.5	2.2	2.4	2.5	2.4	2.3	2.4	2.5	2.4
	CPI(同比，%)	0.2	0.6	1.0	1.4	1.5	1.1	0.6	0.7	0.7	0.9	1.3	1.2	1.4	0.8	0.3
	日经225指数(期末)	22 011	22 725	22 765	23 098	22 068	21 454	22 468	22 202	22 304	22 554	22 865	24 120	21 920	22 351	20 015

数据来源：各经济体相关统计部门及中央银行。

（二）国际金融市场概况

2018年以来，内外因素触发部分新兴市场经济体金融市场动荡，出现汇率贬值、债券价格下降与股指下跌的同步现象，发达经济体股指也出现较大波动。

美元指数上涨，欧元、英镑对美元贬值，部分新兴市场经济体货币大幅走低后反弹。2018年末，美元指数收于96.17，较上年末上涨4.40%。欧元收于1.1469美元/欧元，较上年末贬值4.39%。英镑收于1.2757美元/英镑，较上年末贬值5.59%。日元收于109.56日元/美元，较上年末升值2.84%。新兴市场经济体方面，阿根廷比索、土耳其里拉、巴西雷亚尔、印度卢比对美元较上季度末分别升值9.73%、14.51%、4.31%与4.23%，较上年末分别贬值50.57%、28.34%、14.65%与8.24%；俄罗斯卢布对美元较上季度末贬值5.89%，全年贬值17.25%；墨西哥比索对美元较上季度末贬值4.75%，全年小幅升值0.04%。

发达经济体国债收益率近期普遍下行，全年走势不一。2018年末，美国10年期国债收益率收于2.691%，较上季度末下降36.5个基点，较上年末上升28个基点。德国10年期国债收益率较上季度末下降22.8个基点，较上年末下降17.8个基点；日本较上季度末下降12.4个基点，全年下降4.8个基点；英国较上季度末下降30.5个基点，全年上升8.1个基点。新兴市场经济体方面，巴西10年期国债收益率较上季度末下降236.5个基点，全年下降100个基点；土耳其较上季度末下降148.0个基点，全年上升440个基点；阿根廷9年期国债收益率较上季度末上升227.5个基点，全年上升562.1个基点；俄罗斯、墨西哥较上季度末分别上升16个、71个基点，较上年末分别上升114个、93个基点。

主要经济体股市见顶后下跌。受贸易摩擦、美联储加息及经济周期可能见顶的担忧影响，近期发达经济体股市普遍走跌。2018年末，美国道琼斯工业平均指数较上季度末下跌11.83%，较上年末下跌5.63%。日本日经225指数、德国法兰克福DAX指数、欧元区STOXX50指数、英国富时100指数分别较上季度末下跌17.02%、13.78%、11.70%和10.41%，较上年末下跌12.08%、18.26%、14.34%和12.48%。新兴市场经济体中，巴西BOVESPA指数较上季度末上涨10.77%，全年上涨15.03%；阿根廷BUSE MERVAL指数与印度SENSEX指数分别较上季度末下跌9.47%、0.44%，全年上涨0.75%、5.91%；墨西哥MXX指数、土耳其BIST30指数、俄罗斯RTS指数分别较上季度末下跌15.89%、7.75%和10.56%，全年下跌15.63%、19.54%和7.65%。

全球货币市场利率总体略有上升。受美联储连续加息等因素影响，伦敦同业拆借市场美元Libor略有上升。2018年12月31日，1年期Libor为3.0054%,较上季度末上升8.7个基点，较上年末上升89.8个基点。受欧央行货币政策收紧预期等因素影响，欧元区同业拆借利率Euribor略有上行。12月31日，1年期Euribor为-0.117%，较上季度末上升4.2个基点，较上年末上升6.9个基点。

（三）主要经济体货币政策

发达经济体继续推进货币政策正常化进程。美联储全年四次加息各25个基点，自2015年底正式启动加息以来已加息九次，联邦基金利率由年初的1.25%～1.50%上调至2.25%～2.50%，同时持续推进2017年10月启动的缩表计划。在2018年12月19日议息会议上，美联储将2019年末和2020年末联邦基金利率的预期中位数分别从3.1%和3.4%下调至2.9%和3.1%，将2019年预期加息次数由三次下调至两次，维持2020年加息一次的预期不变。2019年1月30日，美联储维持联邦基金利率在2.25%～2.50%不变，但删去渐进式加息表述，表示在决定未来利率调整时将保持耐心，同时可根据经济和金融发展形势调整资产负债表正常化进程。欧央行2018年维持主要再融资操作利率、边际贷款便利利率及存款便利利率在0、0.25%和-0.40%不变，并宣布保持当前利率水平不变至少至2019年夏天。同时维持每月购买300亿欧元资产规模至2018年9月，10月至12月每月资产购买规模削减为150亿欧元，并在2018年底结束资产购买，但仍维持资产到期再投资即维持资产负债表规模不变，直至欧央行首次加息以后。日本银行继续实施收益率曲线管理下的量化和质化宽松货币政策（QQE），以实现2%的通胀目标。全年维持部分超额准备金利率在-0.1%不变，同时继续维持各类资产购买规模不变。在7月31日议息会议引入政策利率前瞻性指引，表示将在一段时间内维持目前极低的利率水平。英格兰银行2018年上半年维持基准利率与资产购买规模不变，8月2日议息会议上调基准利率25个基点至0.75%，此后继续维持基准利率与资产购买规模不变。加拿大银行2018年三次上调隔夜利率目标至

1.75%，并表示会随着时间的推移逐步将政策利率提升至中性区间，以实现通胀目标。

新兴市场经济体货币政策分化，但面对全球金融环境收紧及本币贬值压力，多家央行选择加息或偏中性的货币政策立场。为应对汇率剧烈贬值与资本外流，土耳其央行于2018年6月和9月三次加息，将基准利率由8.00%上调至24.00%；阿根廷央行于2018年4月、5月和8月五次加息，将基准利率由27.25%上调至60.00%。9月末，阿根廷央行宣布调整货币政策框架，维持基础货币零增长，政策利率取每日市场招标利率均值。俄罗斯央行第一季度两次下调关键利率共50个基点至7.25%，但由于通胀回归目标4%的速度快于预期，又于9月、12月两次上调关键利率至7.75%，并表示将考虑进一步提高关键利率的必要性。由于石油价格上涨和本币贬值导致通胀压力加大，为应对墨西哥比索汇率贬值、资本外流和国内通胀压力等问题，墨西哥央行全年四次上调隔夜银行间利率目标共100个基点至8.25%。为降低经常账户赤字，印度尼西亚央行全年六次上调7天逆回购利率共175个基点至6.00%。韩国央行仍保持宽松的货币政策立场，但为了遏制家庭债务的快速增长，于11月30日上调基准利率25个基点至1.75%。由于通胀处于较低水平，为提振经济，巴西央行第一季度两次下调基准利率共50个基点至6.50%。印度央行2018年第二季度两次上调基准利率共50个基点至6.50%,此后于2019年2月下调基准利率25个基点至6.25%。

（四）国际经济展望及值得关注的问题

国际货币基金组织在2019年1月更新的《世界经济展望》中，预计2018年和2019年全球经济将分别增长3.7%和3.5%，其中对2019年预测值较2018年10月下调0.2个百分点，发达经济体、新兴市场经济体和发展中国家增速预测均有所下调。展望未来，全球经济可能面临以下风险：

一是贸易摩擦与政策不确定性仍为显著风险。贸易摩擦带来的不确定性、加征关税对通胀及对全球供应链的影响已逐渐显现，企业选择推迟投资决策或考虑调整供应链，部分供应链上下游经济体面临外部需求放缓等冲击，贸易摩擦也可能通过对信心的冲击加剧全球范围金融市场的波动。

二是在贸易摩擦升级和全球金融条件存在不确定性背景下，各经济体的脆弱性易被放大。目前各国资产价格处于历史高位，金融市场脆弱性上升，一旦流动性变化超出市场预期或市场对经济放缓恐慌加大，可能导致资产价格波动，引发金融市场震荡。此外，全球融资环境收紧与风险偏好下降仍可能给新兴市场经济体带来挑战。

三是随着经济下行风险加大，部分经济体的政策应对面临一定挑战。货币政策方面，部分经济体的低利率水平限制了政策利率调整空间，进一步扩大资产负债表的空间也较为有限；财政政策方面，部分经济体财政赤字与政府债务处于高位，不利于营造未来的政策应对空间。

此外，地缘政治冲突多点爆发，风险因素和不确定性加速累积，对经济金融的影响加大。与此同时，与金融科技等新技术相伴而生的新风险也不容忽视，对全球金融监管提出更高的要求。

二、中国宏观经济形势

2018年，中国经济运行总体平稳，经济结构继续优化。服务业保持平稳较快增长，消费对经济增长的贡献上升，国际收支基本平衡，价格形势保持稳定。初步核算，全年国内生产总值90万亿元，按可比价格计算，比上年增长6.6%，实现了6.5%左右的预期发展目标，四个季度分别同比增长6.8%、6.7%、6.5%和6.4%。全年居民消费价格指数（CPI）同比上涨2.1%,工业生产者出厂价格指数（PPI）同比上涨3.5%。

（一）工业、服务业生产总体平稳，产业结构持续优化

第三产业占比继续提高。三次产业增加值占GDP比重分别为7.2%、40.7%和52.2%，第三产业占比高于第二产业11.5个百分点，比上年同期提高0.3个百分点。其中，第一产业增加值为6.5万亿元，比上年增长3.5%；第二产业增加值为36.6万亿元，增长5.8%；第三产业增加值为47.0万亿元，增长7.6%。

农业生产形势稳定。2018年全国粮食总产量为65 789万吨，比上年下降0.6%，仍是历史高产年，连续4年保持在65 000万吨以上。猪牛羊禽肉产量为8 517万吨，比上年略降0.3%。

工业生产总体平稳，结构持续优化。2018年全国规模以上工业增加值比上年实际增长6.2%，增速缓中趋稳。高技术制造业、战略性新兴产业和装备制造业增加值分别比上年增长11.7%、8.9%和8.1%，增速分别比规模以上工业快5.5个、2.7个和1.9个百分点。2018年全国规模以上工业企业利润同比增长10.3%；主营业务收入利润率为6.49%，比上年提高0.03个百分点。中国人民银行第四季度5 000户工业企业调查显示，企业经营景气指数为57.9%，比上季度上升1个百分点，比上年同期下降1.9个百分点。企业盈利能力有所下降。企业盈利指数为58.7%，比上季度回落0.2个百分点，比上年同期回落2.8个百分点。

服务业保持平稳较快增长。2018年，服务业增加值同比增长7.6%，比上年回落0.3个百分点。其中，信息传输、软件和信息技术服务业增长30.7%，增速比上年高8.9个百分点；租赁和商务服务业增长8.9%，增速比上年回落0.9个百分点。

（二）消费对经济增长贡献上升，投资缓中趋稳

消费对经济增长贡献上升，网上零售增势强劲。2018年，社会消费品零售总额为38万亿元，比上年增长9.0%，最终消费支出对经济增长的贡献率为76.2%。乡村消费品零售额同比增长10.1%，比城镇高1.3个百分点。网上零售增势强劲，全年网上零售额为9万亿元，比上年增长23.9%。居民收入平稳增长，对消费形成一定支撑。2018年居民人均可支配收入为28 228元，比上年名义增长8.7%，扣除价格因素实际增长6.5%，快于人均GDP增速。收入分配结构持续改善，农村居民收入增速持续高于城镇。城乡居民人均收入倍差2.69，比上年缩小0.02。中国人民银行第四季度城镇储户问卷调查显示，倾向于“更多消费”的居民占28.6%，比上年同期高2.4个百分点。

制造业投资和民间投资增势明显，基建投资缓中趋稳。2018年，全国固定资产投资（不含农户）63.6万亿元，同比增长5.9%，增速比上年回落1.3个百分点。制造业投资增

长9.5%，比上年高4.7个百分点，增速明显加快；房地产开发投资增长9.5%，比上年高2.5个百分点，增速总体稳定；基础设施投资增速自10月以来有所回升，全年增长3.8%，比上年低15.2个百分点。民间投资增势较好，国有企业投资增长乏力。2018年民间投资同比增长8.7%，比上年高2.7个百分点；而国有及国有控股单位投资同比增长1.9%，比上年低8.2个百分点。

（三）进出口均保持较快增长，国际收支基本实现自主平衡

进出口较快增长，贸易顺差有所收窄。按人民币计价，2018年进出口总额为30.5万亿元，比上年增长9.7%。其中，出口16.4万亿元，增长7.1%；进口14.1万亿元，增长12.9%。进出口相抵，顺差为2.3万亿元，比上年收窄18.3%。贸易结构进一步优化。一般贸易进出口比重提升，占进出口总额的57.8%，比上年提高1.4个百分点。机电产品出口增长7.9%，占出口总额的58.8%，为出口主力。民营企业进出口增长12.9%，占进出口总额的39.7%。

外商直接投资延续向高端产业聚集的态势。2018年，全国新设立外商投资企业60 533家，同比增长69.8%；实际使用外资8 856亿元人民币，同比增长0.9%。制造业实际使用外资同比增长20.1%，占比为30.6%，较上年提高4.8个百分点，其中，高技术制造业实际使用外资同比增长35.1%。对外投资行业结构持续优化。2018年全行业对外直接投资1 298.3亿美元，同比增长4.2%。对外投资主要流向租赁和商务服务业、制造业、批发和零售业、采矿业，占比分别为37%、15.6%、8.8%和7.7%。房地产业、体育和娱乐业对外投资没有新增项目，非理性投资继续得到有效遏制。

国际收支呈现“双顺差”。初步统计，2018年，我国经常账户顺差491亿美元，非储备性质的金融账户顺差602亿美元。2018年末，外汇储备余额为30 727亿美元。外债规模继续保持增长。2018年9月末，全口径（含本外币）外债余额为19 132亿美元，较6月末增加427亿美元。其中，短期外债余额为12 073亿美元，占外债余额的63%。

（四）居民消费价格温和上涨，工业生产价格涨幅回落

GDP平减指数涨幅回落。2018年GDP平减指数（按当年价格计算的GDP与按固定价格计算的GDP的比率）同比上涨2.9%，比上年回落0.4个百分点，其中各季度涨幅分别为3.0%、2.8%、2.8%和1.6%。

居民消费价格温和上涨。2018年，CPI同比上涨2.1%，涨幅比上年扩大0.5个百分点，其中各季度涨幅分别为2.2%、1.8%、2.3%和2.2%。食品价格涨幅由负转正，非食品价格温和上涨。食品价格上涨1.8%，上年为同比下降1.4%；非食品价格上涨2.2%，涨幅比上年回落0.1个百分点。消费品价格涨幅明显扩大，服务价格涨幅有所回落。消费品价格上涨1.9%，涨幅比上年提高1.2个百分点；服务价格上涨2.5%，涨幅比上年回落0.5个百分点。

工业生产价格涨幅回落。2018年，PPI同比上涨3.5%，涨幅比上年回落2.8个百分点，其中各季度涨幅分别为3.7%、4.1%、4.1%和2.3%。其中，生活资料价格涨幅相对稳定，生产资料价格涨幅明显下降。生活资料价格同比上涨0.5%，涨幅比上年回落0.2个百分

点；生产资料价格同比上涨4.6%，涨幅比上年回落3.7个百分点。工业生产者购进价格同比上涨4.1%，涨幅比上年回落4.0个百分点，其中各季度涨幅分别为4.4%、4.4%、4.7%和3.0%。企业商品价格（CGPI）同比上涨3.0%，比上年回落3.8个百分点。农业生产资料价格同比上涨3.1%，涨幅比上年扩大2.5个百分点；农产品生产价格同比下降0.9%，降幅比上年缩小2.6个百分点。

（五）财政支出平稳增长

财政收入增速有所放缓。2018年，全国一般公共预算收入为18.3万亿元，同比增长6.2%，增速比上年回落1.2个百分点。其中，税收收入15.6万亿元，同比增长8.3%；非税收入2.7万亿元，同比下降4.7%。国内增值税、国内消费税同比分别增长9.1%、4.0%，企业所得税和个人所得税同比分别增长10.0%、15.9%。

财政支出相对平稳。2018年,全国一般公共预算支出22.1万亿元，同比增长8.7%，增速比上年高1个百分点。从支出结构看，增长较快的有科学技术、节能环保和城乡社区支出，同比分别增长14.5%、13.0%和10.2%。

2018年，全国政府性基金预算收入7.5万亿元，同比增长22.6%。其中，土地出让收入6.5万亿元，同比增长25%。全国政府性基金预算支出8.1万亿元，同比增长32.1%。

（六）就业形势保持稳定

调查失业率基本稳定。全年城镇新增就业1 361万人，比上年多增10万人。12月，全国城镇调查失业率为4.9%，比上年同月下降0.1个百分点。2018年，外出农民工17 266万人，同比增长0.5%。中国人民银行第四季度城镇储户问卷调查显示：居民就业感受指数为45.5%，比上季度回升1.3个百分点；居民就业预期指数为53.3%，比上季度回升1.6个百分点。

（七）行业分析

1. 房地产行业

2018年，全国商品房销售面积与销售额增速持续放缓；受三四线城市带动，房价上涨区域和幅度有所扩大；房地产开发投资保持较快增长；房地产贷款增速继续平稳回落。

房价上涨区域和幅度有所扩大，主要由三四线城市带动。2018年12月，全国70个大中城市中，新建商品住宅价格同比上涨的城市有69个，较上年同期增加8个；平均涨幅为10.6%，较上年同期提高4.8个百分点。二手住宅价格同比上涨的城市有66个，较上年同期增加1个；平均涨幅为7.6%，较上年同期提高2.6个百分点。

商品房销售面积、销售额增速持续回落。2018年，全国商品房销售面积为17.17亿平方米，同比增长1.3%，增速较上年下降6.4个百分点。商品房销售额为15万亿元，同比增长12.2%，增速较上年下降1.5个百分点。其中，商品住宅销售面积和销售额分别占商品房销售面积和销售额的86.2%和84.3%。

房地产开发投资保持较快增长。2018年，全国房地产开发投资完成12.03万亿元，同比增长9.5%，增速较上年提升2.5个百分点。其中，住宅开发投资累计完成8.5万亿元，同比增长13.4%，增速较上年提高4个百分点，占房地产开发投资的比重为70.8%。全国房屋新开工面积为20.93亿平方米，同比增长17.2%，增速较上年提高10.2个百分点。全国房屋施工面积为82.2亿平方米，同比增长5.2%，增速较上年提高2.2个百分点。全国房屋竣工面积为9.4亿平方米，同比下降7.8%，降幅较上年扩大3.4个百分点。

房地产贷款增速平稳回落，贷款结构有所变化。2018年末，全国主要金融机构（含外资）房地产贷款余额为38.7万亿元，同比增长20%，增速较上年末回落0.9个百分点。房地产贷款余额占各项贷款余额的28.4%。其中，个人住房贷款余额为25.8万亿元，同比增长17.8%，增速较上年末回落4.4个百分点；住房开发贷款余额为7.33万亿元，同比增长31.9%，增速较上年末提高5.2个百分点；地产开发贷款余额为1.38万亿元，同比增长3.9%，增速较上年末提高11.8个百分点。

保障房信贷支持仍保持较大力度。2018年末，全国保障性住房开发贷款余额为4.32万亿元，同比增长29.5%，增速较上年末回落3.1个百分点；全年新增9 838亿元，较上年多增1 635亿元，占同期房产开发贷款新增量的53.9%。截至2018年末，已有85个城市的373个保障房建设项目通过贷款审批，并按进度发放872.2亿元，收回贷款本金826亿元。

2. 工业机器人制造业

工业机器人是先进制造业的关键支撑装备，在支撑智能制造、提升生产效率等方面发挥着重要作用。工业机器人的推广应用，有助于缓解劳动力成本上升压力，满足生产方式向柔性、智能、精细转变的需要，还可以改善高危、有毒等恶劣工作环境中的生产安全问题。大力发展工业机器人产业，是构建以智能制造为根本特征的新型制造体系的重要抓手，对于打造中国制造新优势、推动工业转型升级、加快制造强国建设具有重要意义。

近年来，我国工业机器人市场快速发展。①在2017年6月新修订的《国民经济行业分类》国家标准中，首次为工业机器人制造设立了独立的行业小类。自2013年起，我国成为全球第一大工业机器人应用市场。2017年，我国工业机器人销量达到13.79万台，同比增长58.5%，增速达到历史新高，销量连续五年居世界首位，占全球工业机器人销量的比重较上年提高6.6个百分点至36.2%。2017年我国制造业中的工业机器人密度为97台/万人，比上年增加29台/万人，首次超过全球平均水平（85台/万人）。我国工业机器人以搬运和上下料、焊接与钎焊、装配及拆卸机器人为主，三者在2017年全国销量中的比重分别约为45%、25%和20%；主要应用行业为电气电子设备和器材制造业、汽车制造业，两者在2017年全国销量中的比重分别约为35%和31%。国家统计局数据显示，2017年我国工业机器人产量为13.11万台（套），2018年产量达到14.77万台（套）。

我国工业机器人制造业发展仍面临诸多挑战。一是核心技术创新能力有待增强，关键零部件中高精度减速器、伺服电机和控制器等主要依赖进口。减速器、伺服电机、控制器是工业机器人的核心组成部分，三者约占到工业机器人成本的60%～70%。二是龙头企业正在崛起，但“小、散、弱”问题仍没有得到根本性改变。我国涉及工业机器人生产的企业众多，大批传统机械制造企业也在

①除非特别注明，相关数据均来自国际机器人联合会（IFR）和中国机器人产业联盟（CRIA）。

转向工业机器人的生产，产业集中度有待提升。三是专业人才供需矛盾较为突出。制造人才缺乏导致工业机器人三大核心零部件的瓶颈难以突破，应用人才短缺导致工业机器人操作、维修和应用面临制约，装机量增长受限，系统集成人才不足导致工业机器人产业改造升级受阻，发展较为迟缓。四是工业机器人标准认证体系框架已初步形成，但还有待进一步健全。

下一步，应鼓励金融机构推动融资、租赁、质押业务创新发展，加大对工业机器人领域的金融支持。坚持需求导向，充分发挥市场在资源配置中的决定性作用，以企业为主体，促进核心技术研发、产业链构建、应用领域拓展和区域集聚发展。坚定不移加强知识产权保护，创造公平竞争的市场环境，加强国际交流与合作，促进我国工业机器人产业持续健康快速发展。

第五部分　货币政策趋势

一、中国宏观经济展望

展望未来一段时期，中国经济保持平稳发展的有利因素较多。全球经济增长面临的下行风险有所增加，但总体仍延续复苏态势，国际货币基金组织对2019年经济增速的预测与前几年均值基本持平。中国发展仍处于并将长期处于重要战略机遇期。三大攻坚战开局良好，供给侧结构性改革深入推进，改革开放力度加大，人民生活持续改善，保持了经济持续健康发展和社会大局稳定，经济增长具有潜力和韧性。内需对经济的拉动不断上升，新兴产业蓬勃发展，传统产业转型升级态势良好，经济结构继续优化，就业形势保持稳定。2018年城镇化率提高超过1个百分点，新型城镇化、服务业、高端制造业以及消费升级仍有较大的发展空间，回旋空间也比较大。金融风险防控成效显现，宏观杠杆率趋于稳定，2018年我国M2与GDP之比较上年下降3个百分点。同时，金融对实体经济的支持力度较为稳固，近期出台的一系列逆周期调节措施的效果也在逐步显现。中国人民银行第四季度企业家问卷调查显示，宏观经济热度指数和信心指数同比和环比都有小幅下降，但仍处于近年来较高水平，经营景气指数环比上升；城镇储户问卷调查显示，居民就业感受和预期指数环比小幅上升，保持在相对高位。

也要看到，经济发展面临的国际环境和国内条件都在发生深刻而复杂的变化，推进供给侧结构性改革过程中不可避免会遇到一些困难和挑战，经济运行稳中有变、变中有忧。长期积累的风险隐患有所暴露，经济仍面临下行压力。从国际环境看，世界经济形势错综复杂，地缘政治风险依然较大，主要发达经济体货币政策趋势存在不确定性，贸易摩擦给未来出口形势带来较大不确定性，可能造成外需对经济的边际拉动作用减弱，还可能影响投资者情绪，加剧金融市场波动。从国内看，房地产、汽车等传统支柱产业进入调整期，大部分新业态和新动能在量级上仍弱于传统支柱行业，消费增长相对乏力，经济内生增长动力有待进一步增强。企业有效融资需求有所下降，金融机构风险偏好下降，自身也受到一定约束。

物价形势总体较为稳定，对未来变化需持续监测。物价涨幅主要取决于经济基本面状况和供求的相对变化。国内经济运行总体平稳，粮食、棉花等丰收丰产，工业消费品生产提质升级，通过近几年推进供给侧结构性改革和市场机制发挥作用，产能过剩问题明显缓解，总供求较为平衡，这些都有利于物价保持平稳，通胀预期基本稳定。中国人民银行第四季度城镇储户问卷调查显示，未来物价预期指数为64.3%，同比持平。总体看，未来一段时间消费者物价指数有可能保持温和上涨。生产者价格指数受国际大宗商品价格走势和国内供需影响存在一些不确定性，对未来变化需持续监测。

二、下一阶段主要政策思路

下一阶段，中国人民银行将按照党中央、国务院部署，以习近平新时代中国特色社会主义思想为指导，坚持稳中求进工作总基调，坚持新发展理念，坚持推动高质量发展，坚持以供给侧结构性改革为主线，紧紧围绕服务实体经济、防控金融风险、深化金融改革三项任务，创新和完善金融宏观调控。稳健的货币政策保持松紧适度，强化逆周期调节，把握好宏观调控的度，在多目标中实现综合平衡。进一步加强政策协调，疏通货币政策传导，创新货币政策工具和机制，进一步提高金融服务实体经济的能力和意愿。在实施稳健货币政策、增强微观主体活力和发挥好资本市场功能三者之间，形成三角形支撑框架，促进国民经济整体良性循环。

专栏5　如何理解稳健的货币政策

中央经济工作会议提出，要继续实施稳健的货币政策。稳健的货币政策立场没有改变，“稳健”强调了货币政策应始终坚持稳中求进的总基调，面对复杂严峻的内外部环境，货币政策要松紧适度，增强前瞻性、灵活性、针对性，强化逆周期调节，同时把握好宏观调控的度，保持货币条件与经济平稳增长及物价稳定的要求相匹配，既不能多，也不能少。

继续实施稳健的货币政策，并不意味着货币条件维持不变，而是要根据形势发展变化动态优化和逆周期调节，适度熨平经济的周期波动，在上行期防止经济过热和通货膨胀，在下行期对抗经济衰退和通货紧缩。从数量上看，M2和社会融资规模增速应与名义GDP增速大体匹配；从价格上看，利率水平应符合保持经济在潜在产出水平的要求。在总量适度的同时，还要适当运用结构性货币政策工具发挥定向滴灌功能，优化流动性的投向和结构，促进结构性调整和改革。实施稳健的货币政策要服务好打好三大攻坚战、防范系统性金融风险的要求，为打赢防范化解重大风险攻坚战营造适宜的货币环境，既要防止货币条件过紧引发风险，也要防止大水漫灌加剧扭曲和继续累积风险。在开放宏观格局下，货币政策保持稳健，还需要把握好内部均衡和外部均衡的平衡，协调好本外币政策。当内部均衡和外部均衡产生矛盾时，作为以内需为主的大国经济体，应以内部均衡为主同时兼顾外部均衡，找到最优的平衡点。

2018年以来，面对错综复杂的内外部环境，中国人民银行认真落实稳健的货币政策，前瞻性预调微调，强化逆周期调节，将服务实体经济放在首位，加大金融对实体经济尤其是小微企业和民营企业的支持力度。货币供应量、社会融资规模总体平稳增长，与名义GDP增速基本匹配，货币政策较好地把握了支持实体经济和兼顾内外部均衡之间的平衡。2018年末，M2增速为8.1%，与上年持平，社会融资规模增速为9.8%。全年新增贷款16.2万亿元，同比多增2.6万亿元，普惠小微贷款大幅多增。金融风险防控成效显现，宏观杠杆率保持稳定。

未来一段时期中国经济保持平稳发展有不少有利条件。全球经济总体仍延续复苏态势，国内供给侧结构性改革持续推进，经济发展具有很大的潜力，韧性较强，宏观政策效果正在逐步显现。同时，中国经济平稳运行也面临一些挑战。全球经济增长势头有所减弱，国内经济面临下行压力，内生增长动力有待进一步增强。货币政策有较大空间，但也面临艰巨挑战。

下一阶段，要继续坚持以供给侧结构性改革为主线，推动经济高质量发展。稳健的货币政策要松紧适度，既要防止货币条件过紧引发风险，也要防止大水漫灌加剧扭曲和继续累积风险，其核心是服务好实体经济。同时，要平衡好总量和结构之间的关系，创新货币政策工具，发挥“几家抬”的政策合力，从供需两端共同夯实疏通货币政策传导的微观基础。协调好本外币政策，处理好内部均衡和外部均衡之间的平衡。强化正向激励机制，促进金融结构调整优化，提高金融结构的适应性，在服务经济结构转型升级的同时增强金融体系的韧性。健全货币政策和宏观审慎政策双支柱调控框架，守住不发生系统性金融风险的底线。在发挥稳健货币政策作用的同时，还要加强政策统筹协调，强化激励相容机制。要继续推进供给侧结构性改革，补短板、稳预期，改善营商环境，提振企业家和市场信心，保持经济平稳可持续增长。

一是稳健的货币政策保持松紧适度，强化逆周期调节，保持流动性合理充裕和市场利率水平合理稳定。健全货币政策和宏观审慎政策双支柱调控框架，继续灵活运用多种货币政策工具组合，加强政策协调，平衡好总量和结构之间的关系，发挥“几家抬”的政策合力，从供需两端共同夯实疏通货币政策传导的微观基础，保持货币信贷和社会融资规模合理增长。加强宏观审慎管理，推动商业银行多渠道补充资本，在发挥宏观审慎评估（MPA）逆周期调节作用的同时发挥其结构引导作用，引导金融机构加大对小微企业、民营企业等薄弱环节的支持力度。

二是促进结构优化，更好地服务实体经济。按照市场化法治化的原则，继续运用各种政策工具，引导金融机构加大对民营和小微企业支持力度。运用好定向降准、定向中期借贷便利、再贷款、再贴现等多种货币政策工具，创新和丰富货币政策工具组合，发挥结构性货币政策工具精准滴灌的作用。引导金融机构继续做好重点领域和薄弱环节的金融服务，加大对高新技术企业、新兴产业和制造业结构调整转型升级的支持，积极推进金融服务乡村振兴工作，聚焦深度贫困地区，健全金融支持产业带动脱贫挂钩机制，全力支持打赢打好脱贫攻坚战，统筹做好“两权”抵押贷款试点到期衔接工作。拓宽科技创新型企业融资渠道，切实加大创业担保贷款政策实施力度，更好支持高校毕业生、退役军人、返乡农民工等重点群体创业就业。加大对京津冀协同发展等国家重大战略、绿色金融、物流、养老等现代服务业的金融支持力度。继续切实落实政策要求，坚决遏制隐性债务增量，稳妥化解银行债务存量，推动必要在建项目后续建设，分类协商处置存量债务，保护债权人合法权益。进一步发挥信贷资产证券化盘活存量的积极作用，推动经济提质增效和转型升级。

三是进一步深化利率市场化和人民币汇率形成机制改革，提高金融资源配置效率，完善金融调控机制。稳妥推进利率“两轨合一轨”，完善市场化的利率形成、调控和传导机制。强化央行政策利率体系的引导功能，完善利率走廊机制，增强利率调控能力，重点是进一步疏通央行政策利率向市场利率和信贷利率的传导，提升金融机构贷款定价能力，适度增强市场竞争，更好地服务实体经济。继续培育市场基准利率和完善国债收益率曲线，健全市场化的利率形成机制。加强对金融机构非理性定价行为的监督管理，发挥好市场利率定价自律机制的引导作用，采取有效方式激励约束利率定价行为，强化行业自律和风险防范，维护公平定价秩序。稳步深化汇率市场化改革，完善以市场供求为基础、参考一篮子货币进行调节、有管理的浮动汇率制度，保持人民币汇率弹性，并在必要时加强宏观审慎管理，稳定市场预期，保持人民币汇率在合理均衡水平上的基本稳定。加快发展外汇市场，坚持金融服务实体经济的原则，为基于实需原则的进出口企业提供汇率风险管理服务。稳步推进人民币资本项目可兑换，推进人民币对其他货币直接交易市场发展，完善人民币跨境使用的政策框架和基础设施，坚持发展、改革和风险防范并重，支持人民币在跨境贸易和投资中的使用。

四是完善金融市场体系，切实发挥好金融市场在稳增长、调结构、促改革和防风险方面的作用。坚持金融服务实体经济原则，推动商业银行永续债等资本补充工具的产品创新。健全债券违约风险防范和处置机制，促进公司信用类债券发行准入和信息披露规则统一，加强绿色金融债券存续期监督管理。继续稳步有序推动债券市场双向开放，支持境外机构在境内市场发行债券及境内机构赴境外发行债券融资，推动境外机构投资境内债券市场。持续推动债券二级市场发展，不断优化交易、清算和结算等相关制度安排，完善做市商制度等市场化评价体系，提升债券市场流动性，为市场参与者创造更加友好、便利的投资环境。建立健全金融市场基础设施的统筹管理框架，进一步加强市场基础设施建设，确保金融市场整体稳定和安全高效运行。进一步完善分工明确、密切配合、协同有效的统一执法协作机制，打击市场违法犯罪行为，保护投资者利益，推动债券市场健康稳定发展。

五是深化金融机构改革，扩大对外开放，通过增加供给和竞争改善金融服务。持续深化大型商业银行和其他大型金融企业改革，完善公司治理，规范股东大会、董事会、监事会与管理层关系，完善经营授权制度，形成有效的决策、执行、制衡机制，提高经营管理水平和风险控制能力。继续推动中国农业银行“三农金融事业部”深化管理体制和运行机制改革，采取有效措施进一步激发县事业部活力，不断提高服务县域经济的能力和水平。推动全面落实开发性金融机构、政策性银行改革方案，会同有关单位根据改革方案要求和职责分工，抓紧做好健全治理结构、业务范围划分、完善风险补偿机制等后续工作，通过深化改革加快建立符合中国特色、能更好地为当前经济发展服务、可持续运营的开发性和政策性金融机构及其政策环境。提高金融结构的适应性，在服务经济结构转型升级的同时增强金融体系的韧性。

六是打好防范化解重大金融风险攻坚战。在国务院金融稳定发展委员会的牵头抓总下，充分发挥国务院金融稳定发展委员会办公室的作用，继续推动实施防范化解重大金融风险攻坚战行动方案，稳定宏观杠杆率，推动出台金融控股公司监管办法，加快补齐金融监管短板，继续开展互联网金融风险专项整治。争取到2020年，金融结构适应性提高，金融服务实体经济能力明显增强，金融工作法治化水平明显提升，硬约束制度建设全面加强，系统性风险得到有效防控，为全面建成小康社会创造良好的金融环境。

PART 1 Money and Credit Analysis

From the beginning of 2018, following the policy arrangements of the CPC Central Committee and the State Council, the PBC continued to implement sound monetary policies. In light of rising external uncertainties and heightened downward pressures on the economy, the PBC conducted and targeted preemptive adjustments and fine-tunings when appropriate, and enhanced financial support for the real economy, especially for small and micro businesses (SMBs) and private enterprises. Liquidity in the banking sector was reasonable and abundant, and money-market rates were generally declining. Lending by financial institutions was growing rapidly, while the lending structure continued to improve. Both money supply and all-system financing aggregates increased at a steady pace. The RMB exchange rates were becoming more flexible.

I. Liquidity was ample and appropriate, and money-market rates generally declined

In 2018, the PBC increased the medium- and long-term liquidity supply through four cuts to the required reserve ratio and the use of the Medium-term Lending Facility (MLF), while flexibly conducting open market repo operations to ensure ample and appropriate liquidity in the banking system. At end-2018, the excess reserve ratio for financial institutions was 2.4 percent, which was 0.3 percentage point higher year on year. Overall, the money market functioned smoothly, with terminal interest rates declining somewhat. In December, the 7-day repo rate (DR007) between depository institutions with interest rate bonds as collateral in the interbank market stood at 2.6 percent, 30 basis points lower than that at end-2017.

Figure 1 Interest Rates in the Money Market

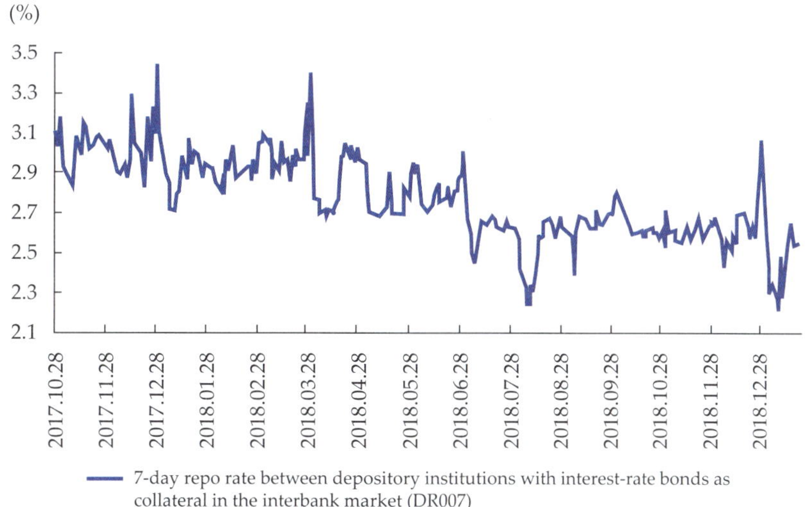

Source: www.chinamoney.com.cn.

II. Lending by financial institutions grew rapidly and lending rates remained stable with a slight decline

Lending grew rapidly, providing strong support for the real economy. At end-2018, outstanding loans in domestic and foreign currencies by financial institutions grew 12.9 percent year on year to RMB141.8 trillion, which marked an increase of RMB16.2 trillion from the start of the year and represented a year-on-year acceleration of RMB2.6 trillion. The outstanding RMB-denominated loans grew 13.5 percent year on year to RMB136.3 trillion, which marked an increase of RMB16.2 trillion from the beginning of the year and represented a year-on-year acceleration of RMB2.6 trillion. The acceleration tripled that in the previous year, which, to some extent, made up for the decline in off-balance-sheet financing. Since 2018 Q4, the PBC has further strengthened counter-cyclical adjustment, attaching importance to easing capital, liquidity and interest rate constraints that weigh on credit supply and guiding commercial banks to beef up credit support to the real economy, which has achieved good results.

The credit structure continued to improve, and loans to SMBs increased rapidly. The PBC has guided financial institutions to increase credit support to SMBs for financial inclusion purpose since mid-2018, which has gradually yielded good results. As of end-2018, incremental small and micro loans at a value below RMB10 million per enterprise amounted to RMB1.23 trillion, 2.3 times of that in the previous year. The outstanding small and micro loans grew by 15.2 percent year on year, representing an acceleration of 8.2 percentage points from the previous year. Broken down by sectors, the growth of RMB loans to the household sector moderated, registering 18.2 percent at end-2018, which was on a par with that at end-September and 3.2 percentage points lower than that at end-2017. In particular, the growth of mortgage loans fell to 17.8 percent, down 4.4 percentage points from end-2017. Since the start of 2018, mortgage loans increased by RMB3.9 trillion, representing a deceleration of RMB81.8 billion year on year and constituting 24.1 percent of the total new loans, down 5.3 percentage points year on year. Other loans to the household sector increased by RMB3.5 trillion from the beginning of the

Table 1 Structure of RMB Loans during 2018

Unit: RMB100 million, %

	Outstanding amount at end-2018	YOY growth	Increase from the beginning of the year	YOY acceleration
RMB loans to	1,362,967	13.5	161,705	26,427
Households	478,843	18.2	73,641	2,299
Non-financial enterprises, government departments, and organizations	868,289	10.5	83,082	16,010
Non-banking financial institutions	10,760	69.2	4,401	7,584
Overseas	5,075	14.8	581	534

Source: The People's Bank of China.

Table 2 New RMB Loans by Financial Institutions during 2018

Unit: RMB100 million

	New loans	YOY acceleration
Chinese-funded large-sized banks [1]	63,388	9,773
Chinese-funded small- and medium-sized banks[2]	97,915	24,286
Small-sized rural financial institutions[3]	20,002	4,400
Foreign-funded financial institutions	908	–569

Notes: 1. Chinese-funded large-sized banks refer to banks with assets (both in domestic and foreign currencies) of RMB2 trillion or more (according to the amount of total assets in both domestic and foreign currencies at end-2008).
2. Chinese-funded small- and medium-sized banks refer to banks with total assets (both in domestic and foreign currencies) of less than RMB2 trillion (according to the amount of total assets in both domestic and foreign currencies at end-2008).
3. Small-sized rural financial institutions include rural commercial banks, rural cooperative banks, and rural credit cooperatives.
Source: The People's Bank of China.

year, representing an acceleration of RMB311.7 billion year on year. Loans to non-financial enterprises and government departments and organizations increased by RMB8.3 trillion from the beginning of the year, representing an acceleration of RMB1.6 trillion year on year. In terms of the maturities of RMB loans, the share of medium- and long-term loans among new loans dropped. At end-2018, medium- and long-term loans increased by RMB10.5 trillion from the beginning of the year, representing a deceleration of RMB1.2 trillion year on year and accounting for 65 percent of the total new loans, down 21.2 percentage points year on year.

Lending rates declined, with the rates of loans to enterprises as a whole and to SMBs falling for four and five consecutive months respectively. In December, the weighted average interest rate on loans to non-financial enterprises and other sectors was 5.63 percent, down 0.11 percentage point year and year and down 0.31 percentage point from September. In particular, the weighted average interest rates on ordinary loans and on bill financing registered 5.91 percent and 3.84 percent respectively, down by 0.28 and 0.38 percentage point respectively from September. Interest rates on mortgage loans remained basically stable, with the weighted average interest rate reaching 5.75 percent in December, up 0.03 percentage point from September. The previously-unveiled policies supporting private, SMBs have gradually yielded good results. The average weighted interest rate on enterprise loans fell for the fourth month in a row by 0.25 percentage point in cumulative terms; whereas the lending interest rates for SMBs fell for the fifth month in a row by 0.39 percentage point in cumulative terms. In general, the comprehensive costs of all-system financing, including bank loans, bonds and off-balance-sheet financing dropped somewhat year on year.

Broken down by floating ranges, the share of loans with interest rates above the benchmark rates dropped, whereas the share of loans with interest rates at or below the benchmark rates rose. Since August, the share of loans with interest rates above the benchmark rates has

Table 3 Shares of RMB Loans with Rates Below, At, or Above the Benchmark Rates, January through December 2018

Unit: %

Month	Lower than the benchmark	At the benchmark	Higher than the benchmark					
			Subtotal	(1.0,1.1]	(1.1,1.3]	(1.3,1.5]	(1.5,2.0]	Above 2.0
January	11.89	20.31	67.80	16.45	19.67	12.32	12.11	7.26
February	12.50	18.83	68.67	15.98	18.66	12.88	12.65	8.50
March	9.61	16.04	74.35	15.86	21.29	14.00	14.53	8.68
April	10.38	15.15	74.47	15.77	21.12	14.13	14.72	8.73
May	9.03	14.36	76.61	16.60	20.85	14.39	15.65	9.12
June	9.93	14.83	75.24	15.19	21.36	14.10	16.32	8.27
July	9.59	14.08	76.33	14.96	21.08	14.07	16.63	9.59
August	11.87	13.33	74.81	13.20	20.53	14.23	16.31	10.55
September	12.60	13.64	73.76	12.79	21.26	13.87	16.06	9.78
October	12.91	14.40	72.69	12.15	19.73	13.22	16.49	11.10
November	14.92	14.87	70.21	12.39	19.71	13.12	15.28	9.70
December	16.27	18.47	65.26	13.59	17.81	11.52	13.89	8.45

Source: The People's Bank of China.

been falling continuously, and registered 65.26 percent in December, down 11.07 percentage points from July; the share of loans with interest rates below the benchmark rates registered 16.27 percent, up 6.68 percentage points from July; the share of loans with interest rates at the benchmark rate also began to rise since September.

Affected by the four interest rate hikes by the Federal Reserve and the changes in the balance between supply and demand in domestic foreign-currency funds, interest rates on foreign-currency deposits and loans continued to rise. In December, the weighted average interest rates on large-value USD demand deposits and deposits with maturities within 3 months registered 0.40 percent and 2.64 percent respectively, up 0.20 and 0.94 percentage point from end-2017. The weighted average interest rates of USD loans with maturities within 3 months and with maturities between 3 months (including 3 months) and 6 months registered 3.61 percent and 3.89 percent respectively, up 0.94 and 0.90 percentage point from end-2017.

Growth of deposits moderated, with term deposits accounting for a larger share of the total new deposits. At end-2018, outstanding deposits in domestic and foreign currency in all financial institutions posted RMB182.5 trillion, up 7.8 percent year on year and a deceleration of 1.0 percentage point from end-2017. This also marked an increase of RMB13.2 trillion from the beginning of the year and a deceleration of RMB504 billion year on year. Outstanding RMB deposits registered RMB177.5 trillion, up 8.2 percent year on year and a deceleration of 0.8 percentage point from the end of the last year. This represented an increase of RMB13.4 trillion from the start of the year and a deceleration of RMB107.1 billion year on year. Outstanding

Table 4 Average Interest Rates of Large-value Deposits and Loans Denominated in US Dollar, January through December 2018

Unit: %

Month	Large-value deposits						Loans				
	Demand deposits	Within 3 months	3-6 months (including 3 months)	6-12 months (including 6 months)	1 year	More than 1 year	Within 3 months	3-6 months (including 3 months)	6-12 months (including 6 months)	1 year	More than 1 year
January	0.19	1.79	2.37	2.61	2.77	2.87	2.72	3.10	2.84	3.04	4.48
February	0.18	1.82	2.39	2.70	2.97	2.81	2.79	3.28	2.95	3.21	4.11
March	0.30	1.92	2.70	3.09	3.28	3.33	3.17	3.42	3.21	3.73	4.23
April	0.31	2.00	2.90	3.21	2.82	3.26	3.28	3.63	3.39	3.67	4.99
May	0.32	2.06	3.30	3.45	3.31	3.23	3.30	3.60	3.49	3.60	4.60
June	0.33	2.15	2.95	2.95	3.40	3.43	3.35	3.61	3.55	3.67	4.32
July	0.30	2.18	2.94	3.11	3.41	3.34	3.47	3.67	3.57	3.61	4.66
August	0.38	2.23	3.00	3.20	2.80	3.54	3.50	3.71	3.59	4.01	4.39
September	0.40	2.34	2.95	3.37	3.03	3.19	3.49	3.66	3.56	3.82	4.49
October	0.42	2.45	3.03	3.33	3.68	3.09	3.64	3.87	3.89	5.09	4.74
November	0.37	2.46	3.22	3.75	3.74	3.99	3.65	4.05	4.07	4.21	4.85
December	0.40	2.64	3.31	3.45	3.54	3.59	3.61	3.89	3.91	3.93	4.74

Source: The People's Bank of China.

deposits in foreign currencies stood at USD727.5 billion, a decrease of USD63.4 billion from the beginning of the year. In 2018, term deposits accounted for 80.7 percent of new deposits by households and non-financial enterprises, up 25.9 percentage points year on year. Broken down by sectors, deposits by households and non-banking financial institutions registered a year-on-year acceleration of RMB2.6 trillion and RMB730 billion respectively, whereas deposits by non-financial enterprises and the government sector recorded a year-on-year deceleration of RMB1.9 trillion and RMB1.4 trillion respectively.

Table 5 Structure of RMB Deposits during 2018

Unit: RMB100 million, %

	Deposits at end-2018	YOY growth	Increase form the beginning of the year	YOY acceleration
RMB deposits	1,775,226	8.2	134,049	−1,071
Households	716,038	11.2	71,970	25,985
Non-financial enterprises	562,976	3.8	21,584	−19,320
Government	325,585	6.8	20,566	−13,627
Non-banking financial institutions	159,798	14.5	19,569	7,300
Overseas	10,828	3.5	361	−1,409

Source: The People's Bank of China.

III. The money supply and all-system financing aggregates increased moderately

The M2 growth stabilized and was roughly equivalent to nominal GDP growth. At end-2018, outstanding M2 stood at RMB182.7 trillion, up 8.1 percent year on year, same as its growth during the previous year. Outstanding M1 was RMB55.2 trillion, up 1.5 percent year on year. Outstanding M0 reached RMB7.3 trillion, up 3.6 percent year on year. During 2018, on a net basis, PBC injected RMB256.3 billion of cash into the economy, an increase of RMB22.1 billion year on year. The M2 growth in 2018 stabilized at over 8 percent, generally in line with nominal GDP growth, and the overall leverage ratio was stable. At end-January 2019, outstanding M2 was RMB186.6 trillion, up 8.4 percent, an acceleration of 0.3 percentage point from end-December 2018.

Box 1 Money Issuance Mechanism

Money issuance covers both cash issuance and the creation of broad money such as deposits. In the system of credit currency system, while commercial banks create broad money by expanding their assets such as issuing loans, the central bank creates base money by expanding its assets and adjusts the capacity of commercial banks to create broad money by adjusting base money.

Across the world, an economy usually selects the money issuance mechanism on basis of its own economic development and the need of monetary policy control. For example, the US Federal Reserve provides base money by purchasing and selling sovereign bonds in the open market. The foundation of its money issuance is its fiscal credit. Before the global financial crisis, the American banking system held a small amount of reserves and the vast majority of base money was in the form of cash. Therefore, the amount of sovereign bonds purchased by the US Federal Reserve was linked to the amount of cash it issued. The money issuance mechanism does not remain unchanged all the time and can be adjusted based on actual needs. In response to the shocks of the Global Financial Crisis, developed economies such as US, Europe and Japan implemented QE and other unconventional monetary policies after 2008, supplying a large amount of base money to the market by purchasing sovereign bonds, credit bonds with high ratings, ETFs, etc.

China's money issuance mechanism mainly serves the economic development and macro-control, subject to adjustment according to the requirement in different period of time. In more than a decade into the new century, Chinese economy was featured by sustained and large "double surplus" of BOP and the accumulation of foreign reserves. In order to adapt to the situation, PBC supplied base money by purchasing corresponding amount of foreign reserves in the market while initiating the reform of exchange rate regime and enhancing the flexibility of RMB exchange rate. Although China supplied base money through funds from foreign reserves at this stage, it doesn't mean that money issuance and credit expansion in China were subject to USD or other currencies. In fact, foreign reserves, for which Chinese exports are exchanged, can be used to purchase goods from other countries at any time. Therefore, the foundation of RMB issuance is, in nature, the goods under the state control. While buying FX and supplying RMB, PBC offset massive liquidity through reserves ratio hikes, open market operations and issuance of central bank bills, etc., and enhanced the flexibility of RMB exchange rate. The measures effectively coped with the challenges and problems of "double surplus", helped maintain the basic stability of prices and steady economic growth and created a suitable monetary environment for economic restructuring.

Since 2014, with China's BOP closer to equilibrium, PBC has supplied base money to the market and provided strong support to the priority industries and weak sectors of the economy through open market operations, MLF, PSL and other facilities. The central bank's capacity to supply and adjust liquidity has been further strengthened. The changes of base money issuance mechanism are in line with the new situation and changes of the economic and financial development, effectively meet the demand of broad money created by the banking system and provide foundation for the transmission of monetary policy framework from quantity-based to price-based scheme.

In general, the arrangements and adjustments of RMB issuance mechanism are basically in line with the economic and financial development in China They reflect the independence and proactive nature of Chinese monetary policies. At present, Chinese financial system is dominated by banks, which are the vital to monetary policy transmission. It has been proved effective for PBC to encourage or adjust bank loans to create deposit money through market-oriented monetary policy operations. There is still plenty of room for monetary policies, no need to make large-scale asset (such as sovereign bonds) purchases from the financial market and no need to implement the so-called QE. Going forward, based on the economic and financial development and the need for financial macro-adjustment, PBC will continue to improve RMB issuance mechanism, clear the monetary policy transmission channels and enable the financial sector to better serve the real economy development.

All-system financing aggregates increased moderately. According to preliminary statistics, outstanding all-system financing aggregates reached RMB200.75 trillion at end-2018, up 9.8 percent year on year. During the whole year, incremental all-system financing aggregates reached RMB19.26 trillion, down RMB3.14 trillion year on year, mainly due to sharp decrease of off-balance sheet financing. Incremental all-system financing aggregates were characterized by the following: first, growth of RMB loans to the real economy registered a year-on-year acceleration. During 2018, RMB loans by financial institutions to the real economy increased by RMB15.67 trillion, an acceleration of RMB1.83 trillion from the same period of the previous year and accounting for 81.4 percent of the incremental all-system financing aggregates. Second, the growth of entrusted loans, trust loans and undiscounted bankers' acceptance bills registered a significant year-on-year deceleration. During 2018, the three types of off-balance sheet financing decreased by RMB2.93 trillion, representing a deceleration of RMB6.5 trillion from the previous year. Third, corporate debt financing registered a significant year-on-year acceleration and equity financing registered a year-on-year deceleration. During 2018, corporate debt financing registered RMB2.48 trillion, a year-on-year increase of RMB2.03 trillion, and equity financing by non-financial enterprises recorded RMB360.6 billion, a year-on-year decrease of RMB515.3 billion. Fourth, special bonds issued by local governments registered a year-on-year deceleration. During 2018, local government special bond financing recorded RMB1.79 trillion, down RMB211.0 billion from the last year. Fifth, asset-backed securities and loan write-off by deposit-taking financial institutions registered an acceleration. During 2018, in the category of other financing, asset-backed security financing by deposit-taking financial institutions recorded RMB594.0 billion, an acceleration of RMB396.3 billion year on year; loan write-off recorded RMB1.02

Table 6 All-system Financing Aggregates during 2018

	At end-2018		2018	
	Stocks (RMB1 trillion)	YOY change (%)	Increment (RMB100 million)	YOY change (RMB100 million)
All-system financing aggregates	200.75	9.8	192,584	−31,386
Of which: RMB loans	134.69	13.2	156,712	18,280
Foreign currency loans (converted into RMB)	2.21	−10.7	−4,201	−4,219
Entrusted loans	12.36	−11.5	−16,067	−23,837
Trust loans	7.85	-8	−6,901	−29,456
Undiscounted bankers' acceptance bills	3.81	−14.3	−6,343	−11,707
Corporate debt	20.13	9.2	24,756	20,335
Specific bonds issued by local governments	7.27	32.6	17,852	−2,110
Domestic equity financing by non-financial enterprises	7.01	5.4	3,606	−5,153
Other financing	5.25	43.3	15,901	5,834
Of which: Asset-backed securities by deposit-taking financial institutions	1.28	86.7	5,940	3,963
Loans write-off	3.01	50.9	10,151	2,565

Notes: 1. The stock of all-system financing aggregates refers to the balance of financing provided by the financial system to the real economy at the end of a certain period of time. The increment in the all-system financing aggregates refers to the volume of financing provided by the financial system to the real economy during a certain period of time.

2. Since July 2018, the PBC has improved its statistical method for all-system financing aggregates and has included "asset-backed securities by deposit-taking financial institutions" and "loans write off" into the all-system financing aggregates, under the category of "other financing".

3. Since August 2018, the issuance of local government specific bonds has accelerated, which has had a significant "replacement effect" on bank loans and corporate debts. In order to reflect the "replacement effect" in the all-system financing aggregates, beginning in September 2018 the PBC started to include "specific bonds issued by local governments" in the statistics of the all-system financing aggregates and the data on special bonds issued by local governments are calculated based on the registration date of the claim and debt.

Sources: The People's Bank of China, China Banking and Insurance Regulatory Commission, China Securities Regulatory Commission, China Central Depository & Clearing Co., Ltd., National Association of Financial Market Institutional Investors, and so forth.

trillion, an acceleration of RMB256.5 billion. As of end-January 2019, outstanding all-system financing reached RMB205.08 trillion, up 10.4% year on year. From the perspective of financing structure, the outstanding RMB loans to the real economy accounted for 67.4 percent of the outstanding all-system financing, up 1.9 percentage points year on year.

IV. The RMB exchange rate was basically stable and more flexible in terms of two-way fluctuations, and cross-border RMB transactions saw rapid growth

The RMB exchange rate against a basket of currencies has remained basically stable; the flexibility of the RMB exchange rate against the USD strengthened further, with stronger two-way fluctuations; and exchange-rate expectations remained well-anchored. At end-2018, the CFETS RMB exchange-rate index closed at 93.28, down 1.7 percent from end-2017; the RMB exchange-rate index based on the SDR basket closed at 93.14, down 3.0 percent from end-2017. According to calculations by the Bank for International Settlements (BIS), during 2018, the NEER and REER of the RMB appreciated by 1.17 percent and 0.94 percent respectively. From the reform of the exchange-rate formation regime in 2005 to end-2018, the NEER and REER of the RMB appreciated by 35.54 percent and 44.37 percent respectively. At end-2018, the central parity of the RMB against the USD was 6.8632, a depreciation of 4.8 percent from end-2017. From the launch of reform on exchange-rate formation regime in 2005 to end-2018, the central parity of the RMB against the USD appreciated by 20.59 percent on a cumulative basis. During 2018, the annualized volatility rate of the central parity of the RMB against the USD was 4.2 percent, which was a significant increase from the last year, which played a bigger role of "automatic stabilizer" in adjusting the macro-economy and the balance of payments.

Figure 2 Monthly RMB Payments and Receipts under the Current Account

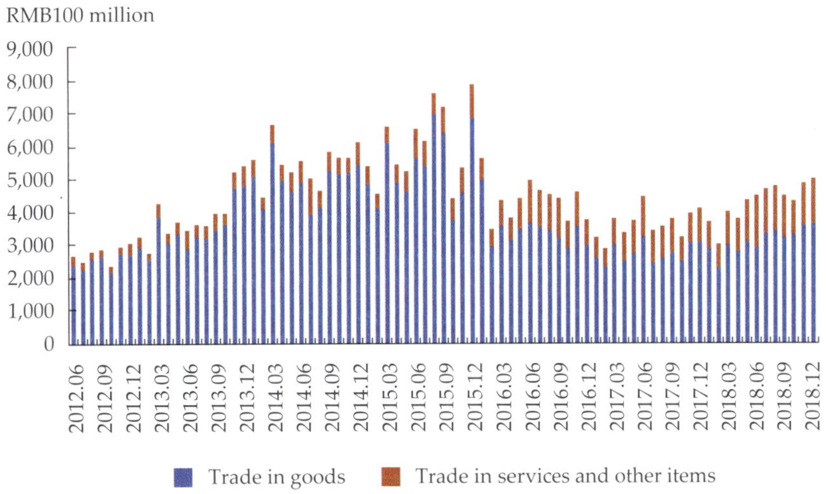

RMB100 million

Trade in goods | Trade in services and other items

Source: The People's Bank of China.

Cross-border RMB transactions grew rapidly with balanced receipts and payments. In 2018, cross-border receipts and payments in RMB totaled RMB15.85 trillion, up 46 percent year on year. In particular, RMB receipts and payments registered RMB8 trillion and RMB7.85 trillion respectively. RMB cross-border receipts and payments under the current account posted RMB5.11 trillion, a year-on-year increase of 18 percent. In particular, the settlement of trade in goods registered RMB3.66 trillion, whereas the settlement of trade in services and other items registered RMB1.45 trillion. RMB cross-border receipts and payments under the capital account posted RMB10.74 trillion, a year-on-year increase of 65 percent.

PART 2

Monetary Policy Operations

In 2018 the domestic and international economic and financial situations became more complex and changeable. By comprehensively implementing the arrangements of the Central Committee of the Communist Party of China (CPC) and the State Council, the PBC adopted a sound and neutral monetary policy and, in accordance with the changing situation, preemptively conducted a series of counter-cyclical measures to ensure that monetary policy would be neither too tight nor too loose, liquidity would remain at reasonable and sufficient levels, and the reasonable growth of money and credit and financing aggregates would be maintained to contribute to the mutually reinforcing interactions between economic and financial developments and to create a favorable monetary and financial environment for supply-side structural reforms and high-quality development.

I. Conducting Open Market Operations (OMOs) in a flexible manner

Conducting short-term repos in a flexible manner. In order to make up for the short-term liquidity gap and to keep total liquidity in the banking system at reasonable and sufficient levels, the PBC flexibly conducted OMOs mainly through 7-day repos combined with operations of different maturities as timely counter-measures against the impact on liquidity of taxation, holiday cash supplies, quarter-end regulatory assessments, and other factors. At the same time, in view of the increased episodes of endogenous volatility of market liquidity during the structural de-leveraging of the financial system, the PBC appropriately increased the liquidity cushion at critical points in time to maintain smooth operations in the financial market. In addition, the PBC disclosed information, such as changes in liquidity, through the *Announcement on Open Market Transactions*, improved the transparency of monetary-policy operations, effectively guided market expectations, and enhanced the effects of operations.

Guiding money-market interest rates in a downward direction. The DR007—the money-market benchmark rate—declined from about 2.9 percent at the beginning of the year to about 2.6 percent, and it remained stable since the fourth quarter until the Spring Festival of 2019. In the first quarter of 2018, the PBC's 7-day repo rate rose by 5 basis points after the Fed's rate hike, and the interest rates of other operations rose accordingly. Since the second quarter, the Fed raised interest rates three times, while the PBC stabilized OMO rates so as to consolidate the transmission effect of a declining rate from the money market to the bond and credit market, which created a favorable monetary and financial environment to stabilize the financing demands of the real economy, to reduce the financing costs of small and micro-businesses (SMBs), and to help stabilize market expectations about economic prospects.

In 2018 the PBC conducted a total of RMB10.84 trillion of repos, including RMB7.1 trillion of 7-day operations, RMB2.6 trillion of 14-day operations, RMB910 billion of 28-day operations, and RMB230 billion of 63-day operations. At the end of the year, outstanding repos stood at RMB840 billion.

II. Conducting the Medium-term Lending Facility (MLF) and the Standing Lending Facility (SLF) in a timely manner

MLF operations were conducted in a timely manner to make up for the medium and long-term liquidity gap in the banking system. The MLF has become an important channel for the supply of base money. In 2018 the PBC carried out a total of RMB4,951 billion of MLF operations, all with a maturity of 1 year. A total of RMB1,223.5 billion, RMB 1186.5 billion, RMB1,664 billion, and RMB877 billion of MLF operations was conducted in each quarter respectively. At the end of the year, outstanding of MLF operations stood at RMB4,931.5 billion, an increase of RMB410 billion over the beginning of the year. The bid rate of the MLF rose by 5 basis points in the second quarter and since then has remained stable. In 2018 the bid rate of the last operation with a 1-year maturity recorded 3.30 percent. In April and October, some financial institutions used the funds released by the RRR cuts to replace a total of RMB1,351.5 billion of MLFs.

SLF operations were conducted in a timely manner to meet the short-term liquidity needs of small and medium-sized financial institutions during the Spring Festival and at month-end and quarter-end when money-market interest rates were prone to fluctuations. In 2018 the PBC conducted a total of RMB438.5 billion of SLF operations. In each quarter, it carried out RMB106.9 billion, RMB142.5 billion, RMB51.9 billion, and RMB137.2 billion of SLF operations respectively, and year-end outstanding SLFs stood at RMB92.8 billion. The PBC will explore the role of the SLF rate as the ceiling of the interest-rate corridor to promote the smooth operation of the money market. As required by the implementation of monetary policy, in the first quarter the SLF rate was raised by 5 basis points and since then it has remained stable. Currently, the overnight, 7-day, and 1-month SLF rates are 3.40 percent, 3.55 percent, and 3.90 percent respectively.

III. Cutting the RRRs for financial institutions

In 2018 the RRRs for financial institutions were lowered four times, and credit support for SMBs, private enterprises, and other sectors in the real economy was strengthened. In January, the targeted RRR cut for inclusive finance was fully implemented, releasing about RMB450 billion. A targeted RRR cut for inclusive finance expands and optimizes the targeted RRR cut to the extent that it applies a lower RRR to financial institutions whose financial inclusion loans reach a certain standard. In April and October, the PBC on two occasions lowered the RRR for large commercial banks, joint-stock commercial banks, city commercial banks, non-county rural commercial banks, and foreign-funded commercial banks by one percentage point respectively, and partly replaced the outstanding MLFs with a net liquidity supply of about RMB1.15 trillion. In July 2018, the PBC cut the RRR for large commercial banks, joint-stock commercial banks, city commercial banks, non-county rural commercial banks, and foreign banks by 0.5 percentage point. Specifically, 5 state-owned commercial banks and 12 joint-stock commercial banks saw the release of liquidity in the amount of about RMB500 billion, which was used to support law-based and market-based debt-for-equity swaps. Meanwhile, other financial institutions released liquidity in the amount of about RMB200 billion. These measures will help enhance the stability of liquidity in the banking system, optimize the liquidity structure, and expand the financial institutions' sources of funds to increase support to key areas and weak links, such as SMBs, private enterprises, and law-based and market-based debt-for-equity swaps so as to promote the healthy development of the real economy.

In January 2019 the PBC lowered the RRR for financial institutions, adjusted the assessment criterion, and conducted a dynamic assessment of the targeted RRR cut for inclusive finance. First, the PBC cut the RRR for financial institutions by 1 percentage point, implementing it in two installments, which unleashed a net amount of over RMB300 billion of long-term liquidity. In addition, the outstanding MLFs that were due to mature in the first quarter of this year will not be renewed. Second, starting from 2019 the PBC adjusted the assessment criterion of loans granted to SMBs by implementing the targeted RRR cuts from "less than RMB5 million per enterprise" to "less than RMB10 million per enterprise." This move will expand the coverage of the targeted RRR cuts and benefit more SMBs. Third, the PBC conducted the 2018 dynamic assessment of the targeted RRR cuts for inclusive finance. Due to policy incentives, more financial institutions met the criteria for targeted RRR cuts aimed at encouraging inclusive finance and freeing up a long-term fund in a net amount of about RMB250 billion. With the adoption of the targeted RRR cuts as a substitute for the MLFs, combined with the dynamic assessment for inclusive finance targeted RRR cuts, and the RMB257.5 billion of targeted MLF operations conducted in January, a total of about RMB800 billion of long-term liquidity was released.

Box 2 The Current Reserve Requirement Ratio for Financial Institutions

On January 4, 2019, the PBC announced it would lower the financial institutions' reserve requirement ratio (RRR) by 1 percentage point. The reduction was implemented in two steps and was completed on January 25. To date, there are three figures for benchmark RRRs, i.e., 13.5 percent for large commercial banks, 11.5 percent for small- and medium-sized commercial banks, and 8 percent for county-level financial institutions in rural areas. Large commercial banks include 6 financial institutions, namely Industrial and Commercial Bank of China (ICBC), Agricultural Bank of China (IBC), Bank of China (BOC), China Construction Bank (CBC), Bank of Communications (BOC), and the Postal Savings Bank of China (PSBC). Small- and medium-sized commercial banks mainly consist of joint-stock commercial banks, city commercial banks, non-county level commercial banks in rural areas, private banks, and foreign-funded banks. County and rural financial institutions mainly include rural credit cooperatives, rural cooperative banks, and village and township banks.

Based on the above benchmarks, the PBC carried out evaluations of the RRR cuts for financial institutions in a targeted manner. The aim was to promote inclusive finance and to ensure that a certain portion of new deposits goes to local loans. Both the large commercial banks and the small- and medium-sized commercial banks can participate in the evaluation to apply for RRR cuts. Once they meet certain criteria, their reserve requirement ratios can be lowered further, i.e., by 0.5 or 1.5 percentage points from the corresponding benchmark rate. When the local loans of county and rural commercial banks and financial institutions account for a certain proportion of their new deposits, they can enjoy a further RRR cut of 1 percentage point from the corresponding benchmark mark. These two measures are aimed at encouraging financial institutions to allocate more financing resources to inclusive finance, such as small and medium-sized enterprises (SMEs) and agriculture-related areas. By January 25, 2019, the PBC had completed its work to adjust the dynamic evaluation arrangements of last year for the targeted RRR cuts for inclusive finance purposes.

With the above measures, all six of the largest commercial banks must be qualified for at least the minimum notch of the targeted RRR cuts, their effective RRRs are now 12 or 13 percent. The effective RRRs for small- and medium-sized commercial banks are 10 percent, 11 percent, or 11.5 percent. The effective RRRs for county and rural financial institutions are 7 or 8 percent. Most financial institutions are eligible for reduced RRRs. At present, the actual RRR applied to policy banks is 7.5 percent, and the RRR applied to finance companies, financial leasing companies, and auto finance companies is 6 percent. The weighted average RRR for all financial institutions is 11 percent.

IV. Further improving the framework for macro-prudential policies

The PBC enhanced macro-prudential management and gave full play to the counter-cyclical role of macro-prudential assessments (MPA). The MPA parameters were adjusted to expand the scope for the broad credit growth of financial institutions, encourage the inclusion of eligible off-balance-sheet assets onto the balance sheet, and therefore to guide financial institutions to increase support for the real economy. In order to give full play to the guiding role of the MPA in the structural adjustments, the PBC added special indicators to assess the performance of financial institutions in supporting private enterprises, SMBs, and debt-to-equity swaps.

The foreign-exchange risk reserve ratio was adjusted in a timely manner. Since Q2 of 2018, due to factors such as trade tensions and changes in the international foreign-exchange market, there have been signs of pro-cyclical fluctuations in the foreign-exchange market. In order to prevent macro-financial risks, promote the sound management of financial institutions, and strengthen macro-prudential management, the PBC decided to adjust the foreign-exchange risk reserve ratio for forward foreign-exchange sales business from 0 to 20 percent, starting from August 6.

New regulations and detailed rules on asset management were promulgated. In order to follow the guidance of the 19th National Congress of the CPC and the requirements of the national financial work conference and to effectively prevent and mitigate financial risks, the PBC, together with the relevant departments, formulated and promulgated the *Guiding Opinions on Regulating the Asset Management Business of Financial Institutions* (hereinafter referred to as "the new regulations on asset management"). On March 28, 2018, the first meeting of the Central Committee on the Comprehensive Deepening of Reform deliberated and adopted the new regulations on assets management. On April 27, as approved by the State Council, the PBC, the China Banking and Insurance Regulatory Commission, the China Securities Regulatory Commission, and the State Administration of Foreign Exchange jointly issued the *Guiding Opinions on Regulating the Asset Management Business of Financial Institutions* (Yinfa [2018] No. 106), which unified the regulatory standards based on the categories of the asset management products to make up for regulatory defects, deal with market chaos, and prevent systemic risks. On July 20, in order to guide financial institutions to better implement the new regulations on asset management and to ensure a smooth transition amid increasing external shocks, such as the U.S.-China trade tensions and the slower growth of social financing aggregates, the PBC issued the *Notice on Further Clarifying Matters Related to the Guiding Opinions for Regulating the Asset Management Business of Financial Institutions* (Yinbanfa [2018] No. 129, hereafter referred to as the *Notice*) to further clarify specific operational issues during the transition period to signal active support for the financing of the real economy. After the *Notice* was issued, the issuance of asset management products accelerated, some investments that had been suspended by institutions due to their wait-and-see attitude were resumed, and market confidence was boosted. Meanwhile, the PBC and other financial regulators strengthened communications and coordination to promote the introduction of detailed rules to support the new regulations. Since September 2018 detailed rules consistent with the overall framework for the new regulations on asset management have been formulated and implemented in various asset management industries, such as the banks' wealth management business, subsidiaries of the banks' wealth management business, and securities and private equity asset management business, to further clarify the regulatory requirements for specific industries so as to promote the return of the asset management business to its original source and to guide the asset management funds to enter the real economy and financial markets in a legal and standardized manner.

V. Supporting the expansion of credit supply for key areas and weak links, such as SMBs and private enterprises

The PBC actively used central-bank lending, central-bank discounts, Pledged Supplementary Lending (PSL), and other policy instruments to guide financial institutions to increase support for key areas and weak links in the economy such as SMBs and private enterprises. Since 2018 the PBC has expanded central-bank lending and discounts by RMB400 billion to support SMBs, agriculture, rural areas, and farmers. In addition, the PBC cut the rate of central-bank lending to support the SMBs by 0.5 percentage point to guide financial institutions to increase financing to SMBs and private enterprises so as to reduce their financing costs. At year-end, outstanding central-bank lending and discounts amounted to RMB833.2 billion, an increase of RMB300.9 billion compared with the start of the year. Among this, central-bank lending for supporting agriculture, rural areas, and farmers stood at RMB287.0 billion (including RMB182.2 billion for poverty alleviation), lending for SMBs posted RMB217.2 billion, and central-bank discounts stood at RMB329.0 billion. In 2018 PSLs to policy and development banks posted RMB691.9 billion, with a year-end outstanding value of RMB3,379.5 billion.

A Targeted Medium-term Lending Facility (TMLF) was introduced. In December 2018 the PBC introduced a TMLF to provide long-term stable funding to financial institutions as targeted support for them to increase credit to SMBs and private enterprises. On January 23, 2019, the PBC carried out TMLF operations for Q1. The interest rate of the TMLF was 15 basis points lower than that of the MLF and the amount of the TMLF operations was RMB257.5 billion. The amount of the TMLFs is determined by taking into account the extent of credit support that financial institutions extend to SMBs and to private enterprises, which will be conducive to leveraging bank credit to support the weak links in the real economy.

Central Bank Bills Swap (CBS) was launched to promote the issuance of perpetual bonds. The PBC, together with the relevant departments, accelerated the issuance of perpetual bonds issued by banks to replenish their capital and clearly set the maturity date of perpetual bonds as the banks' duration and allowed such bonds to be included in other Tier-1 capital. On January 25, 2019, the first perpetual bond was successfully issued, with a bid-to-cover ratio of more than 2 and a coupon rate at the lower limit of the market forecast range. To improve the liquidity of the banks' perpetual bonds (including capital bonds without fixed terms) and to encourage banks to replenish capital through the issuance of perpetual bonds, the PBC launched the CBS in January 2019. Primary dealers in open market operations can swap perpetual bonds issued by qualified banks for central-bank bills with the PBC. On February 20, the PBC conducted the first 1-year CBS, at a rate of 0.25 percent and in an amount of RMB1.5 billion. The CBS allows financial institutions holding banks' perpetual bonds to have more high-quality collateral, improves market liquidity of such bonds, and makes them more attractive to market investors, thereby supporting banks to replenish capital via the issuance of perpetual bonds and creating favorable conditions for stepping up financial support for the real economy. It also helps improve the monetary-policy transmission mechanism, prevent and mitigate financial risks and ease the financing difficulties faced by SMBs and private enterprises. As a "bond for bond swap" which does not involve the injection or withdrawal of base money, the CBS is not quantitative easing and it will have a neutral effect on liquidity in the banking system.

The PBC appropriately expanded the scope of eligible collateral. The scope of eligible collateral was expanded to cover financial bonds with a rating of AA or higher and was issued to support SMBs, green economy, agriculture, rural areas, and farmers, AA+ or AA corporate debenture bonds, high-quality SMBs, private enterprises, and green loans, as well as banks' perpetual bonds with ratings of no lower than AA. The PBC promoted nationwide pledges of credit assets and central-bank internal ratings.

Box 3 Using Structured Monetary-Policy Tools to Support the Development of Private Enterprises and SMEs

A prudent monetary policy that is "neither too tight nor too loose" means that it provides a reasonable level of overall liquidity, its structure is optimized, and it can create a favorable monetary and financial environment for supply-side structural reforms and for high-quality growth. On the one hand, to implement a prudent monetary policy the total volume of liquidity must be managed. In other words, we must prevent sudden credit crunches from hurting the real economy and, at the same time, we also must avoid flooding the system with too much liquidity, which will hamper our deleveraging efforts. On the other hand, we must make sure that liquidity goes to the right places. We will make efforts to give full play to the structured monetary-policy tools in providing liquidity in a targeted manner so as to enhance the vibrancy of market players while keeping overall liquidity at an appropriate level. In order to find the right balance between the level of overall liquidity and its structure and to make sure that the policy is "neither too tight nor too loose" we need to appropriately use structured monetary-policy tools.

Conventional economic theories hold that monetary policy belongs to short-term aggregate-level policies and cannot be used to effectively adjust the economic structure. These theories are correct with certain prerequisites, but there are situations where these theories do not work. In the aftermath of 2008 Global Financial Crisis, the major advanced economies made efforts to explore the theories and practices of structured monetary-policy tools. For instance, the European Central Bank unveiled its Targeted Long-term Refinancing Operation (TLTRO), the Bank of England launched its Funding for Lending Scheme (FLS), and the Bank of Japan introduced a Lending Support Plan (LSP). All these measures helped improve monetary-policy transmission and enhanced support from the financial sector to the real economy. In China, when implementing monetary policies the PBC always attaches importance to coordinating credit and industrial policies. With years of practice, it has accumulated abundant experience and has established a solid foundation for promoting structural monetary policies. Among others, these policies include differentiated reserve requirement ratios, central-bank lending, and credit policies. They have played a positive role in supporting the development of key areas and weak links in the economy.

Since 2018 the PBC has strengthened its preemptive adjustments and fine-tunings in a forward-looking manner to keep a reasonable and ample level of liquidity in the banking system. From the perspective of the monetary-policy transmission mechanism, whether the liquidity, when injected into the system, can be transmitted to the real economy and used effectively depends on the willingness and the capability of those who supply the funds and on those who need them. If credit expansion is constrained, then the liquidity in the financial system cannot reach the real economy. When this occurs, merely adjusting the overall liquidity level may not deliver the desired results. In fact, structured adjustments may facilitate adjustments in the overall liquidity level and a failure to adjust the structure may end in a failure to adjust the overall liquidity level. Therefore, when working to ensure an appropriate level of overall liquidity, we must bear in mind its structure. We need to use targeted measures to improve the monetary-policy transmission channels so as to guide more funding resources to the real economy. In a modern monetary system, credit expansion by banks lies at the center of the operations of the monetary system. The key to improving the transmission of monetary policy is to guide the banks' behavior. Instead of using administrative measures, we should make efforts to improve the system by introducing positive incentive mechanisms to encourage commercial banks to proactively step up their support to the real economy.

Since 2018, in the face of complex economic and financial conditions, the PBC has carried out further innovations and practices on structured monetary-policy instruments in a proactive and market-based manner. The PBC has designed an incentive-compatible mechanism in which it uses counter-cyclical adjustment measures on the one hand and enhances the weak links and promotes long-term institutional development on the other hand. With these efforts, the PBC has effectively strengthened support to the key areas in the economy, such as private enterprises and small and micro businesses (SMBs). First, the PBC cut the reserve requirement ratio on four occasions to release medium- and long-term funds. This has improved the liquidity structure and has guided financial institutions to strengthen their efforts to support inclusive finance areas, such as agriculture-related fields, SMBs, poverty alleviation, "mass entrepreneurship and innovation," and other areas such as private enterprises and debt-for-equity swaps. Second, the PBC carried out innovative explorations to upgrade central-bank lending to support credit policies. By adopting a new approach of letting banks "first grant loans to firms and then borrow from the central bank," the PBC guided commercial banks to channel more financial resources to private enterprises and SMBs. Under this mode, commercial banks are asked to keep accounts of the loans they extend under the quota that they are granted. The efficiency of approving central-bank lending has been improved by approving a credit line under which multiple withdrawals can be automatically granted. The PBC increased central-bank lending on three occasions by RMB 400 billion and lowered the interest rate of specialized central-bank lending for small enterprises by 0.5 percentage point. The PBC also initiated pilot programs in twelve provinces to improve the pricing mechanism for loans under "the poverty reduction loan scheme." Third, the PBC widened the scope of eligible collateral for monetary-policy instruments, such as central-bank lending, to include bonds issued by SMBs with credit ratings no lower than AA as well as normal SMB loans for financial inclusion purposes, private enterprises loans, and green loans that have not been rated by the central bank's internal rating process. The criterion for granting SMB loans for inclusive finance purposes was extended from "no more than RMB5 million per enterprise" to "no more than RMB10 million per enterprise." Fourth, the role of the Macro-Prudential Assessment (MPA) in providing structural guidance was brought into play. New measures were added to assess the financial institutions' performance in supporting SMBs, private enterprises, and debt-for-equity swaps. Fifth, the PBC made innovative explorations and introduced tools to support bond financing by private enterprises. According to this arrangement, the PBC provides part of the initial funds and specialized institutions provide credit enhancement services to private enterprises to help them issue bonds. Sixth, the PBC introduced the Targeted Medium-term Lending Facility (TMLF) to provide long-term liquidity with favorable interest rates to major financial institutions. The amount of the TMLF is linked to the performance of major financial institutions in supporting SMBs and private enterprises. Seventh, the PBC accelerated steps to encourage banks to issue perpetual debts to raise additional capital. The PBC used the introduction of perpetual debts as a chance to require banks to raise additional capital. For this, the PBC introduced the Central Bank Bills Swap (CBS) to provide liquidity support for the banks' issuance of perpetual bonds.

To sum up, structured monetary-policy tools are quite effective in guiding financial institutions and improving the financing conditions for SMBs and private enterprises. Financial services in key areas and weak links in the economy, such as private enterprises and SMBs, have seen improvements on the margins, and these services have taken on the features of increased quantity, reduced prices, expanded coverage, and a trend in the direction of recovery. In 2018 SMB loans for inclusive finance purposes grew substantially. The year-on-year growth of outstanding SMB loans at end-2018 accelerated by 8.2 percentage points from the previous year, with declining financing costs. In December, newly issued SMB loans with an amount of under RMB10 million had an average interest rate of 6.28 percent, 0.26 percentage point lower than that during the same period of the last year. At end-2018, the number of Small and micro subjects that has received loans from financial institutions for inclusive finance purposes reached 18.15 million, an increase of 4.65 million or up 34.5 percent from the end of the previous year. Outstanding loans in RMB and foreign currencies to private enterprises and individuals accounted for 61.6 percent of the outstanding loans to the non-financial sector, up 0.7 percentage point from end-2017. Outstanding loans to state-owned enterprises (SOEs) and private enterprises posted RMB90.6 trillion. Outstanding loans to SOEs registered RMB47.7 trillion, or 52.6 percent of the total; outstanding loans to private enterprises stood at RMB42.9 trillion, or 47.4 percent of the total. The share of loans to private enterprises was similar to the share of loans to SOEs. With the introduction of the relevant tools, bond financing by private enterprises began to improve.

A support instrument was established for bond financing by private enterprises. The initial funding for the support instrument was partly provided by the PBC through central-bank lending. Run by professional institutions on a market-oriented basis, the support instrument mainly focuses on supporting bond financing by private enterprises that face temporary difficulties but have market potential, good prospects, and technological competitiveness through a variety of ways, such as selling credit risk mitigation (CRM) instruments and providing credit enhancement guarantees. At the same time, the PBC actively supported commercial banks, insurance companies, bond credit enhancement companies, and other institutions in their effort to bolster private enterprise bond financing via CRM and various other means based on strengthened risk identification and control. The role of local governments was also brought into full play to improve the business environment and to guide the regulated conduct of private businesses. The PBC supported financial institutions in issuing financial bonds and loan-backed securities for SMBs to expand the sources of funds to support them. Meanwhile, on-site supervision and guidance for such financial services were conducted to strengthen policy transmission. Market-based efforts following the rule of law were taken to stabilize the financing of private enterprises in temporary difficulties. In addition, the PBC, together with the relevant departments, studied the support instrument for equity financing by private enterprises in order to provide equity-financing support to private enterprises with financial difficulties by following market-based principles and rule of law as well as open and transparent procedures.

Box 4 The PBC Actively Implements Instruments to Support Bond Financing by Private Enterprises

In 2018 China's economy maintained a steady momentum. However, the economy faced new challenges both at home and abroad, such as defaults by some private enterprises, a reduced risk appetite among financial institutions toward private enterprises, and financing difficulties faced by some healthy enterprises. Some private enterprises were trapped in a vicious cycle of debt defaults, mounting financing difficulties, and rising risks from posting equity as pledges. The weakened financial positions and deteriorating financing conditions of the firms were mutually reinforcing. On October 22, the State Council Standing Committee decided to establish instruments to support debt financing by private enterprises. According to this arrangement, the PBC provides initial finding support to specialized institutions and authorizes them to provide credit enhancement services to healthy private enterprises that face temporary liquidity difficulties. These specialized institutions sell credit risk mitigation instruments and provide credit enhancement services. They also operate in a market-oriented manner and follow the principles of risk prevention.

In designing and using such instruments, three key principles should be followed. First, law-based and market-oriented principles should be followed. The market-oriented operations of specialized institutions will help stabilize and promote bond financing by private enterprises. Second, the principle of "only providing temporary support and setting a deadline for an exit from the failing businesses" will be adhered to. The priority is to support and satisfy the financing needs of private enterprises that face temporary difficulties but that have promising prospects, big market potential, and advanced technologies. Third, a risk-sharing mechanism was put into place to effectively prevent moral hazards.

By end-2018, with the help of instruments to support bond financing by private enterprises and Credit Risk Mitigation Warrants (CRMW), 35 private enterprises had issued debt financing instruments in an amount of RMB22.92 billion. These arrangements have played a role in guiding market expectations and restoring the confidence of private enterprises. This has improved the environment for private enterprises to raise funds using debt instruments, thereby supporting market confidence. During the last two months of 2018, private enterprises issued bonds with a total volume of RMB155 billion, up 70 percent from the same period of the last year. Net bond financing by private enterprises stood at RMB25.2 billion, which ended the declining trend that existed during the last half-year.

For the next step, the PBC will thoroughly study experiences accumulated since the introduction of the above instruments, continue to improve the supporting policies, promote the wider use of instruments, and make sure that all parties work together to generate synergy so as to help more private enterprises improve their financial conditions.

VI. Giving full play to window guidance and credit policies for structural guidance

To implement the decisions of the CPC Central Committee and the State Council, the PBC combined the promotion of supply-side structural reforms with structural adjustments to the credit policies by improving the economic structure, upgrading the industrial structure, transforming the energy mix, and providing inclusive financial services to improve the people's livelihood so as to guide financial resources to key fields and weak links for economic and social development and to effectively meet the financing needs of the real economy. First, extensive efforts were made to provide financial support for well-targeted poverty alleviation. The PBC promoted financial support for poverty alleviation, especially in deeply impoverished areas, by channeling financial resources into such areas via better use of the pricing mechanism for loans derived from central-bank lending for poverty alleviation and the synergy of financial support and the promotion of rural industries so as to promote poverty reduction in a better-targeted and more effective manner. Second, efforts were made to provide quality financial services in the rural areas. The reform of rural financial institutions was deepened in order to establish a sound rural financial system. The PBC guided financial institutions to promote product and services innovations in line with the requirements for the rural revitalization strategy. Sound progress was made in pressing ahead with pilots on the collateralization of operational rights of contracted farmland and farmers' property rights. Third, efforts were made to improve the framework for local government debt and to guide banking financial institutions to implement policies that require that local governments be financed in a prudent and compliant manner, to ensure the financing needs of projects under construction, and to provide support for infrastructure construction in a well-regulated way. Fourth, efforts were made to promote coordinated regional development through financial support for the major national strategic areas, such as the coordinated development of Beijing, Tianjin, and Hebei, the Belt and Road Initiative, the development of the Yangtze Economic Belt, the Western China Development Drive, and the development of the maritime economy. Fifth, efforts were made to encourage banking financial institutions to improve their financial services for quality manufacturing and sci-tech innovation to enhance financial support for key manufacturing areas as well as for the transformation and upgrading of the economic structure. The pilot project of allowing banks to provide equity investments plus credit to the tech-fin industry was furthered to improve financial services for sci-tech and innovative enterprises in key areas. Sixth, by attaching more priority to ensure stable employment, the PBC enhanced the provision of guaranteed loans for start-ups by increasing the quota for loan applications so as to help start-ups play a better role in driving employment. The PBC also studied measures to provide financial support for veterans to start businesses and find jobs. Meanwhile, continued efforts were made to improve financial services for weak links and underprivileged groups, such as students from impoverished families, migrant workers, and ethnic minority regions. Seventh, a green financial system was set up and improved, featuring firm support for green financing. Eighth, efforts were made to improve the market-based operational mechanism for asset securitization to coordinate overall development.

VII. Deepening the market-based interest-rate reform

Continued efforts were made to deepen the market-based interest-rate reform so as to merge the two interest-rate tracks. First, the PBC improved its ability to guide interest rates in a market-oriented manner so as to facilitate the transmission of monetary policy. Second, the PBC continued to improve the self-disciplinary mechanism for the pricing of market rates and for the joining of more members. Currently, the number of members of the self-disciplinary mechanism has risen to 2,051, including 15 core members, 1,182 basic members, and 854 observers. Third, the PBC accelerated the development of CDs. The scope of CDs issuers was expanded contingent on sound market order so as to "open the front door," tapping their role in promoting the market-based reform of interest rates. Fourth, the PBC promoted the well-regulated development of inter-bank CDs and provided that beginning in the first quarter of 2019, inter-bank CDs issued by financial institutions with assets of less than RMB500 billion will be included in the inter-bank liabilities of the MPA assessments. In general, the market-based reform of interest rates was further deepened and achieved positive results. The independent pricing and risk management capabilities of financial institutions were improved. The interest-rate corridor was preliminarily established. The market-based interest-rate formation mechanism was continuously improved and the central bank has become more adept in guiding and transmitting the interest rates.

VIII. Improving the market-based RMB exchange-rate regime

Efforts were made to maintain the flexibility of the RMB exchange rate and to stabilize market expectations. Since the beginning of 2018, in the face of a complicated external environment, the PBC focused on the domestic situations while giving due consideration to international factors, thereby achieving an overall balance with multiple objectives. During the first quarter, against the backdrop of the weakening USD and the basically balanced cross-border capital flows and foreign-exchange supply and demand, the PBC let the market play a decisive role in forming the exchange rate, and previous counter-cyclical adjustments gradually became neutral. Since the second quarter, affected by a stronger USD index and trade frictions, the RMB exchange rate depreciated. The PBC continued to steadily deepen the market-based exchange-rate reform and maintained a flexible exchange rate so that it will play the role of an automatic stabilizer for the macro-economy and a balancer of payments. At the same time, in light of the changing situation, the PBC also adopted macro-prudential policies and other well-targeted measures, such as strengthening communication with the market, raising the foreign-exchange risk reserve ratio for forward foreign-exchange sales, and reintroducing the "counter-cyclical factor" in the quotations of the central parity. More innovative instruments were added to the toolbox to guide and anchor market expectations. All these measures released positive signals and yielded positive results. China's cross-border capital flows, exchange rate expectations, and foreign-exchange market were basically stable, and the RMB exchange rate remained generally stable at a reasonable and equilibrium level.

In 2018 the highest and lowest central parities of the RMB against the USD were RMB6.2764 and RMB6.9670 per USD, respectively. During the 243 trading days, the RMB appreciated on 104 days and depreciated on 139 days. The biggest intra-day appreciation and depreciation were 0.71 percent (492 bps) and 0.89 percent (605 bps), respectively. Movements of the RMB against other major currencies diverged. At end-2018, the central parities of the RMB against the euro, the British pound, and the Japanese yen stood at RMB7.8473 per euro, RMB8.6762 per pound, and RMB6.1887 per 100 yen, representing a depreciation of 0.57 percent, an appreciation of 1.19 percent, and a depreciation of 6.47 percent from end-2017 respectively.

Table 7 Trading Volume of the RMB Against Other Currencies in the Interbank Foreign-Exchange Spot Market in 2018

Unit: RMB100 million

Currency	USD	EUR	JPY	HKD	GBP	AUD	NZD
Trading volume	491,906.91	7,546.77	2,784.26	1,919.95	516.34	879.09	196.20
Currency	SGD	CHF	CAD	MYR	RUB	ZAR	KRW
Trading volume	553.63	295.89	581.26	34.58	148.29	5.66	218.45
Currency	AED	SAR	HUF	PLN	DKK	SEK	NOK
Trading volume	85.89	74.41	4.38	7.33	46.78	100.14	20.55
Currency	TRY	MXN	THB	KHR	KZT	VND	MNT
Trading volume	2.32	4.20	180.99	0.006	0.025	0.008	0.080

Source: China Foreign Exchange Trade System.

From the launch of the reform of the RMB exchange-rate regime in 2005 to end-2018, the RMB appreciated by a cumulative 27.61 percent against the euro and 18.05 percent against the yen. In 2018 direct RMB trading was buoyant in the interbank foreign-exchange market, with an obvious increase in liquidity, which lowered the conversion costs for market participants and facilitated bilateral trade and investment.

At end-2018, under the bilateral currency swap agreements between the PBC and foreign monetary authorities, the latter utilized a total of RMB32.786 billion and the former utilized the equivalent of USD471 million of foreign currency. These operations played a positive role in promoting bilateral trade and investment.

The issuance of central-bank bills in Hong Kong enriched Hong Kong's high credit rating for financial products denominated in RMB and improved the RMB yield curve in Hong Kong. On September 20, 2018, the PBC and the Hong Kong Monetary Authority (HKMA) signed the *Memorandum of Cooperation on Using Central Money-Market Units for the Issuance of PBC Bills*. On November 7, 2018, the PBC issued RMB20 billion of RMB-denominated central-bank bills by tender on HKMA's Central Money Market Unit (CMU) bond tendering platform, among which the three-month and one-year bills accounted for RMB10 billion respectively and the bid rates were 3.79 percent and 4.20 percent respectively. On February 13, 2019, the PBC issued another RMB20 billion of central-bank bills denominated in RMB with the same maturity structure, and the bid rates for three-month and one-year bills stood at 2.45 percent and 2.80 percent respectively. The issuance attracted active subscriptions by a large number of investors in the offshore market, ranging from commercial banks, funds, securities traders, central banks, and international financial organizations. The total bid exceeded RMB120 billion, and the bid-to-cover ratio exceeded 6 for both issuances. The issuance of RMB-denominated central-bank bills expands the spectrum of RMB investment products with high credit ratings in Hong Kong and diversifies the tools for RMB liquidity management. It is also conducive to improving the yield curve of RMB bonds in Hong Kong and promoting the internationalization of the RMB.

IX. Deepening reforms of financial institutions

The reform plan for development and policy financial institutions has been fully implemented. The PBC, together with members of the reform working group, orderly advanced reform measures, such as putting in place a board of directors and improving its functioning, enhancing the governance structure of such financial institutions, and defining their scope of business. Currently, new boards of directors of China Development Bank and of China EximBank have been established and are functioning effectively. A board of directors of Agricultural Development Bank of China is in the process of being formed. The PBC continued to encourage the three banks to pay attention to their functions, strengthen risk prevention and control, and better play their roles as development and policy financial institutions to serve the national strategies.

X. Deepening reforms of foreign-exchange administration

Improvements were made in foreign-exchange management to better serve the real economy. First, efforts were made to further exercise law-based governance and deepen reforms to delegate powers and improve regulations and services. Continued efforts were made to streamline administration and regulatory documents so as to improve the quality and efficiency of public services in foreign-exchange management. Second, efforts were made to facilitate the liberalization of trade and investment, support the development of new business formats, and facilitate pilot zones for cross-border e-commerce and cross-border payments for market procurement trade. Third, support was provided for the regional opening up and for the innovation and development of special zones.

Reforms in key areas were deepened. First, the PBC lifted the restrictions on outward remittances of qualified foreign institutional investors (QFII/RQFII), removed the lock-up period, and allowed investors to hedge against exchange-rate risks so as to expand the opening up of the capital market in an orderly way. Second, the quota for qualified domestic institutional investors (QDII) was expanded and an open and transparent mechanism for quota allocations was established. Third, support was provided for developing products and optimizing services in the foreign-exchange market. The trading hours for regional transactions of the CNY/KZT currency pair were extended.

Order in the foreign-exchange market was effectively safeguarded. First, management was improved to crack down on fake and fraudulent transactions, such as entrepot trade and overseas loans under domestic guarantees. Second, the PBC maintained its tight grip on underground banks and their counterparties, clamped down on illegal online platforms engaging in foreign-currency speculation, and joined forces with numerous departments to crack down on foreign-exchange violations.

PART 3 Financial Market Analysis

In 2018 the performance of the money and bond markets was generally smooth, and the fluctuations in the stock market were relatively large. Money-market interest rates declined and the volume of trading increased rapidly. Bond coupon rates fell, whereas growth in the volume of bond issuances accelerated year on year. The government bond yield curve moved downward and became steeper while spot bond trading was brisk. The stock-market indices dropped while the trading volume and the amount of equity financing declined year on year. The growth of assets in the insurance industry decelerated somewhat.

I. Analysis of the financial market

1. Money-market interest rates declined and the volume of trading saw rapid growth

Liquidity in the banking system was at a reasonable and adequate level and money-market interest rates declined. In December 2018, the weighted average interest rate of interbank lending and the weighted average rate of pledged repos posted 2.57 percent and 2.68 percent respectively, down 34 basis points and 43 basis points from the corresponding period of the previous year. The weighted average interest rate of repos between deposit-taking institutions with rate securities as pledges posted 2.43 percent, down 31 basis points from the same period of the previous year. The Shibor rates generally declined. At end-2018, the overnight and 7-day Shibor posted 2.55 percent and 2.90 percent respectively, down 29 basis points and 5 basis points respectively from end-2017. The 3-month and 1-year Shibor posted 3.35 percent and 3.52 percent respectively, down 157 basis points and 124 basis points from end-2017.

Repo transactions and lending on the interbank market grew rapidly, with Chinese-funded large and medium-sized banks as the major net lenders. In 2018 the cumulative volume of bond repos on the interbank market totaled RMB722.7 trillion, representing an average daily turnover of RMB2.9 trillion, a year-on-year increase of 16.8 percent, and an acceleration of 14.3 percentage points from the previous year. The volume of interbank lending reached RMB139.3 trillion, with an average daily turnover of RMB552.8 billion and a year-on-year increase of 75.7 percent, as compared with a year-on-year decline of 17.7 percent in 2017. In terms of the maturity structure, overnight repos and overnight lending accounted for 81.6 percent and 90.1 percent respectively of the turnover in bond repos and interbank lending, up 1.1 percentage points and 4.0 percentage points year on year respectively. The volume of bond repos on the exchange markets declined 11.2 percent year on year to RMB231.1 trillion. In terms of financing among the financial institutions, the flow of funds displayed the following characteristics. First, Chinese-funded large and medium-sized banks were net lenders, providing RMB301.5 trillion of net lending in 2018 through repos and interbank lending, up 26.4 percent year on year. Second, borrowing by insurance and securities companies grew notably in the latter half of 2018, reaching RMB29.7 trillion and RMB27.8 trillion respectively in the third and fourth quarters and accounting for 30.7 percent and 28.7 percent respectively of total net borrowing in 2018. Third, net borrowing of other financial institutions and vehicles continued their rapid growth, totaling RMB137.3 trillion in 2018 and up 49.3 percent year on year.

Interbank CDs and CD businesses witnessed orderly development. In 2018, a total of 27,306 interbank CDs were issued on the interbank market, raising RMB21.1 trillion. The volume of trading on the secondary market totaled RMB149.85 trillion, and the issuance and trading of CDs were all priced with reference to the Shibor. In 2018, the average weighted interest rate for the issuance of 3-month interbank CDs was 4.06 percent, 32 basis points higher than that of the 3-month Shibor. A total of 39,961 CDs was issued by financial institutions, raising RMB9.23 trillion, an increase of RMB2.99 trillion year on year. The orderly development of CD businesses helped further expand the scope of market-priced liability products, build the pricing capability of financial institutions, and improve the market-based interest-rate mechanism and the transmission mechanism.

Interest-rate swaps saw rapid growth. In 2018, 188,500 deals were reached on the RMB

Table 8 Fund Flows among Financial Institutions in 2018

Unit: RMB100 million

	Repos		Interbank lending	
	2018	2017	2018	2017
Chinese-funded large banks[1]	–1,669,110	–1,450,764	–290,833	–170,598
Chinese-funded medium-sized banks[2]	–920,274	–651,465	–134,766	–111,693
Chinese-funded small-sized banks[3]	438,495	701,303	184,557	135,183
Securities institutions[4]	692,711	465,915	201,362	119,990
Insurance institutions[5]	74,081	-8,761	930	77
Foreign-funded banks	68,718	49,186	–18,563	2,295
Other financial institutions and vehicles[6]	1,315,380	894,587	57,313	24,747

Notes: 1. Chinese-funded large banks include Industrial and Commercial Bank of China, Agricultural Bank of China, Bank of China, China Construction Bank, China Development Bank, Bank of Communications, and the Postal Savings Bank of China.
2. Chinese-funded medium-sized banks refer to the policy banks, China Merchants Bank and eight other joint-equity commercial banks, Bank of Beijing, Bank of Shanghai, and Bank of Jiangsu.
3. Chinese-funded small-sized banks refer to Hengfeng Bank, China Zheshang Bank, China Bohai Bank, other city commercial banks, rural commercial banks, rural cooperative banks, and village and township banks.
4. Securities institutions include securities firms, fund management companies, and futures companies.
5. Insurance institutions include insurance firms and corporate annuities.
6. Other financial institutions and vehicles include urban credit cooperatives, rural credit cooperatives, finance companies, trust and investment companies, financial leasing companies, asset management companies, social-security funds, mutual funds, wealth management products, trust plans, and other investment vehicles. Some of these financial institutions and vehicles do not participate in the interbank lending market.
7. A negative sign indicates net lending and a positive sign indicates net borrowing.
Source: China Foreign Exchange Trade System.

Table 9 Transactions of Interest-Rate Swaps in 2018

	Transactions (lots)	Amount of the notional principal (RMB100 million)
2018	188,459	214,911
2017	138,410	144,073

Source: China Foreign Exchange Trade System.

interest-rate swap market, a year-on-year increase of 36.2 percent, with the volume of the notional principal totaling RMB21.49 trillion, an increase of 49.2 percent year on year. In terms of the maturity structure, the notional principal volume of contracts with maturities of up to one year reached RMB15.18 trillion, accounting for 70.6 percent of the total. In terms of the reference rates, the 7-day fixed repo rate and the Shibor served as the reference rates for the floating leg of RMB interest-rate swap transactions, accounting for 79.4 percent and 19.1 percent respectively of the total notional principal of the interest-rate swaps.

2. Bond coupon rates declined notably and the government bond yield curve moved downward

The government bond yield curve moved downward and became steeper. In 2018 government bond yields of all maturities generally declined. At end-2018, the yield of 1-year, 3-year, 5-year, 7-year, and 10-year government bonds posted 2.60 percent, 2.87 percent, 2.97 percent, 3.16 percent, and 3.23 percent respectively, down 119 basis points, 91 basis points, 88 basis points, 74 basis points, and 65 basis points from the beginning of 2018. The spread between 1-year and 10-year government bonds was

Figure 3 Yield Curves of Government Securities in the Interbank Market

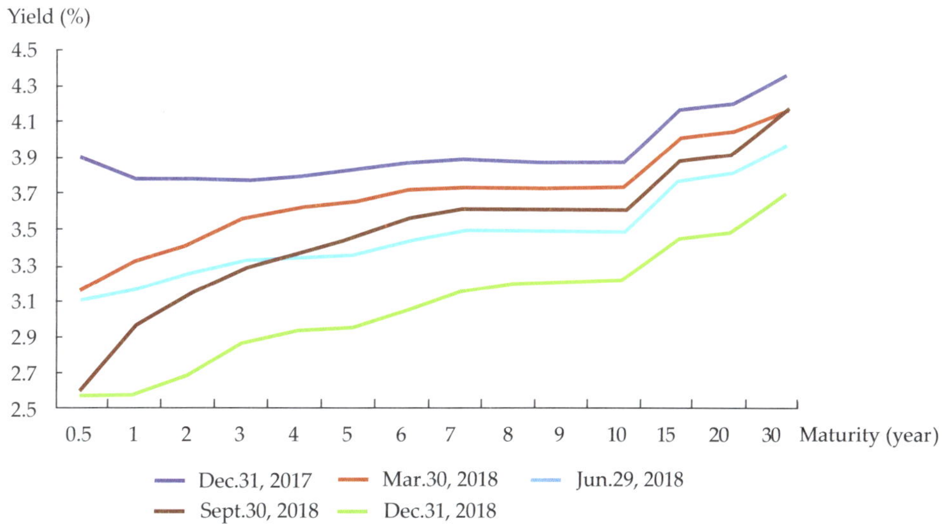

Source: China Central Depository & Clearing Co., Ltd..

63 basis points, an expansion of 54 basis points from the beginning of 2018. The bond indices rallied moderately. The China Bond Composite Index (net price) was 101.92 points, up 4.03 percent from the end of 2017. The China Bond Composite Index (full price) reached 118.80 points, registering an increase of 4.79 percent. The Shanghai Securities Exchange T-Bond Index posted 169.88 points, an increase of 5.61 percent.

In general, bond coupon rates declined. The coupon rate of 10-year government bonds issued in December was 3.25 percent, a decrease of 57 basis points from those of the same maturity issued in 2017. The coupon rate of 7-year financial bonds issued by China Development Bank in December was 3.60 percent, a fall of 134 basis points from those of the same maturity issued in 2017. The average rate of 1-year short-term financing bills (rated A-1) issued by AAA-rated enterprises was 4.02 percent, down 149 basis points from those of the same maturity issued in 2017. The average coupon rate of 5-year medium-term notes was 5.11 percent, a decline of 112 basis points from the same period of last year. The Shibor continued to serve as an important benchmark rate for bond pricing. In 2018 a total of 34 floating-rate bonds and interbank certificates of deposit were issued based on the Shibor, with a gross issuance volume of RMB11.55 billion. A total of 286 fixed-rate enterprise bonds was issued, with a gross issuance volume of RMB241.838 billion, all based on the Shibor. A total of RMB356.11 billion of fixed-rate short-term financing bills was issued based

Table 10 Bond Issuances in 2018

Unit: RMB100 million

Type of bond	Issuances	YOY change
Government securities	36,626	–3,306
Local government bonds	41,652	–1,929
Central bank bills	0	0
Financial bonds[1]	274,056	16,000
Of which: Financial bonds issued by China Development Bank and policy financial bonds	33,602	1,067
Interbank certificates of deposits	210,832	8,960
Corporate debenture bonds[2]	77,905	19,173
Of which: Debt-financing instruments of non-financial enterprises	57,938	17,694
Enterprise bonds	4,812	–1,119
Corporate bonds	14,555	4,748
Bonds issued by international institutions	720	147
Total	430,959	30,086

Notes: 1. Including financial bonds issued by China Development Bank, policy financial bonds, ordinary bonds, subordinated bonds, and hybrid bonds issued by commercial banks, bonds issued by securities firms, interbank certificates of deposits, and so forth.

2. Including debt-financing instruments issued by non-financial enterprises, enterprise bonds, corporate bonds, convertible bonds, bonds with detachable warrants, privately placed SME bonds, and so forth.

Sources: The People's Bank of China, China Securities Regulatory Commission, and China Central Depositary & Clearing Co., Ltd..

on the Shibor, accounting for 74.5 percent of all fixed-rate short-term financing bills.

Spot bond trading on the interbank market was brisk. In 2018 the cumulative volume of spot bond trading posted RMB150.7 trillion, representing a daily average of RMB598.2 billion and an increase of 46 percent year on year. In terms of the trading entities, Chinese-funded small- and medium-sized banks and securities institutions were net bond sellers, with net sales totaling RMB9.1 trillion; other financial institutions and vehicles were net bond buyers, with net purchases totaling RMB8.7 trillion. With respect to the products, a total of RMB23.5 trillion of spot government bonds was traded, accounting for 15.6 percent of the total spot transactions on the interbank market. The volume of spot trading of financial bonds and corporate debenture bonds was RMB109.3 trillion and RMB17.9 trillion respectively, accounting for 72.5 percent and 11.9 percent respectively. Separately, the volume of spot bond transactions on the stock exchanges totaled RMB6.4 trillion, an increase of 15.3 percent year on year.

The year-on-year growth in the volume of bond issuances accelerated. In 2018 a total of RMB43.1 trillion of bonds was issued, an increase of RMB3 trillion year on year and an acceleration of 7.5 percent. This was mainly due to the increase in the issuance of interbank CDs and the debt financing instruments of non-financial enterprises. At end-2018, the total volume of outstanding bonds posted RMB86 trillion, up 15.1 percent year on year.

3. The volume of bill financing rose rapidly, whereas interest rates declined amidst fluctuations

The outstanding volume of bill acceptances witnessed rapid growth. At end-2018, the outstanding volume of commercial bills was RMB9.4 trillion, up 14.9 percent year on year. In the first half of 2018 the outstanding volume of bill acceptances expanded moderately, registering growth of RMB361.2 billion from the beginning of the year to end-June 2018. In the latter half of 2018, growth accelerated, registering an increase of RMB1.2 trillion from the beginning of 2018 to the end of 2018. The rapid growth of bill acceptances provided increased support for the real economy, especially for small and medium businesses. In terms of the issuing industries, outstanding bankers' acceptances were mainly issued by enterprises in the manufacturing, wholesale, and retail industries, with small- and medium-sized enterprises issuing about two-thirds of the total.

The outstanding volume of bill financing surged, whereas bill market interest rates decreased amidst fluctuations. At end-2018, the discount balance was RMB 5.8 trillion, up 48.7 percent year on year. Bill financing surged by RMB385.7 billion in the first half of 2018; in the latter half of 2018, the acceleration quickened somewhat. As a result, the outstanding volume increased by RMB1.9 trillion from the beginning to the end of 2018. The share of outstanding bill financing in the total outstanding loans was 4.2 percent, a year-on-year increase of 1 percentage point. In 2018 liquidity in the banking system was reasonable and adequate. As the fund supply in the bill market increased, bill interest rates declined amidst fluctuations.

4. The stock indices, the trading volume and the amount of equity financing dropped year on year

The stock indices dropped. At end-2018, the Shanghai Stock Exchange Composite Index closed at 2,494 points, down 24.6 percent from the previous year. The Shenzhen Stock Exchange Component Index closed at 7,240 points, down 34.4 percent from the previous year. The Growth Enterprise Board (GEM Board) Index closed at 1,251 points, a decrease of 28.6 percent from the previous year. At end-2018 the weighted average P/E ratio of A-shares on the Shanghai Stock Exchange fell from 18.2 times at end-2017 to 12.5 times at end-2018, and that on the Shenzhen Stock Exchange decreased from 36.5 times at end-2017 to 20.2 times at end-2018.

Turnover on the stock markets decreased. In 2018 the combined turnover on the Shanghai and Shenzhen Stock Exchanges reached RMB90.2 trillion and the average daily turnover was RMB371.1 billion, down 19.5 percent year on year. Turnover on the GEM Board totaled RMB15.9 trillion, a decrease of 4 percent year on year. At end-2018 the combined market capitalization of the Shanghai and Shenzhen Stock Exchanges posted RMB35.4 trillion, a decline of 21.3 percent year on year. The market capitalization of tradable shares on the GEM Board posted RMB2.5 trillion, a decrease of 19.5 percent year on year.

Equity financing plummeted year on year. In 2018 domestic enterprises and financial institutions raised a total of RMB682.7 billion by way of IPOs, additional offerings, rights issuances and warrant exercises on the domestic and overseas stock markets, a decrease of 41.9 percent year on year. Among this total, RMB553 billion was raised on the A-share market, down 44.9 percent year on year.

5.Asset growth in the insurance sector decelerated

Premium income saw a year-on-year decline. In 2018 total premium income in the insurance sector reached RMB3.8 trillion, a year-on-year decrease of 1.5 percent. Claims and benefit payments posted RMB1.2 trillion, a year-on-year increase of 0.9 percent. Specifically, total property insurance claims and benefit payments increased 5.4 percent and total life insurance claims and benefit

Table 11 Use of Insurance Funds at End-2018

Unit: RMB100 million, %

	Outstanding balance		As a share of total assets	
	End-2018	End-2017	End-2018	End-2017
Total assets	183,309	167,489	100.0	100.0
Of which: Bank deposits	24,363	19,274	13.2	11.5
Investments	139,725	129,932	76.2	77.6

Source: China Banking and Insurance Regulatory Commission.

payments decreased 2.9 percent year on year.

Asset growth in the insurance industry slowed down. At end-2018 total assets in the insurance industry posted RMB18.3 trillion, up 9.4 percent year on year and a deceleration of 1.4 percentage points from end-2017. Among this, outstanding bank deposits increased 26.4 percent year on year and investment-linked assets increased 7.5 percent year on year.

6. Swap transactions on the foreign-exchange market witnessed rapid growth

Trading on the foreign-exchange market was active. In 2018 the turnover of spot RMB/foreign-exchange transactions reached USD7.6 trillion, an increase of 19.3 percent year on year. The turnover of RMB/foreign-exchange swap transactions totaled USD16.4 trillion, up 22.7 percent year on year. Specifically, overnight RMB/USD swap transactions posted USD9.2 trillion, accounting for 56.1 percent of total swap turnovers. The turnover on the RMB/foreign-exchange forward market totaled USD87.5 billion, down 15.3 percent year on year. The turnover of foreign currency/foreign currency transactions totaled USD186.7 billion, an increase of 57.2 percent year on year, and the EUR/USD transactions registered the largest trading volume, accounting for 42.3 percent of the total.

Participants on the foreign-exchange market expanded further. At end-2018, there were 678 members on the foreign-exchange spot market, 212 members on the foreign-exchange forward market, 207 members on the foreign-exchange swap market, 175 members on the currency-swap market, and 124 members on the foreign- exchange options market. There were 32 market-makers on the spot market and 27 market-makers on the forward and swap markets.

7. Gold prices fluctuated, reflecting a weak market

Gold prices on the Shanghai Gold Exchange fluctuated in a weak market and closed with a slight rise. In 2018, international gold prices peaked at USD1,360.25 per ounce and hit a trough of USD1,176.7 per ounce, closing at USD1,281.65 per ounce at end-2018, a year-on-year decrease of 1.15 percent. The peak and trough prices of gold (Au9999) on the Shanghai Gold Exchange were RMB284.9 per gram and RMB260.75 per gram respectively. At end-2018, the Au9999 closed at RMB284.6 per gram on the Shanghai Gold Exchange, up 4.25 percent year on year.

The volume of trading on the Shanghai Gold Exchange maintained its growth. In 2018 the cumulative volume of gold trading on the Shanghai Gold Exchange was 67,500 tons, an increase of 24.35 percent year on year, and the turnover posted RMB18.3 trillion, up 22.23 percent year on year.

II. The development of institutional arrangements in the financial markets

1. Institutional arrangements for the bond market continued to improve

First, the PBC released Notice No. 3 [2018], regulating the issuance of bonds for capital replenishment. Second, it further improved its supervision of green bonds and enhanced the transparency of relevant information disclosures. Third, the issuance requirements for short-term financing bills of security firms were improved and the requirements on applying security firms were streamlined. Fourth, this gradually unified the qualifications for providing rating services on the interbank bond market and the exchange-based bond market, and strengthened supervision and supervisory information-sharing of the credit-rating agencies. Fifth, the PBC released the *Interim Measures for the Administration of Bond Issuances by Overseas Institutions on the National Interbank Bond Market*, improving the institutional arrangements for issuances by overseas institutions on the interbank bond market, promoting the convergence of relevant rules and regulations with global practices, and further enhancing globalization of the Chinese bond market. Sixth, the PBC officially launched third-party repurchase transactions on the interbank bond market, which enabled market participants to more conveniently conduct repurchases and reduced the risks from settlement failures. Seventh, it specified the type of local government debt that would be allowed for over-the-counter transactions and expanded the variety of over-the-counter bonds. Eighth, it was confirmed that the CRSC would be responsible for carrying out unified law enforcement actions for any law violations in the interbank and exchange-based bond markets to intensify supervision and law enforcement and to strengthen coordination and cooperation.

2. Regulatory arrangements for the securities and futures industries were strengthened

The corporate governance system for listed companies was further improved. First, the CRSC released the amended *Code of Corporate Governance for Listed Companies*, intensifying constraints on controlling shareholders, actual controllers, and other related parties, focusing on the protection of minority investors, promoting the participation of institutional investors in corporate governance, and specifying the requirements for stable control of the company, performance of duties by independent directors, and information disclosures. Second, the CSRC, the Ministry of Finance (MOF), and the State-owned Asset Supervision and Administration Commission (SASAC) jointly released the *Opinions on Supporting the Repurchase of Shares by Listed Companies*, supporting all kinds of listed companies to repurchase shares that can be used for equity incentives and for employee share-holding plans, encouraging the use of various market instruments to provide financing support for share repurchases and for streamlining repurchase procedures. Third, the SASAC, MOF, and CSRC jointly issued the *Regulatory Rules on State-owned Shares in Listed Firms*, unifying the institutional arrangements for the transfer of shares in listed companies by state-owned shareholders and putting in place a multi-layered regulatory system for state-owned assets.

The regulatory rules for securities and futures business institutions were further improved. First, the CRSC issued the *Measures for the Administration of the Privately Offered Asset Management Business of Securities and Futures Business Institutions*, unifying the regulatory rules for privately offered asset management of securities and futures business institutions, removing regulatory arbitrage, focusing on improving the institutional system in terms of strengthening risk prevention and control, regulating affiliated transactions, guarding against tunneling, and specifying the legal responsibilities of the business institutions. Second, the CSRC and the PBC jointly issued the *Guidelines on Internet-based Sales and Redemption of Money Market Funds*, requiring strict enforcement of licensed operations of Internet-based sales of money-market funds, prohibiting fund embezzlement, establishing a ceiling for T+0 redemptions, and banning irregular advance payments.

The opening-up of the capital market was further enhanced. First, the limits on foreign ownership of securities and futures business companies were further relaxed and their business scope was expanded. The CSRC amended the *Administrative Measures for Foreign-Funded Securities Firms*, allowing foreign investors to be controlling shareholders in joint-venture securities companies and gradually expanding their business scope. The CSRC issued the *Administrative Measures for Foreign-Funded Futures Companies*, clarifying the requirements for overseas shareholders investing in domestic futures companies and regulating indirect shareholding by foreign investors. The National Development and Reform Commission and the Ministry of Commerce released the *Special Administrative Measures (Negative List) for the Access of Foreign Investment (2018)*, expanding foreign investors' shareholding in securities firms, fund management companies, and future companies to be no more than 51% by now, which is set to be entirely removed in 2021. Second, the CSRC issued the *(Interim) Provisions on the Supervision and Administration of Depository Receipts under the Stock Connect Scheme between the Shanghai Stock Exchange and the London Stock Exchange*. It announced the launch of global depository receipts (GDR) under the Shanghai-London Stock Connect Scheme, clarifying the review and approval regime for the issuance of GDR, the cross-border conversion mechanism, the regulatory arrangements for the issuance of GDR by domestic listed companies, and stipulating the regulatory requirements for overseas security firms and depositories. Third, further restrictions were removed on eligible foreign investors to open A-shares securities accounts, allowing foreign individuals working on the Chinese mainland and foreign employees of A-share listed companies working overseas to open A-shares securities accounts and to participate in transactions. Fourth, various crude oil, iron ore, and PTA futures were successively opened up to overseas investors.

The pilot program for innovative domestic enterprises to issue stocks or depository receipts on the domestic market was steadily promoted. The General Office of the State Council issued the *Notice on Forwarding the*

Several Opinions of China Securities Regulatory Commission on Launching the Pilot Program for Innovative Enterprises to Issue Stocks or Depository Receipt on the Domestic Market and announced the launch of the pilot program. The CSRC issued the *(Interim) Administrative Rules on the Issuance and Transaction of Depository Receipts*, and amended the requirements concerning the qualifications for IPOs in the *Administrative Rules on Initial Public Offerings and Stock Listings and the Administrative Measures on Initial Public Offerings and Stock Listings on the Growth Enterprise Market*, putting in place well-defined supervisory arrangements for the pilot program.

3.Institutional arrangements in the insurance market were improved

Risk prevention and control of the insurance industry were strengthened. First, the behavior of shareholders of insurance companies was regulated. The insurance regulatory authority issued the *Administrative Measures for Equities of Insurance Companies*, mainly focusing on shareholder access, shareholder structure, capital authenticity, and penetration supervision. Second, monitoring of the matching of assets and liabilities in insurance companies was intensified. The insurance regulatory authority issued regulatory rules for asset-liability management, evaluating the asset-liability management capability of insurance companies both qualitatively and quantitatively. Third, supervision of insurance-fund allocations was strengthened. The insurance regulatory authority released the *Administrative Measures for the Utilization of Insurance Funds*, further regulating the behavior of investment managers as trustees in managing insurance funds, intensifying supervision of overseas investments, and further specifying requirements for information disclosures of insurance-fund allocations.

Insurance services were enhanced and improved, promoting the support of insurance funds to the real economy. The CBIRC issued the *Notice on Vigorously Strengthening and Improving Insurance Services* to strengthen regulations on the sale of insurance products to improve claim settlements and to enhance supervision of Internet-based insurance. The CBIRC released the *Notice on the Launch of Specialized Products by Insurance Asset Management Companies*, allowing insurance funds to launch specialized products to handle liquidity risks from stock pledges in listed companies, stepping up the investment of insurance funds in high-quality listed companies, taking advantage of the long-term and stable nature of insurance-fund investments, and confirming that such products will not be included in the calculation of the investment proportion of equity assets in insurance companies.

The reform and opening-up of the insurance industry was promoted. First, the pilot program of individual tax-deferred pension insurance was launched. The CBIRC successively issued the *Notice on Conducting a Pilot Program for Individual Tax-Deferred Commercial Pension Insurance Business and the Interim Measures for the Administration of the Individual Tax-Deferred Commercial Pension*

Insurance Business, administrative measures on the utilization of individual tax-deferred pension insurance funds and guidelines for product design and model clauses to promote the orderly implementation of the pilot policies. Second, the reform and opening-up of the insurance industry was expanded, with the business scope of foreign-funded insurance brokerage companies the same as that of Chinese-funded insurance brokerage companies. Foreign investors were allowed to be insurance agents as well as insurance assessors.

PART 4 Macroeconomic Overview

I. Global economic and financial developments

In 2018 the global economy continued to grow but at a slower pace as growth became less synchronized. Due to global trade tensions and changes in financial conditions, financial market volatility heightened somewhat and downside risks increased.

1. Economic developments in the major economies

Growth in the major advanced economies slowed down slightly amid diverging economic performance. The U.S. economy saw strong growth, but showed signs of a slowdown. Its annualized quarter-on-quarter GDP growth during the first three quarters of 2018 was 2.2 percent, 4.2 percent, and 3.4 percent respectively. In particular, growth in Q2 was the highest since Q4 of 2014. The manufacturing PMI of the Institute for Supply Management remained high throughout the year, remaining above 50 for 34 consecutive months, but it dropped unexpectedly to 54.10 in December. The University of Michigan's Consumer Sentiment Index remained high in 2018, with some fluctuations since Q4. The Consumer Price Index (CPI) reached a high of 2.9 percent in June and July, followed by a gradual decline and posting of 2.2 percent and 1.9 percent in November and December. The core CPI, which excludes highly volatile energy and food prices, rose moderately during the corresponding period. After rising 2.1 percent in March, it consistently remained slightly above 2 percent. In November and December, it grew 2.2 percent. The labor market continued to be tight as the unemployment rate remained at low levels , dropping to a fifty-year low of 3.7 percent in Q3 and then climbing slightly to 3.9 percent in December.

In the euro area, economic growth continued to slow down. From Q1 to Q4, year-on-year GDP growth in the euro area was 2.4 percent, 2.2 percent, 1.6 percent, and 1.2 percent respectively, reflecting a continuous slowdown. In particular, GDP in Q3 contracted 0.2 percent quarter on quarter in Germany, the first negative growth since 2015. Consumer sentiment in the euro area continued to drop after being relatively optimistic at the beginning of 2018. The manufacturing PMI also showed a downward trend in 2018, falling below 52 in Q4. Overall, inflation in the euro area remained subdued, as the year-on-year growth of the core Harmonized Index of Consumer Prices (HICP) was about 1.0 percent throughout the year. The unemployment rate remained low, posting 8.0 percent, 7.9 percent, and 7.9 percent respectively in October, November, and December.

Economic growth volatility in Japan increased. Due to natural disasters, the annualized quarter-on-quarter GDP growth in Q3 was −2.5 percent, falling into negative territory after it contracted 1.3 percent in Q1, the biggest decline since Q2 of 2014. The labor market was close to full employment. However, as employers are reluctant to raise wages and inflation expectations remain weak, inflation is expected to remain low.

The UK economy continued to grow slowly amid Brexit uncertainties. GDP growth posted merely 1.3 percent in Q1, the lowest growth rate in six years, and it remained low despite a slight rebound. In the meantime, inflation continually exceeded the target of the Bank of England (BOE), rising 2.3 percent and 2.1 percent respectively year on year in November and December. In the UK there are differences about the existing Brexit agreement, creating uncertainties about an orderly Brexit.

Performance in the emerging market economies continued to diverge. Growth in Brazil regained some momentum, as the GDP rose 1.3 percent in Q3 of 2018, 0.4 percentage point higher than that in Q2. In Russia, the price recovery of oil and other commodities gradually stabilized, growing 1.9 percent and 1.5 percent year on year in Q2 and Q3 respectively. Inflation was contained but recently it has slightly rebounded. The Indian economy grew rapidly, as year-

Table 12 Macroeconomic and Financial Indicators in the Major Advanced Economies

Economy	Indicator	2017Q4			2018Q1			2018Q2			2018Q3			2018Q4		
		Oct.	Nov.	Dec.	Jan.	Feb.	Mar.	Apr.	May	Jun.	Jul.	Aug.	Sept.	Oct.	Nov.	Dec.
United States	Real GDP growth rate (annualized quarterly rate, YOY, %)	2.3			2.2			4.2			3.4			—		
	Unemployment rate (%)	4.1	4.2	4.1	4.1	4.1	4.0	3.9	3.8	4.0	3.9	3.8	3.7	3.8	3.7	3.9
	CPI (YOY, %)	2.0	2.2	2.1	2.1	2.2	2.4	2.5	2.8	2.9	2.9	2.7	2.3	2.5	2.2	1.9
	DJ Industrial Average(closing number)	23,377	24,272	24,719	26,149	25,029	24,103	24,163	24,416	24,271	25,415	25,965	26,458	25,116	25,538	23,327
Euro Area	Real GDP growth rate (YOY, %)	2.7			2.4			2.2			1.6			1.2		
	Unemployment rate (%)	8.8	8.7	8.6	8.6	8.5	8.5	8.4	8.2	8.2	8.1	8.0	8.0	8.0	7.9	7.9
	HICP (YOY, %)	1.4	1.5	1.4	1.3	1.1	1.3	1.3	1.9	2.0	2.1	2.0	2.1	2.2	1.9	1.6
	EURO STOXX 50 (closing number)	3,674	3,570	3,504	3,609	3,439	3,362	3,537	3,407	3,396	3,525	3,393	3,399	3,198	3,173	3,001
United Kingdom	Real GDP growth rate (YOY, %)	1.6			1.3			1.4			1.5			—		
	Unemployment rate (%)	4.3	4.3	4.4	4.3	4.2	4.2	4.2	4.2	4.0	4.0	4.0	4.1	4.1	4.0	—
	CPI (YOY, %)	3.0	3.1	3.0	3.0	2.7	2.5	2.4	2.4	2.4	2.5	2.7	2.4	2.4	2.3	2.1
	FTSE 100 (closing number)	7,493	7,327	7,688	7,534	7,232	7,057	7,509	7,678	7,637	7,749	7,432	7,510	7,128	6,980	6,728
Japan	Real GDP growth rate (annualized quarterly rate, YOY, %)	1.5			−1.3			2.8			−2.5			—		
	Unemployment rate (%)	2.8	2.7	2.8	2.4	2.5	2.5	2.5	2.2	2.4	2.5	2.4	2.3	2.4	2.5	2.4
	Core CPI (YOY, %)	0.2	0.6	1.0	1.4	1.5	1.1	0.6	0.7	0.7	0.9	1.3	1.2	1.4	0.8	0.3
	NIKKEI 225 (closing number)	22,011	22,725	22,765	23,098	22,068	21,454	22,468	22,202	22,304	22,554	22,865	24,120	21,920	22,351	20,015

Sources: Statistical bureaus and central banks of the relevant economies.

on-year growth reached 8.2 percent in Q2 and dropped slightly to 7.1 percent in Q3. Inflationary pressures eased moderately. Growth in South Africa picked up slightly in Q3, but the unemployment rate remained stubbornly high. Affected by turbulence in the financial market in Q2 and Q3, the GDP in Argentina continued to contract on a year-on-year basis.

2. Developments in global financial markets

External and internal factors triggered financial market turbulence in some emerging market economies in 2018. The exchange-rate depreciation, the slumping bond prices, and the tumbling stock indexes coincided, which caused the large stock-market fluctuations in the advanced economies.

The USD Index jumped. The euro and the British pound fell against the U.S. dollar. The currencies in some emerging market economies weakened sharply, but thereafter regained their losses. At end-2018, the USD Index closed at 96.17, up 4.40 percent from end-2017. The exchange rates of the euro, the British pound, and the Japanese yen were 1.1469 dollars per euro, 1.2757 dollars per pound, and 109.56 yen per U.S. dollar, depreciating 4.39 percent, 5.59 percent, and appreciating 2.84 percent respectively from end-2017. Among the emerging market currencies, the Argentine peso, the Turkish lira, the Brazilian real, and the Indian rupee appreciated 9.73 percent, 14.51 percent, 4.31 percent, and 4.23 percent respectively against the U.S. dollar as compared with the end of the previous quarter, and depreciated 50.57 percent, 28.34 percent, 14.65 percent, and 8.24 percent respectively as compared with the end of 2017. The Russian ruble weakened 5.89 percent against the dollar over the end of the prior quarter and 17.25 percent over the year, while the Mexican peso lost 4.75 percent over the end of the prior quarter but strengthened marginally by 0.04 percent over the year.

The yields of government bonds in the major economies recently dropped, but performance was mixed throughout the year. As of end-2018, the yield of 10-year U.S. Treasuries closed at 2.691 percent, down 36.5 basis points (bps) from end-September, but up 28 bps over end-2017. Meanwhile, the yields of 10-year German and Japanese government bonds dropped 22.8 bps and 12.4 bps respectively compared with end-September and lost 17.8 bps and 4.8 bps respectively over end-2017, while the yield of 10-year UK government bonds sank 30.5 bps over end-September, but gained 8.1 bps in 2018. Among the emerging market economies, the yield of 10-year Brazilian government bonds slashed 236.5 bps from end-September and 100 bps in 2018, the yield of 10-year Turkish government bonds shed 148 bps over end-September but jumped 440 bps in 2018, and the yield of 9-year Argentine government bonds advanced 227.5 bps over end-September and 562.1 bps in 2018. The yields of 10-year Russian and Mexican government bonds went up 16 bps and 71 bps respectively over end-September, and 114 bps and 93 bps respectively over end-2017.

The stock markets in the major economies first peaked but then retreated. There has been a recent broad-based decline in the stock markets of the advanced economies amid concerns about trade tensions, rate hikes by the U.S. Fed, and a possible peak in the economic cycle. As of end-2018, the U.S. Dow Jones Industrial Average, the Japanese Nikkei 225, the German DAX, the Euro STOXX 50, and the UK FTSE 100 tumbled 11.83 percent, 17.02 percent, 13.78 percent, 11.70 percent, and 10.41 percent respectively over end-September, slumping 5.63 percent, 12.08 percent, 18.26 percent, 14.34 percent, and 12.48 percent respectively over end-2017. Among the emerging market economies, the Brazilian BOVESPA jumped 10.77 percent over the end of the previous quarter and 15.03 percent in 2018. The Argentine BUSE MERVAL and the Indian SENSEX retreated 9.47 percent and 0.44 percent over end-September but gained 0.75 percent and 5.91 percent in 2018. The Mexican MXX, the Turkish BIST30, and the Russian RTS lost 15.89 percent, 7.75 percent, and 10.56 percent respectively over the end of the previous quarter and plunged 15.63 percent, 19.54 percent, and 7.65 percent respectively in 2018.

Global money-market rates generally edged up. Due to continuous interest-rate hikes by the Fed, the USD Libor in the London interbank market rose slightly. The 1-year Libor stood at 3.0054 percent on December 31, 2018, up 8.7 bps from end-September and up 89.8 bps over end-2017. The Euro Area Interbank Lending Rate (Euribor) edged up due to expectations of a policy tightening by the European Central Bank (ECB). On December 31, the 1-year Euribor registered –0.117 percent, with a gain of 4.2 bps over end-September and 6.9 bps over end-2017.

3. Monetary policies in the major economies

The advanced economies moved in the direction of policy normalization. The U.S. Fed hiked rates on four occasions in 2018, each by 25 bps, and a total of nine times since late 2015 when it began to raise rates. The federal funds rate was increased from the 1.25～1.50 percent range at the beginning of the year to the 2.25～2.50 percent range. In addition, from October 2017 the Fed continued to unwind its balance sheet. The Federal Open Market Committee (FOMC) met on December 19, 2018 and revised downward the median of the projections of the federal funds rate at end-2019 and end-2020 from 3.1 percent and 3.4 percent to 2.9 percent and 3.1 percent respectively. The FOMC reduced the expected frequency of rate hikes in 2019 from three times to two times and kept the frequency of rate hikes in 2020 unchanged at one time. On January 30, 2019, the Fed kept the target range of the federal funds rate on hold at 2.25～2.50 percent but eliminated the wording of gradual and announced the FOMC will be patient as it determines future adjustments to the target range for the federal funds rate and it will adjust the pace of unwinding the balance sheet in line with economic and financial developments.

In 2018, the ECB kept the interest rate on the main refinancing operations, marginal lending facility, and deposit facility unchanged at 0 percent, 0.25 percent, and –0.4 percent respectively, and announced that the interest rates would remain on hold at least through the summer of 2019. In addition, the ECB decided to continue its monthly asset-purchase program (APP) of EUR30 billion until September 2018, reduce it to EUR15 billion from October to December, and then exit from the APP by the end of 2018. However, it would keep the size of its balance sheet unchanged by reinvesting in full the principal payments from maturing securities purchased under the APP for an extended period of time until the ECB starts raising key interest rates.

The Bank of Japan (BOJ) continued quantitative and qualitative monetary easing (QQE) with yield curve control in order to achieve an inflation target of 2 percent. In 2018, it continued to apply a negative interest rate of –0.1 percent to the Policy-Rate Balances in the current accounts held by financial institutions at the BOJ, and the size of asset purchases remained unchanged. When meeting on July 31, the Policy Board introduced forward guidance for policy rates, under which the BOJ intends to maintain the current extremely low levels of short- and long-term interest rates for an extended period of time.

The Bank of England (BOE) kept its benchmark rate and the size of its asset purchases unchanged during the first half of 2018. On August 2, the Monetary Policy Committee decided to raise the Bank Rate by 25 bps to 0.75 percent. Thereafter, the benchmark rate and the size of asset purchases remained unchanged.

The Bank of Canada (BOC) raised the target for the overnight rate three times in 2018 to 1.75 percent and would gradually lift it to the neutral range over time to achieve its inflation target.

The monetary policy stances of the emerging market economies diverged. Facing tightening global financial conditions and currency depreciation pressures, a number of central banks raised rates or were biased toward a neutral monetary policy stance. To stem the sliding currency and capital outflows, the Central Bank of Turkey increased its policy rate three times in June and September 2018 from 8 percent to 24 percent. The Central Bank of Argentina increased its policy rate five times in April, May, and August 2018, lifting it from 27.25 percent to 60 percent. At end-September, the Central Bank of Argentina adjusted its monetary policy framework by maintaining zero growth of base money and adopting the average daily market bidding rate as the policy rate. The Central Bank of the Russian Federation cut its key rate twice in Q1 by a total of 50 bps to 7.25 percent. However, as inflation returned to the 4 percent target more rapidly than expected, it hiked the key rate twice in September and December to 7.75 percent, and announced it would consider further rate hikes in the future. In Mexico, rising oil prices and a currency depreciation led to higher inflationary pressures. To address the weakening of the peso, capital outflows, and domestic inflationary pressures, the Banco de Mexico raised the target for the interbank funding rate four times in 2018 by a total of 100 bps to 8.25 percent. To reduce the current account deficit, the Bank Indonesia raised the 7-day reverse repo rate six times in 2018 by a total of 175 bps to 6 percent. The Bank of Korea still maintained its accommodative monetary policy but hiked the Base Rate by 25 bps on November 30 to 1.75 percent in an attempt to contain the rapid growth of household debts. As inflation remained at low levels, the Central Bank of Brazil cut rates twice in Q1 by a total of 50 bps to 6.50 percent in a bid to boost growth. The Reserve Bank of India hiked rates twice in Q2 by a total of 50 bps to 6.50 percent, but cut the rate by 25 bps in February 2019 to 6.25 percent.

4. Global economic outlook and key risks

In its updated January 2019 *World Economic Outlook*, the International Monetary Fund (IMF) forecast that the global economy would grow 3.7 percent and 3.5 percent in 2018 and 2019 respectively, revising downward the growth projection for 2019 by 0.2 percentage point compared with the October 2018 forecast. The growth forecast for the advanced economies and for the emerging market and developing economies were both revised downward. Looking ahead, the global economy may face the following risks.

First, trade tensions and policy uncertainties remain prominent risks. Amid the gradually unfolding trade tensions uncertainties and the impact of higher tariffs on inflation and the global supply chain, enterprises chose either to postpone investment decisions or considered adjusting the supply chain. Some economies at the upper and lower ends of the supply chain were exposed to shocks, such as a weakening external demand. Trade tensions may also aggravate turmoil in the global financial market by undermining confidence.

Second, the vulnerability of each economy may become amplified amid escalating trade tensions and uncertain global financial conditions. At present, asset prices throughout the world are at high levels and the vulnerability of the financial market has increased. If liquidity sees unexpected changes or market fears about an economic slowdown grow, asset price fluctuations and financial market turbulence may be triggered. In addition, a tightening of global financial conditions and a weakening appetite for risk may pose challenges to the emerging market economies.

Third, as the downside risks to growth are on the rise, the policy responses of some economies may face certain challenges. On the monetary policy front, low rates in some economies have limited the room for policy-rate adjustments. The room for further balance-sheet expansion is also constrained. On the fiscal policy front, the fiscal deficit and the government debt levels are high in some economies, making it difficult to create room for future policy responses.

In addition, geopolitical tensions have occurred in numerous places and risk factors and uncertainties have been growing at a rapid pace, having a greater impact on the global economy and financial markets. Meanwhile, risks from new technologies, such as FinTech, should not be neglected as they may pose additional challenges to global financial regulation and supervision.

II. Macroeconomic developments in China

In 2018 the Chinese economy was generally stable and the structure of the economy continued to improve. The services industry continued to grow at a steady and relatively rapid pace, with consumption contributing more to economic growth. International payments were generally balanced. Overall price levels remained stable. Preliminary estimates show that the GDP recorded RMB90 trillion during the year, up 6.6 percent year on year in comparable terms, which is in line with the annual growth forecast of 6.5 percent. Growth in the four quarters was 6.8 percent, 6.7 percent, 6.5 percent, and 6.4 percent respectively year on year. During the year, the CPI went up by 2.1 percent year on year, whereas the industrial PPI rose by 3.5 percent year on year.

1. Output of the industrial sector and the services sector remained generally stable and the industrial structure continued to improve

The share of tertiary industry continued to rise. The value-added of the primary, secondary, and tertiary industries accounted for 7.2 percent, 40.7 percent, and 52.2 percent of GDP respectively. The share of tertiary industry exceeded that of secondary industry by 11.5 percentage points, up 0.3 percentage point from the last year. The value-added of the primary, secondary, and tertiary industries registered RMB6.5 trillion, RMB36.6 trillion, and RMB47.0 trillion respectively, up 3.5 percent, 5.8 percent, and 7.6 percent year on year.

Agricultural production was stable. Total grain output registered 657.89 million tons in 2018, down 0.6 percent from the previous year. That said, 2018 was one of the years with the highest grain output, and annual output was above 650 million tons for four consecutive years. During the year, the output of pork, beef, mutton, and poultry decreased marginally by 0.3 percent from the previous year to 85.17 million tons.

Industrial production was generally stable and the industrial structure continued to improve. In 2018 the value-added of statistically large industrial firms (SLIFs) increased by 6.2 percent year on year in real terms while growth moderated and stabilized. The value-added of the high-tech manufacturing industries, emerging strategic industries, and equipment manufacturing industries expanded 11.7 percent, 8.9 percent, and 8.1 percent year on year respectively, which was 5.5 percentage points, 2.7 percentage points, and 1.9 percentage points higher than that of the SLIFs. The profits of the SLIF increased by 10.3 percent over the past year and the profits from their main business rose by 6.49 percent, an acceleration of 0.03 percentage point from the last year. The Q4 Enterprise Survey of 5,000 Enterprises conducted by the PBC revealed that the Enterprise Confidence Index was 57.9 percent, up 1 percentage point from the previous quarter and down 1.9 percentage points from the same period of the last year. The profitability of enterprises declined as the Enterprise Profitability Index registered 58.7 percent, which was down 0.2 percentage point from the previous quarter and down 2.8 percentage points from the same period of the last year.

The services industry continued to grow at a steady and relatively rapid pace. In 2018 the value-added of the services industry grew 7.6 percent year on year, a deceleration of 0.3 percentage point from the previous year. The communications, software, and information technology sectors grow 30.7 percent, an acceleration of 8.9 percentage points over the last year. Leasing and business services increased by 8.9 percent, a deceleration of 0.9 percentage point from the last year.

2. Consumption contributed more to growth, whereas growth of investment moderated and stabilized

Consumption contributed more to economic growth and online retail sales grew actively. In 2018 total retail sales grew 9.0 percent year on year to RMB38 trillion, and final consumption expenditures contributed 76.2 percent to GDP growth. Retail sales in the rural areas grew 10.1 percent year on year, 1.3 percentage points higher than that in the urban areas. Online retail sales grew strongly, increasing 23.9 percent over the last year and reaching RMB9 trillion. Household income grew steadily, lending support to consumption. In 2018, per capita disposable income registered RMB28,228, up 8.7 percent year on year in nominal terms and 6.5 percent in real terms, outpacing the growth of per capita GDP. The structure of income distribution continued to improve, with the growth of per capita disposable income of rural residents outpacing that of urban residents. The gap between the per capita income of urban and rural residents was 2.69 times, down 0.02 from the previous year. According to the Q4 Urban Depositors' Survey conducted by the PBC, 28.6 percent of consumers were inclined to "consume more", up 2.4 percentage points from the previous year.

Manufacturing investments and private investments grew strongly, whereas the growth of infrastructure investments decelerated and stabilized. In 2018 nationwide fixed-asset investments (excluding those by rural households) reached RMB63.6 trillion, up 5.9 percent year on year, and the growth rate was 1.3 percentage points lower than that in the previous year. The growth of manufacturing investments accelerated, reaching 9.5 percent year on year, an acceleration of 4.7 percentage points from the previous year. The growth of real-estate investments was generally stable, reaching 9.5 percent, an acceleration of 2.5 percentage points from 2017. The growth of infrastructure investments declined since October. Infrastructure investments grew 3.8 percent during 2018, 15.2 percentage points less than in the previous year. The growth of private investments was relatively strong, increasing by 8.7 percent year on year in 2018, an acceleration of 2.7 percentage points from 2017. Investments by state-owned enterprises and state-controlled entities lost steam, growing 1.9 percent year on year, a deceleration of 8.2 percentage points from the previous year.

3. Imports and exports continued to grow rapidly and the balance of payments was generally balanced without interventions

Imports and exports continued to grow rapidly and the trade surplus declined. In 2018 imports and exports reached RMB30.5 trillion, up 9.7 percent year on year. Exports expanded 7.1 percent year on year to RMB16.4 trillion, and imports grew 12.9 percent year on year to RMB14.1 trillion. The trade surplus narrowed by 18.3 percent from the previous year to RMB2.3 trillion. The trade structure continued to improve. The share of general trade increased and accounted for 57.8 percent of total exports and imports, up 1.4 percentage points from the last year. Exports of machinery and electronics grew 7.9 percent, accounting for 58.8 percent of total exports and assuming a leading position among all exports. Imports and exports by private enterprises grew 12.9 percent, accounting for 39.7 percent of the total.

Foreign direct investments (FDI) continued to flow in to high-end industries. In 2018, a total of 60,533 foreign-invested companies were established nationwide, up 69.8 percent year on year. Actually utilized FDI reached RMB885.6 billion, up 0.9 percent year on year. Actually utilized FDI in the manufacturing industries grew 20.1 percent year on year, accounting for 30.6 percent of the total and up 4.8 percentage points. Actually utilized FDI in the high-tech manufacturing industries grew 35.1 percent year on year. The structure of outbound investments continued to improve. Outbound direct investments by enterprises in all industries during the reached USD129.83 billion, up 4.2 percent year on year. Outbound investments mainly focused on leasing/commercial services, manufacturing, mining, and wholesale/retail industries, accounting for 37 percent, 15.6 percent, 8.8 percent, and 7.7 percent of the total. Non-rational investments were effectively curtailed as there were no new outbound investments in the overseas real estate, sports, or entertainment industries.

The balance of payments showed a "double surplus." According to preliminary data, China's current account surplus registered USD49.1 billion in 2018. The non-reserve financial account surplus registered USD60.2 billion. By the end of 2018, China's foreign reserves stood at USD3,072.7 billion and its foreign debt continued to grow. By the end of September, the total external debt, including that in local and foreign currencies, registered USD1,913.2 billion, up USD42.7 billion from end-June. The short-term external debt registered USD1,207.3 billion, accounting for 63 percent of the total.

4. Consumer prices rose moderately while the growth of producer prices decelerated

Growth of the GDP deflator declined. In 2018 the GDP deflator (the ratio of GDP at current prices to GDP at constant prices) rose 2.9 percent year on year, a deceleration of 0.4 percentage point from the previous quarter. Specifically, the quarterly growth of the GDP deflator registered 3.0 percent, 2.8 percent, 2.8 percent, and 1.6 percent respectively.

Consumer prices witnessed a moderate rise. In 2018 the CPI rose by 2.1 percent year on year, an acceleration of 0.5 percentage point from the previous year. Quarterly CPI growth registered 2.2 percent, 1.8 percent, 2.3 percent, and 2.2 percent respectively. Growth of food prices turned from negative to positive, and non-food prices rose moderately. Food prices in 2018 registered a year-on-year increase of 1.8 percent, compared with a year-on-year decrease of 1.4 percent in 2017. Non-food prices went up by 2.2 percent year on year, a deceleration of 0.1 percentage point from the previous year. The price of consumer goods rose faster while the price of services declined somewhat from the previous year. The price of consumer goods increased 1.9 percent, 1.2 percentage points higher than that in 2017. The price of services moved up by 2.5 percent, 0.5 percentage point lower than that in 2017.

Growth of producer prices declined. The PPI in 2018 increased 3.5 percent year on year, down 2.8 percentage points from the previous year. Specifically, the quarterly PPI growth rates stood at 3.7 percent, 4.1 percent, 4.1 percent and 2.3 percent respectively. In particular, the rise of producer prices was relatively stable, while the growth of capital goods prices obviously decelerated. Producer prices registered a year-on-year rise of 0.5 percent, down 0.2 percentage point from the previous year. Prices of capital goods increased 4.6 percent year on year, down 3.7 percentage points from the previous year. The Purchasing Price Index for Industrial Products (PPIIP) went up by 4.1 percent year on year, a deceleration of 4.0 percentage points from the previous year. Specifically, the quarterly growth of the PPIIP stood at 4.4 percent, 4.4 percent, 4.7 percent, and 3.0 percent respectively. The Corporate Goods Price Index (CGPI) rose 3.0 percent year on year, a deceleration of 3.8 percentage points from the previous year. The price of agricultural capital goods saw a year-on-year increase of 3.1 percent, up 2.5 percentage points from the previous year, and the price of agricultural products decreased 0.9 percent year on year, 2.6 percentage points narrower than the drop in the previous year.

5. Fiscal expenditures grew steadily

Growth of fiscal revenue slowed down. In 2018 general-budget fiscal revenue totaled RMB18.3 trillion, up 6.2 percent year on year and representing a deceleration of 1.2 percentage points from the previous year. In terms of the revenue structure, tax revenue registered RMB15.6 trillion, up 8.3 percent year on year, and non-tax revenue decreased 4.7 percent year on year to RMB2.7 trillion. In particular, the domestic value-added tax and the domestic consumption tax were up 9.1 percent and 4.0 percent respectively year on year. The corporate income tax and the individual income tax witnessed a year-on-year increase of 10.0 percent and 15.9 percent respectively.

Fiscal expenditures were relatively stable. In 2018 general-budget fiscal expenditures registered RMB22.1 trillion, up 8.7 percent year on year and representing an acceleration of 1 percentage point from 2017. In terms of the expenditure structure, expenditures for science/technology, energy-savings/

environmental protection, and urban/rural communities increased 14.5 percent, 13.0 percent and 10.2 percent respectively year on year.

In 2018 budget revenue of central government managed funds reached RMB7.5 trillion, up 22.6 percent year on year. In particular, revenue from land sales totaled RMB6.5 trillion, increasing 25 percent year on year. Budget expenditures of central government-managed funds totaled RMB8.1 trillion, registering a year-on-year rise of 32.1 percent.

6. The job market remained stable

The surveyed unemployment rate was basically stable. In 2018 new employment in the urban areas reached 13.61 million, up 100,000 from the previous year. In December, the surveyed unemployment rate in urban areas was 4.9 percent, down by 0.1 percentage point from the last December. In 2018 migration of the rural labor force totaled 172.66 million, a year-on-year increase of 0.5 percent. According to the Q4 Urban Depositors' Survey conducted by the PBC, the Employment Sentiment Index registered 45.5 percent, up 1.3 percentage points from the previous quarter; the Employment Expectation Index reached 53.3 percent, up 1.6 percentage points from the previous quarter.

7. Analysis by sectors

(1) The real-estate sector

In 2018 the growth of housing sales continued to slow down. Driven up by the third- and fourth-tier cities, the area and extent of increases in housing prices expanded, real-estate investments maintained relatively fast growth, while the growth of real-estate loans continued to moderate steadily.

The regions and pace of the rising housing prices increased, mainly led by the third- and fourth-tier cities. In December 2018 the prices of newly-built residential housing recorded year-on-year growth in 69 out of 70 large and medium-sized cities, 8 cities more than in the previous year. The average price growth was 10.6 percent, increasing 4.8 percentage points from the same period of the previous year. The price of pre-owned residential housing witnessed a year-on-year rise in 66 cities, 1 city more than in 2017. The average price growth was 7.6 percent, up 2.6 percentage points from the same period of the previous year.

Growth of housing sales continued to slow down. In 2018 the total floor area of sold units posted 1.717 billion square meters, up 1.3 percent year on year, which was 6.4 percentage points lower than that in 2017. Housing sales reached RMB15 trillion, up 12.2 percent year on year, which was 1.5 percentage points lower than that in 2017. In particular, residential housing accounted for 86.2 percent of the total sold floor area and 84.3 percent of the total sales.

Real-estate investments witnessed fairly fast growth. In 2018 real-estate investments throughout the country registered RMB12.03 trillion, up 9.5 percent year on year and an acceleration of 2.5 percentage points from the previous year. Specifically, investments in residential housing, which accounted for 70.8 percent of real-estate investments, reached RMB8.5 trillion, up 13.4 percent year on year and representing an acceleration of 4 percentage points from the previous year. The floor area of newly started real-estate projects increased 17.2 percent year on year to 2.093 billion square meters, an acceleration of 10.2 percentage points from 2017. The floor area of real-estate projects under construction grew by 5.2 percent year on year to 8.22 billion square meters, an acceleration of 2.2 percentage points from 2017. The floor area of completed real-estate projects declined by 7.8 percent year on year to 0.94 billion square meters, dropping 3.4 percentage points from that in 2017.

Growth of real-estate loans moderated slightly with some changes in the loan structure. At end-2018, outstanding real-estate lending by major financial institutions (including foreign financial institutions) stood at RMB38.7 trillion, up 20 percent year on year and a deceleration of 0.9 percentage point from end-2017. Outstanding real-estate loans accounted for 28.4 percent of total lending. Specifically, outstanding personal mortgages reached RMB25.8 trillion, up by 17.8 percent year on year and a deceleration of 4.4 percentage points from end-2017. Outstanding housing development loans reached RMB7.33 trillion, up by 31.9 percent year on year and an acceleration of 5.2 percentage points from end-2017. Outstanding land development loans stood at RMB1.38 trillion, up 3.9 percent year on year and 11.8 percentage points higher than that at end-2017.

Support for welfare-housing loans continued. At end-2018, outstanding loans for the development of government-subsidized housing registered RMB4.32 trillion, up 29.5 percent year on year and a deceleration of 3.1 percentage points from that at end-2017. New loans for the development of government-subsidized housing in 2018 totaled RMB983.8 billion, accounting for 53.9 percent of all new real-estate development loans and up by RMB163.5 billion from the previous year. By end-2018, loans for 373 government-subsidized housing projects in 85 cities had been approved, RMB87.22 billion had been disbursed as scheduled, and RMB82.6 billion of the loan principal had been recovered.

(2) Industrial Robot Manufacturing Industry

Industrial robots are key supporting equipment for the advanced manufacturing industry and they play an important role in supporting intelligent manufacturing and improving efficiency. Promoting industrial robot applications helps to reduce labor costs, to meet the need of transforming to more flexible, intelligent, and fine-graded production model, and to address safety-related issues under poor working conditions, such as dangerous or toxic environments. Vigorous development of the industrial robot manufacturing industry is an important channel to construct a modern manufacturing system characterized by intelligent manufacturing. It is vital for building up the advantages of Chinese manufacturing, promoting the industrial transformation and upgrading, and accelerating the construction of a manufacturing powerhouse.

In recent years the industrial robot market in China has witnessed rapid development.[1] In the national standards of the *Classification of National Economic Industries* revised in June 2017, industrial robot manufacturing became an independent industry for the first time. Since 2013 China has become the largest market for industrial robots. In 2017 the sales volume of industrial robots in China totaled 137,900, hitting a record high with a year-on-year increase of 58.5 percent. The sales volume in China has ranked at the top of the world for five consecutive years, accounting for 36.2 percent of global sales of industrial robots, up by 6.6 percentage points year on year. In 2017 the density of industrial robots in Chinese manufacturing industry was 97 pieces per 10,000 people, up by 29 pieces year on year and surpassing the global average of 85 pieces for the first time. Industrial robots in China are mainly carrying/changing, welding/brazing, and assembling/dissembling robots, accounting for about 45 percent, 25 percent, and 20 percent respectively of national sales in 2017. They are mainly employed in the electrical/electronic machinery manufacturing industry and the car manufacturing industry, which account for about 35 percent and 31 percent of total national sales in 2017. According to data from the National Statistics Bureau, the national output of industrial robots was 131,110 sets in 2017 and 147,700 sets in 2018.

Development of the industrial robot manufacturing industry in China still faces various challenges. First, the capacity for innovation in core techniques needs to be improved, as the key components, such as high-precision decelerators, servo motors, and controllers, rely on imports. The high-precision reducer, servo motor, and controller are the key components of industrial robots, which altogether account for 60 to 70 percent of the total production costs. Second, although leading firms are emerging, the industry still features small, weak, and sparsely located firms. There are a number of industrial robot manufacturers in China and many traditional machinery manufacturers are shifting to industrial robot production. The industry needs to be further concentrated. Third, the lack of professional talent is rather prominent. The shortage of talent in manufacturing has resulted in bottlenecks in producing the above-mentioned three key components of industrial robots. The shortage of talent in applications has resulted in constraints on the operation, maintenance, and application of industrial robots, thus the growth of installed capacity has been limited. The shortage of talent in system integration has impeded the transformation and upgrading of the industrial robot industry and has slowed down its development. Fourth, a framework for the standard certification system for industrial robots has just been established and it still needs to be improved.

1. Unless otherwise noted, all relevant data are from the International Federation of Robots (IFR) and China Robot Industry Alliance (CRIA).

Going forward, financial institutions should be encouraged to promote innovations in financing, leasing, and pledge operations so as to step up financial support to the industrial robot industry. The market should play a decisive role in demand-oriented resource allocations to promote the development of core techniques, the construction of industrial chains, the expansion of application coverage, and regional agglomeration. Efforts should be made to strengthen intellectual property rights (IPR) protection, create a fair playing ground for competition, and enhance international exchanges and cooperation in order to promote the sustainable, healthy, and rapid development of the domestic industrial robot industry.

PART 5 Monetary Policy Stance to be Adopted during the Next Stage

I.Outlook for the Chinese economy

During the next period several favorable factors will support the sound growth of the Chinese economy. The global economy is facing mounting downward pressures but the recovery is continuing. The IMF's growth-rate projection for 2019 remains basically flat with that of the previous years. In the long run, the Chinese economy will continue to face important strategic opportunities. A good start has been made in the three critical battles of preventing and mitigating key risks, poverty reduction and pollution control, and further advancing supply-side reforms. The reform and opening up has been enhanced and the people's livelihood has seen further improvements. Sustained and healthy development has been achieved and the economy has been resilient and full of potential. Domestic demand is contributing more to growth, with the further improvements in the economic structure as a result of the booming emerging industries and good progress in the upgrading of the traditional industries. Employment has remained stable. In 2018 the urbanization rate increased by more than 1 percentage point, with a remarkable growth potential in new urbanization, the services industry, and the high-end manufacturing industry, and there is much room for policy maneuvers. Efforts to prevent financial risks have produced results, and the overall leverage of the economy has stabilized. In 2018 China's M2 as a percentage of GDP declined by 3 percentage points year on year. Meanwhile, the financial sector has provided sound support to the real economy and the recent counter-cyclical measures are yielding results. The PBC's Quarterly Survey of Entrepreneurs and Bankers in Q4 of 2018 reveals that the macroeconomic indicator and confidence indicator have edged down both year on year and quarter on quarter, but they are still at relatively high levels. The index for the business climate has edged up quarter on quarter.The Survey of Urban Depositors shows that household employment sentiment and expectations edged up quarter on quarter and remained at a relatively high level.

It is worth noting that growth is facing profound and complicated changes in both the international environment and in domestic conditions. The fostering of supply-side structural reforms will inexorably face difficulties and challenges. The economic situation is characterized by changes amid overall stability and concerns in tandem with changes.Some chronic risks and hidden dangers have been exposed and the economy is facing greater downward pressures. The global economic landscape has become more complicated. Geopolitical risks remain heightened and monetary policy normalization in the advanced economies is creating uncertainties. Trade tensions have brought about export uncertainties and may result in external demand producing diminishing marginal contributions to growth, a dampening of investor confidence, and aggravation of financial market fluctuations. Domestically, the traditional key industries, such as real estate and automobiles, are adjusting and most emerging industries and new growth drivers are smaller in size compared with the key traditional industries. Meanwhile, consumption growth is lackluster and the momentum for endogenous growth must be further strengthened. The effective financing needs of the corporate sector have fallen and financial institutions which are facing constraints, have demonstrated a lower appetite for risks.

Prices are generally stable, but future developments warrant close monitoring. The pace of price hikes is determined by both the economic fundamentals and the relative changes in supply and demand. Domestically, growth is generally stable. Favorable developments, such as the grain and cotton harvests, the upgrading of industrial consumption goods, the reduction in overcapacity as a result of the supply-side structural reforms, and the generally balanced supply and demand, all contribute to stable price levels and well-anchored inflationary expectations. According to the Q4 Urban Depositors' Survey conducted by the PBC, the Future Price Expectation Index remained flat year on year at 64.3 percent. In general, the CPI may continue to grow moderately during the next period. The PPI is subject to price developments in international commodities as well as in domestic supply and demand. Such uncertainties warrant continued monitoring of the PPI trajectory.

II. Monetary policy during the next stage

Going forward, the PBC will act in accordance with the decisions and overall arrangements of the CPC Central Committee and the State Council, follow the guidance of Xi Jinping's Thought on Socialism with Chinese Characteristics for a New Era, continue to adhere to the guiding principles of seeking progress while maintaining stability and to the new vision for development, pursue high-quality growth, press ahead with the supply-side structural reform, focus on the three major tasks of serving the real economy, preventing financial risks, and deepening financial reforms, and adopt innovative approaches and improve financial macro-management. Efforts will be made to maintain a prudent monetary policy with appropriate intensity, strengthen counter-cyclical adjustment, conduct macroeconomic management in a well-measured manner, and strike a balance among multiple objectives. Efforts will be made to enhance policy coordination, smooth monetary policy transmission channels, make innovations in monetary policy tools and mechanisms, and further enhance the ability and willingness of the financial sector to serve the real economy. A three-pronged approach should be taken for implementing a sound monetary policy, enhancing the dynamism of market players, and tapping the capital market so as to foster a virtuous cycle in the national economy.

Box 5 Understanding the Sound Monetary Policy

It was noted at the Central Economic Work Conference in December 2018 that a sound monetary policy shall be maintained. The stance of a sound monetary policy remains unchanged, and the "soundness" emphasizes that monetary policy should adhere to the overarching principle of steady progress. In response to the complicated and severe economic situations both at home and abroad, sound monetary policy should be appropriate in intensity and be handled in a more forward-looking, flexible, and targeted manner. Counter-cyclical adjustments should be strengthened, while carefully calibrating macro control, so as to maintain that monetary conditions are in line with the requirements of stable economic growth and price stability. Money supply can neither be excessive nor inadequate.

Continued implementation of a sound monetary policy does not mean that monetary conditions remain unchanged. Rather, it means that dynamic regulation and counter-cyclical adjustments should be carried out in light of developments and changes in the economic conditions, moderately ironing out cyclical fluctuations of the economy. These moves should also prevent overheating and inflation in the economic upturn and deal with economic recessions and deflation in the downturn. In terms of liquidity, the growth of M2 and aggregate financing to the real economy should generally be in aligned with nominal GDP growth. As for costs, interest rate should meet the requirements of maintaining potential economic output. Appropriate measures should be adopted to tap structural monetary policy to provide liquidity where it is most needed, optimize investment and liquidity structure, and promote structural adjustments and reforms, while keeping the aggregate liquidity at an appropriate level. The implementation of a sound monetary policy should meet the needs of the three uphill battles (mitigating major risks, targeted poverty alleviation and pollution control) and of preventing systemic financial risks, thus creating a favorable monetary environment for forestalling and defusing major risks. Efforts should also be made to prevent risks arising from excessively tight monetary conditions, while preventing massive indiscriminate stimulus that could create further distortions and accumulate more risks. In the context of an open economy, additional measures should be taken to maintain the soundness of monetary policy by striking the right balance between the internal and external equilibrium, and better coordinating policies governing the local and foreign currencies. In the event of any contradiction between the internal and external equilibrium, as China is a major economy that relies on domestic demand, priority should be placed on internal equilibrium while giving consideration to external equilibrium to find the optimal balance point.

Economic situations both at home and abroad have become complicated since 2018.

In response, the PBC worked earnestly to implement a sound monetary policy, conducted preemptive adjustments and fine-tunings in a forward-looking manner, strengthened counter-cyclical adjustments, gave top priority to serving the real economy, and enhanced financial support for the real economy, especially for small and micro businesses (SMBs) and private enterprises. Both money supply and all-system financing aggregates increased at a steady pace, compatible with the nominal GDP growth. The monetary policy struck a balance between supporting the real economy and balancing the internal and external equilibria. At end-2018, M2 was up 8.1 percent year on year, unchanged from 2017. All-system financing aggregates grew by 9.8 percent year on year. New loans in 2018 totaled RMB16.2 trillion, representing an acceleration of RMB2.6 trillion year on year. Loans to SMBs for inclusive growth purposes grew at a rate significantly faster than in 2017. The efforts to prevent financial risks have produced results, and the overall leverage of the economy has remained stable.

In the coming period, there are many favorable conditions for the stable and sound development of the Chinese economy. In general, the global economy continued its recovery momentum. Supply-side reforms continued to push forward domestically, and the Chinese economy is resilient and has great growth potentials. As a result, the effect of macroeconomic policy has become more pronounced. At the same time, the Chinese economy faces some challenges to achieve steady development. The momentum of global economic growth has weakened, domestic economy is under downward pressures, and the drivers for endogenous growth need to be further enhanced. There is plenty room for monetary policy maneuver, but tough challenges exit as well.

Going forward, the PBC will continue to focus on supply-side structural reforms and promote high-quality economic development. The sound monetary policy should be calibrated to avoid risks arising from excessively tight monetary conditions and to prevent massive indiscriminate stimulus that could give rise to further distortions and accumulation of risks. The essence of monetary policy is to serve the real economy. Meanwhile, measures will be taken to keep a good balance between the aggregates and the structure of monetary supply, innovate monetary policy tools, and leverage the policy synergy forged by all parties involved, thus consolidating micro foundations for a smooth transmission mechanism of monetary policy from both the supply and the demand sides. Additional measures will be taken to reinforce policy coordination between local and foreign currencies, striking a balance between the internal and external equilibria. Efforts will be taken to strengthen the incentive mechanism, optimize the financial structure, improve the adaptability of financial structure, and enhance the resilience of the financial system in the process of economic transformation and upgrading. The two-pillar macro-management framework of monetary policy and macro-prudential policy will be improved to hold the bottom line of preventing systemic financial risks. Measures will be adopted to strengthen policy coordination and enhance compatibility of incentive mechanisms, while giving play to the role of the sound monetary policy. Continued efforts will be taken to promote supply-side structural reforms, improve weak links, stabilize market expectations, improve business environment, shore up the confidence of entrepreneurs and market players, so as to maintain stable and sustainable economic growth.

First, the PBC will implement a sound monetary policy with appropriate intensity, enhance counter-cyclical adjustments, maintain reasonably abundant liquidity, and keep market interest rates at an appropriately stable level. The two-pillar macro-management framework of monetary policy and macro-prudential policy will be improved by flexibly adopting a mix of monetary policy tools in a well-coordinated manner. Efforts will be made to strike a balance between aggregates and structure, to tap the synergy among the relevant government agencies,to lay a solid foundation for smooth monetary policy transmission from both the supply and the demand sides, and to maintain reasonable growth of money, credit, and all-system financing. Measures will be taken to further enhance macro-prudential management, facilitate capital replenishment by commercial banks via multiple channels, make full use of the MPA in counter-cyclical adjustments, and to take advantage of the role of the structural adjustments by guiding financial institutions to give more support to SMBs, private enterprises, and other weak links in the economy.

Second, monetary policy will promote structural optimization and better serve the real economy. A mix of monetary policy tools will be adopted to guide financial institutions to enhance their support for the private sector and SMBs in a market-based and lawful manner. Structural monetary policy instruments, such as a targeted cut in the reserve requirement ratio, a targeted Medium-term Lending Facility, central-bank lending and central-bank discounts, as well as new monetary policy tools, will be adopted to provide well-targeted financing support. Measures will be taken to guide financial institutions to provide quality financial services to key sectors and to weak links in the economy by enhancing financial support to high- and new-tech firms, emerging industries, as well as to restructuring and upgrading the manufacturing industry, promoting financial services for the vitalization of the rural areas, focusing on poverty reduction in seriously impoverished regions, improving the mechanism for linking industrial development and poverty alleviation so as to win the critical battle of poverty reduction. A smooth transition will take place after the expiration of the pilot program on collateralized lending against rights for contractual management of rural land and for using rural homesteads. Efforts will be made to widen financing channels for high-tech and innovative firms, enhance implementation of guaranteed lending for starting businesses, and better support self-employment and employment of key groups, such as university graduates, veterans, and returned migrant workers. Policy requirements will be implemented by curbing new contingent liabilities, soundly tackling the stock of bank debt, and promoting resolution in a categorized manner so as to protect the lawful rights of creditors. Eligible credit assets will be securitized to activate the stock of assets, thus promoting quality growth and economic upgrading.

Third, market-based interest-rate reforms and the RMB exchange rate regime reforms will be furthered to improve the efficiency of financial resource allocations and to improve the financial management system. Steady progress will be made to promote a gradual convergence of the two-track interest-rate system into a unified arrangement by improving the market-based interest-rate formation, adjustment, and transmission mechanism. The PBC will make its policy rates more effective to guide market rates, improve the interest-rate corridor mechanism, enhance its capacity to guide interest rates in order to further improve the transmission of central-bank policy rates to the financial market and to the real economy, and enhance the capacity of financial institutions to price loans so as to foster competition and to better serve the real economy. More measures will be adopted to develop market-based benchmark rates, to improve the yield curves of government securities, and to continuously improve the market-based interest-rate pricing mechanism. Oversight and management of irrational pricing of financial institutions will be bolstered and the important role of market interest rates and the self-disciplinary mechanism will be tapped. Effective approaches will be adopted to provide incentives and to regulate interest-rate pricing, while industry self-discipline and risk prevention will be reinforced to maintain order for fair pricing. The reform of the market-based RMB exchange-rate regime will be deepened to improve the managed floating exchange rate based on market supply and demand and with reference to a basket of currencies, to allow the market to play a greater role in determining the exchange rate, to enhance two-way flexibility in the RMB exchange rate, and to keep the RMB exchange rate basically stable at an adaptive and equilibrium level. Based on the principle that finance should serve the real economy, development of the foreign-exchange market will be accelerated to provide exchange-rate risk management services based on actual needs. The PBC will steadily promote the convertibility of the RMB under the capital account, promote market development for direct trading of the RMB against other currencies, improve the policy framework and infrastructure for the use of RMB in cross-border activities, and strike a balance between development, reform, and risk prevention, thus supporting the use of the RMB in the settlement of cross-border trade.

Fourth, the financial-market system will be improved to enhance its role in stabilizing growth, facilitating restructuring, promoting reforms, and preventing risks. In accordance with the principle that the financial sector must serve the real economy, product innovation for capital replenishment has been facilitated, such as the launch of perpetual debt on the part of commercial banks. Measures will be taken to improve the risk prevention and resolution mechanism for bond defaults, promote the integration of rules for the issuance, entrance, and disclosure of corporate credit debt instruments, and strengthen the supervision and management of green financial bonds during their maturity. The two-way opening of the bond market will continue to be facilitated by encouraging various overseas institutions to issue bonds on the onshore RMB market, for domestic institutions to place bonds on offshore markets, and to encourage overseas institutions to invest in the onshore bond market. Development of the secondary bond market will be facilitated via better institutional arrangements for trading, clearing, and settlement, and improvements will be made in the market-maker assessment system so as to enhance liquidity in the bond market and to put in place a friendlier and more facilitating investment environment. An overarching management framework for the infrastructure of the financial market will be put in place to enhance market infrastructure and to ensure the safe and efficient operation and the overall stability of the financial market. A unified law enforcement mechanism for the bond market will be built to crack down on crimes and illegal activities so as to protect investors' interests, safeguard market order, and promote the sound development of the bond market.

Fifth, reform of financial institutions will be deepened and financial services will be improved by increasing supply and enhancing competition. Reform of large commercial banks and other large financial institutions will be further deepened by improving corporate governance, regulating the relationship among the shareholders' meeting, the board of directors, the board of supervisors, and management, improving the operation authorization system, establishing an effective system for decision making, execution, and checks and balances, and improving the quality of operations and management and the capacity for risk-control. Further reforms of the management and operational mechanisms of the Agricultural and Rural Financial Service Division of the Agricultural Bank of China will be promoted, and effective measures will be taken to revitalize the County Service Division to improve its capacity to serve the real economy at the county level. The reform program for development and policy financial institutions will be implemented in a comprehensive manner. The PBC will coordinate the relevant authorities, in light of the requirements and the division of responsibilities put forward by the reform plan, to rapidly complete the follow-up tasks for improving the governance structure, specifying the scope of businesses, improving the risk compensation mechanisms, and deepening the reforms in order to nurture development and policy financial institutions with Chinese characteristics that provide services for economic development and operate on a sustainable basis. A more adaptable financial structure will be put in place to enhance the resilience of the financial system while also serving economic restructuring and upgrading.

Sixth, efforts will be made to win the critical battle of preventing and mitigating major financial risks. Following the leadership of the Financial Stability and Development Committee under the State Council, the PBC will earnestly fulfill its role as the committee's office, continue to implement the plan for preventing and mitigating major financial risks, stabilize the macro-leverage ratio, launch regulatory measures governing financial holding companies, fill gaps in financial regulation, and further press ahead with the special campaign to manage risks with respect to Internet finance. The aim is to enhance the adaptability of the financial structure, enhance the capacity of the financial system to serve the real economy, significantly improve the legal framework of the financial sector, and put in place institutional arrangements with hard constraints so as to effectively prevent and control systemic risks and to create a favorable financial environment for building a moderately prosperous society in all respects by the year 2020.

附录一　2018年中国货币政策大事记

1月4日，中国人民银行与中国银行台北分行续签《关于人民币业务的清算协议》。

1月5日，中国人民银行印发《关于进一步完善人民币跨境业务政策促进贸易投资便利化的通知》（银发〔2018〕3号），明确凡依法可使用外汇结算的跨境交易，企业都可以使用人民币结算。

1月5日，中国外汇交易中心发布《关于境外银行参与银行间外汇市场区域交易有关事项的公告》，同意符合条件的境外银行参与银行间外汇市场区域交易。

1月11日，全国性商业银行开始陆续使用期限为30天的临时准备金动用安排（CRA）。

1月19日，中国人民银行、国家海洋局、国家发展改革委、工业和信息化部、财政部、银监会、证监会、保监会联合印发《关于改进和加强海洋经济发展金融服务的指导意见》（银发〔2018〕7号），统筹优化金融资产，改进和加强海洋经济发展金融服务，推动海洋经济向质量效益型转变。

1月23日，中国人民银行向全国人大财经委员会汇报2017年货币政策执行情况。

1月25日，普惠金融定向降准全面实施。

2月5日，中国人民银行印发《关于开展金融扶贫领域作风问题专项治理的通知》（银发〔2018〕30号），计划用一年左右时间，集中解决金融扶贫领域存在的各项问题，强化金融扶贫工作合力，确保金融助推脱贫攻坚取得实效。

2月5日，中国人民银行印发《关于加强绿色金融债券存续期监督管理有关事宜的通知》（银发〔2018〕29号），进一步完善绿色金融债券存续期监督管理，提升信息披露透明度。

2月9日，中国人民银行授权美国摩根大通银行担任美国人民币业务清算行。

2月14日，发布《2017年第四季度中国货币政策执行报告》。

2月27日，印发中国人民银行公告〔2018〕第3号，规范银行业金融机构发行资本补充债券的行为，切实提高银行业金融机构资本的损失吸收能力。

3月26日，人民币跨境支付系统（CIPS）二期投产试运行。

3月26日，以人民币计价结算的原油期货在上海国际能源交易中心挂牌交易。

3月28日，中国人民银行牵头制定的《关于规范金融机构资产管理业务的指导意见》和《关于加强非金融企业投资金融机构监管的指导意见》经中央全面深化改革委员会第一次会议审议通过。

3月30日，中国人民银行发布《公开市场业务公告》〔2018〕第2号，调整完善公开市场业务一级交易商考评指标体系。

3月30日，中国人民银行与澳大利亚储备银行续签规模为2 000亿元人民币/400亿澳大利亚元的双边本币互换协议。

4月2日，中国人民银行就打好防范化解重大风险攻坚战的思路和举措向中央财经委员会第一次会议汇报。

4月3日，中国人民银行与阿尔巴尼亚中央银行续签规模为20亿元人民币/342亿阿尔巴尼亚列克的双边本币互换协议。

4月11日，中国人民银行与南非中央银行续签规模为300亿元人民币/540亿南非兰特的双边本币互换协议。

4月17日，中国人民银行向全国人大财经委员会汇报2018年第一季度货币政策执行情况。

4月18日，中国人民银行印发《关于加强宏观信贷政策指导　推动金融更好服务实体经济的意见》（银发〔2018〕93号），着力加强宏观信贷政策指导，充分发挥宏观信贷政策的结构性调控功能，引导银行业金融机构回归本源、防范风险，增强服务实体经济的能力和水平。

4月20日，为进一步规范人民币合格境内机构投资者境外证券投资活动，印发《中国人民银行办公厅关于进一步明确人民币合格境内机构投资者境外证券投资管理有关事项的通知》（银办发〔2018〕81号）。

4月25日，中国人民银行下调大型商业银行、股份制商业银行、城市商业银行、非县域农村商业银行和外资银行人民币存款准备金率1个百分点以置换中期借贷便利并支持小微企业融资。

4月27日，为规范金融机构资产管理业务，统一同类资产管理产品监管标准，中国人民银行、中国银行保险监督管理委员会、中国证券监督管理委员会、国家外汇管理局联合发布《关于规范金融机构资产管理业务的指导意见》（银发〔2018〕106号）。

4月27日，为规范非金融企业投资金融机构行为，强化对非金融企业投资金融机构的监管，中国人民银行、中国银行保险监督管理委员会、中国证券监督管理委员会联合发布《关于加强非金融企业投资金融机构监管的指导意见》（银发〔2018〕107号）。

4月27日，中国人民银行与尼日利亚中央银行签署规模为150亿元人民币/7 200亿奈拉的双边本币互换协议。

5月2日，人民币跨境支付系统（二期）全面投产，符合要求的直接参与者同步上线。

5月4日，以人民币计价的大连商品交易所铁矿石期货正式引入境外投资者。

5月9日，人民币合格境外机构投资者（RQFII）试点地区扩大至日本，投资额度为2 000亿元。

5月10日，中国人民银行与白俄罗斯中央银行续签规模为70亿元人民币/22.2亿白俄罗斯卢布的双边本币互换协议。

5月11日，发布《2018年第一季度中国货币政策执行报告》。

5月16日，印发《中国人民银行办公厅关于进一步完善跨境资金流动管理　支持金融市场开放有关事宜的通知》（银办发〔2018〕96号），进一步完善跨境资金流动管理，推进金融市场开放。

5月23日，中国人民银行与巴基斯坦中央银行续签规模为200亿元人民币/3 510亿巴基斯坦卢比的双边本币互换协议。

5月25日，中国人民银行与智利中央银行续签规模为220亿元人民币/22 000亿智利比索的双边本币互换协议。

5月28日，中国人民银行与哈萨克斯坦中央银行续签规模为70亿元人民币/3 500亿哈萨克斯坦坚戈的双边本币互换协议。

6月1日，中国人民银行决定适当扩大中期借贷便利（MLF）担保品范围，将不低于AA级的小微、绿色和“三农”金融债，AA+、AA级公司信用类债券、优质的小微企业贷款和绿色贷款纳入MLF担保品范围。

6月10日，发布《合格境外机构投资者境内证券投资外汇管理规定》（国家外汇管理局公告2018年第1号），进一步优化QFII外汇管理，便利跨境证券投资。

6月11日，为规范人民币合格境外机构投资者境内证券投资管理，发布《中国人民银行　国家外汇管理局关于人民币合格境外机构投资者境内证券投资管理有关问题的通知》（银发〔2018〕157号）。

6月22日，发布《中国区域金融运行报告（2018）》。

6月25日，中国人民银行、中国银行保险监督管理委员会、中国证券监督管理委员会、国家发展改革委、财政部联合印发《关于进一步深化小微企业金融服务的意见》（银发〔2018〕162号），提出8个方面23条改进优化小微金融服务、提升小微企业融资可得性和精准度的政策措施，推动实现小微企业金融服务扩投入降成本目标。

6月27日，中国人民银行货币政策委员会召开2018年第二季度例会。

6月28日，发布《中国人民银行办公厅关于加大再贷款再贴现支持力度　引导金融机构增加小微企业信贷投放的通知》（银办发〔2018〕110号），进一步完善信贷政策支持再贷款、再贴现管理，将不低于AA级的小微、绿色和“三农”金融债，AA+、AA级公司信用类债券纳入信贷政策支持再贷款和常备借贷便利（SLF）担保品范围。同时增加再贷款和再贴现额度1 500亿元，支持金融机构扩大对小微信贷投放。

6月29日，中国人民银行等五部门联合召开全国深化小微企业金融服务电视电话会议，提出把做好小微企业金融服务作为服务实体经济、防范化解金融风险的重要抓手，加大政策贯彻落实力度，切实改进小微企业金融服务。

7月2日，国务院金融稳定发展委员会办公室将打好防范化解重大金融风险攻坚战行动方案及配套文件提交新一届国务院金融稳定发展委员会第一次会议审议。

7月5日，中国人民银行下调大型商业银行、股份制商业银行、城市商业银行、非县域农村商业银行和外资银行人民币存款准备金率0.5个百分点，以支持市场化、法治化“债转股”和小微企业融资。

7月16日，中国人民银行向全国人大财经委员会汇报2018年上半年货币政策执行情况。

7月20日，发布《关于进一步明确规范金融机构资产管理业务指导意见有关事项的通知》（银办发〔2018〕129号）。

8月6日，中国人民银行将远期售汇业务的外汇风险准备金率从0调整为20%，以加强宏观审慎管理，防范宏观金融风险。

8月10日，发布《2018年第二季度中国货币政策执行报告》。

8月20日，中国人民银行与马来西亚国家银行续签规模为1 800亿元人民币/1 100亿马来西亚林吉特的双边本币互换协议。

9月3日，中国外汇交易中心正式引入中国工商银行（阿拉木图）股份公司与工银标准银行公众有限公司参与银行间外汇市场人民币对坚戈区域交易，并决定延长人民币对坚戈区域交易时间，由10:30～16:30调整为10:30～19:00。

9月4日，印发《关于优化扶贫再贷款管理有关事项的通知》（银办发〔2018〕172号），选择河南、云南等12个省（自治区、直辖市）开展优化运用扶贫再贷款发放贷款定价机制试点。

9月4日，中国人民银行、中国证券监督管理委员会联合发布〔2018〕第14号公告，加强对信用评级行业统一监管，推进债券互联互通。

9月4日，中国人民银行和全国工商联联合召开民营企业和小微企业金融服务座谈会，深入了解民营企业、小微企业金融服务情况，搭建银企之间的沟通对接平台，进一步明确充分运用“几家抬”的思路，推动各部门间形成工作合力，加大民营、小微企业支持力度。

9月8日，中国人民银行、财政部联合发布《全国银行间债券市场境外机构债券发行管理暂行办法》（中国人民银行 财政部公告〔2018〕第16号），进一步促进债券市场对外开放，规范境外机构债券发行，同时，废止《国际开发机构人民币债券发行管理暂行办法》（中国人民银行 财政部 国家发展和改革委员会 中国证券监督管理委员会公告〔2010〕第10号）。

9月20日，中国人民银行和香港特别行政区金融管理局签署了《关于使用债务工具中央结算系统发行中国人民银行票据的合作备忘录》，旨在便利中国人民银行在香港发行央行票据，丰富香港高信用等级人民币金融产品，完善香港人民币债券收益率曲线。

9月26日，中国人民银行货币政策委员会召开2018年第三季度例会。

10月13日，中国人民银行与英格兰银行续签规模为3 500亿元人民币/400亿英镑的双边本币互换协议。

10月15日，中国人民银行下调大型商业银行、股份制商业银行、城市商业银行、非县域农村商业银行和外资银行人民币存款准备金率1个百分点，置换其所借央行的中期借贷便利（MLF）并支持小微企业、民营企业及创新型企业融资。

10月18日，中国人民银行向全国人大财经委员会汇报2018年前三季度货币政策执行情况。

10月22日，中国人民银行与日本银行签署了在日本建立人民币清算安排的合作备忘录；26日，授权中国银行东京分行担任日本人民币业务清算行。

10月22日，经国务院批准，按照法治化、市场化原则，中国人民银行引导设立民营企业债券融资支持工具，稳定和促进民营企业债券融资。

10月23日至11月9日，国务院金融稳定发展委员会办公室组织对广东、福建、安徽、浙江、江苏、辽宁、四川等7个重点省份的民营和小微企业金融服务工作开展实地督导。

10月26日，中国人民银行与日本银行签署规模为2 000亿元人民币/34 000亿日元的双边本币互换协议。

10月26日，中国人民银行印发《关于加大支小再贷款再贴现支持力度　引导金融机构增加小微企业和民营企业信贷投放的通知》（银发〔2018〕259号），增加再贷款和再贴现额度1 500亿元，支持金融机构扩大对小微、民营企业的信贷投放。

11月7日，中国人民银行通过香港金融管理局债务工具中央结算系统（CMU）债券投标平台，招标发行200亿元人民币中央银行票据，其中3个月和1年期品种各100亿元，中标利率分别为3.79%和4.20%。

11月9日，发布《2018年第三季度中国货币政策执行报告》。

11月15日，中国人民银行、财政部、中国银行保险监督管理委员会联合印发《关于在全国银行间债券市场开展地方政府债券柜台业务的通知》（银发〔2018〕283号），丰富柜台业务债券品种，促进多层次债券市场建设。

11月16日，中国人民银行与印度尼西亚中央银行续签规模为2 000亿元人民币/440万亿印度尼西亚卢比的双边本币互换协议。

11月20日，中国人民银行与菲律宾中央银行签署了在菲律宾建立人民币清算安排的合作备忘录。

11月30日，以人民币计价的精对苯二甲酸期货正式引入境外投资者。

12月4日，印发《中国人民银行办公厅关于黄金资产管理业务有关事项的通知》（银办发〔2018〕215号），规定只有金融机构才可以开展黄金资产管理业务并向中国人民银行备案，明确只有金融机构和经国务院、金融监管部门批准的黄金交易场所，才可以提供登记托管服务。

12月10日，中国人民银行与乌克兰国家银行续签规模为150亿元人民币/620亿乌克兰格里夫纳的双边本币互换协议。

12月11日，印发《中国人民银行办公厅关于印发〈金融机构互联网黄金业务管理暂行办法〉的通知》（银办发〔2018〕221号）、《中国人民银行办公厅关于印发〈黄金积存业务管理暂行办法〉的通知》（银办发〔2018〕222号），明确了互联网黄金业务、黄金积存业务的内涵和开办主体，规定了黄金积存的最小单位，限定了销售黄金产品的互联网机构应具备的条件及禁止性事项。

12月19日，中国人民银行决定，从2019年1月起增设定向中期借贷便利（Targeted Medium-term Lending Facility，TMLF）工具，鼓励商业银行等金融机构将资金更多地配置到实体经济，尤其是小微企业、民营企业等重点领域。12月21日，印发《关于设立定向中期借贷便利支持小微企业和民营企业融资的通知》（银发〔2018〕337号）。

12月25日，国务院金融稳定发展委员会办公室召开专题会议，研究多渠道支持商业银行补充资本有关问题，推动尽快启动永续债发行。

12月26日，中国人民银行货币政策委员会召开2018年第四季度例会。

Appendix 1 Highlights of China's Monetary Policy in 2018

On January 4, the PBC renewed the Agreement on RMB Clearing Business with the Bank of China (Taipei) Company, Ltd.

On January 5, the PBC issued the *Notice on Further Improving RMB Cross-border Business Policies to Facilitate Trade and Investment* (Yinfa [2018] No. 3) to clarify that enterprises may settle any cross-border transactions in RMB that can be legally settled in foreign exchange.

On January 5, the China Foreign Exchange Trade System (CFETS) released the *Notice on the Arrangements for Overseas Banks to Participate in Interbank FX Market Regional Trading*, stipulating that qualified overseas banks can participate in the interbank FX market regional trading.

Beginning from **January 11,** national commercial banks can now use the 30-day Contingent Reserve Allowance (CRA).

On January 19, the PBC, the State Oceanic Administration (SOA), the National Development and Reform Commission (NDRC), the Ministry of Industry and Information Technology (MIIT), the Ministry of Finance (MOF), the China Banking Regulatory Commission (CBRC), the China Securities Regulatory Commission (CSRC), and the China Insurance Regulatory Commission (CIRC) jointly issued the *Guiding Opinions on Improving and Strengthening Financial Services for the Development of the Marine Economy* (Yinfa [2018] No. 7) in order to coordinate and optimize financial assets as well as to improve financial services to increase the quality and efficiency of the oceanic economy.

On January 23, the PBC reported to the Financial and Economic Affairs Committee of the National People's Congress on the conduct of monetary policy in 2017.

On January 25, the policy of a targeted reduction in the requirement reserve ratio (RRR) for financial inclusion began to be fully implemented.

On February 5, the PBC issued the *Notice on Changing the Work Style in the Field of Financial Support for Poverty Alleviation* (Yinfa [2018] No. 30) in order to solve the various problems in financial-sector support for poverty reduction and to consolidate all parties' efforts in the financial sector for the purpose of ensuring concrete results in reducing poverty.

On February 5, the PBC issued the *Notice on Enhancing the Supervision and Management of the Duration of Green Financial Bonds* (Yinfa [2018] No. 29) to further improve supervision and management of the duration of green financial bonds and to enhance the transparency of information disclosures.

On February 9, the PBC authorized J.P. Morgan Chase & Co. as the RMB clearing bank in the United States.

On February 14, the *China Monetary Policy Report Q4, 2017* was released.

On February 27, announcement No. 3 [2018] of the People's Bank of China was issued to regulate the issuance of capital supplement bonds by banking financial institutions and to effectively improve the capital-loss absorption capacity of banking financial institutions.

On March 26, phase 2 of the RMB Cross-border Interbank Payment System (CIPS) began operations.

On March 26, crude oil futures denominated in RMB were listed for transactions on the Shanghai International Energy Exchange.

On March 28, the *Guidelines on Regulating Asset-Management Services of Financial Institutions* and *the Guidelines on Strengthening Supervision of Investments in Financial Institutions by Non-financial Enterprises,* the drafting of which were coordinated and led by the PBC, were endorsed after deliberation by the Central Comprehensively Deepening Reforms Commission of the CPC.

On March 30, the PBC issued the Public Notice on Open Market Operations No. 2 [2018] to adjust and improve the performance of the evaluation system for primary dealers in open market operations.

On March 30, the PBC and the Reserve Bank of Australia renewed their local currency swap agreement. The size of the facility is RMB200 billion/AUD40 billion.

On April 2, the PBC made a report on the principles and measures of winning the battle of forestalling and defusing major risks at the First Meeting of the Central Committee for Financial and Economic Affairs.

On April 3, the PBC renewed a bilateral local currency swap agreement with the Bank of Albania. The size of the swap facility is RMB2 billion/ALL34.2 billion.

On April 11, the PBC renewed a bilateral local currency swap agreement with the South African Reserve Bank. The size of the swap facility is RMB30 billion/ZAR54 billion.

On April 17, the PBC reported to the Financial and Economic Affairs Committee of the National People's Congress on the conduct of monetary policy in Q1 of 2018.

On April 18, the PBC issued the *Opinions on Strengthening Policy Guidance of the Macro Credit Policy, Enabling the Financial Sector to Better Serve the Real Economy* (Yinfa [2018]

No. 93) to strengthen guidance of the macro credit policy, give full play to the structural adjustment function of the macro credit policy to guide banking institutions to return to their core business, strengthen risk management, and improve the capacity and effectiveness of serving the real economy.

On April 20, the *Public Notice of the PBC General Administration Department on Further Clarifying Regulations on Outbound Portfolio Investments by RQDIIs* (Yinbanfa [2018] No. 81) was released to improve regulation of outbound portfolio investments by RQDIIs.

On April 25, the PBC cut the RMB reserve requirement ratio (RRR) by 1 percentage point for large commercial banks, joint-stock commercial banks, city commercial banks, non-county rural commercial banks, and foreign banks to replace the Mid-term Lending Facility (MLF) and to support the financing of small and micro enterprises.

On April 27, the PBC, the China Banking and Insurance Regulatory Commission (CBIRC), the China Securities Regulatory Commission (CSRC), and the State Administration of Foreign Exchange (SAFE) jointly issued the *Guidelines on Regulating the Asset Management Business of Financial Institutions* (Yinfa [2018] No. 106) to regulate the asset management business of financial institutions and to unify the regulatory standards for similar asset management products.

On April 27, the PBC, the CBIRC, and the CSRC jointly issued the *Guidelines on Tightening Regulations of Investment of Non-Financial Enterprises in Financial Institutions* (Yinfa [2018] No. 107) to regulate investments in financial institutions by non-financial enterprises and to strengthen supervision of such investments.

On April 27, the PBC and the Central Bank of Nigeria signed a bilateral local currency swap agreement. The size of the facility is RMB15 billion/NGN720 billion.

On May 2, the RMB Cross-border Interbank Payment System (phase II) was fully launched, and the eligible direct participants were successfully connected to the CIPS.

On May 4, overseas investors formally participated in RMB-denominated iron ore futures trading in the Dalian Commodity Exchange.

On May 9, the RMB qualified foreign institutional investor (RQFII) pilot area was expanded to Japan, with an investment quota of RMB200 billion.

On May 10, the PBC and the National Bank of the Republic of Belarus renewed a bilateral local currency swap agreement. The size of the facility is RMB7 billion/BYR2.22 billion.

On May 11, the China Monetary Policy Report Q1, 2018 was released.

On May 16, the General Administration

Office of the PBC issued the *Notice on Further Improving Cross-Border Capital Flow Management to Support the Opening Up of Financial Markets* (Yinbanfa [2018] No. 96) to further improve cross-border capital flow management and to promote the opening of China's financial markets.

On May 23, the PBC and the State Bank of Pakistan renewed a bilateral local currency swap agreement. The size of the facility is RMB20 billion/PKR351 billion.

On May 25, the PBC and the Central Bank of Chile renewed a bilateral local currency swap agreement. The size of the facility is RMB22 billion/CLP2,200 billion.

On May 28, the PBC and the National Bank of Kazakhstan renewed a bilateral local currency swap agreement. The size of the facility is RMB7 billion/KZT350 billion.

On June 1, the PBC decided to moderately expand the acceptable collateral range of the medium-term lending facility (MLF). The newly included collaterals are small and micro enterprises (SMEs), green, and agricultural financial bonds that are rated AA and above; corporate credit bonds that are rated AA+ or AA, including enterprise bonds, medium-term notes, short-term financing bills, etc., and high-quality SME and green loans.

On June 10, the *Regulations on Foreign Exchange Administration for Domestic Securities Investments by Qualified Foreign Institutional Investors* (SAFE Announcement [2018] No.1) was issued to further optimize foreign exchange administration for Qualified Foreign Institutional Investors (QFIIs) and facilitate cross-border securities investment.

On June 11, the PBC and the SAFE jointly issued the *Notice on the Management of Investments in Domestic Securities by RQFIIs* to regulate portfolio investments made by RQFIIs in China's onshore market. (Yinfa [2018] No. 157).

On June 22, the *China Regional Financial Operations Report (2018)* was released.

On June 25, the PBC, the CBIRC, the CSRC, the National Development and Reform Commission, and the Ministry of Finance jointly issued the *Opinions on Further Improving Financial Services for SMEs* (Yinfa [2018] No. 162), rolling out 23 policy measures from eight perspectives to improve financial services for small and micro enterprises and to improve the availability and accuracy of SME financing to achieve the goal of expanding inputs and reducing the costs of financial services for SMEs.

On June 27, the PBC Monetary Policy Committee held its second quarterly meeting of 2018.

On June 28, the General Administration Office of the PBC released the *Notice on Intensifying Support through Central-Bank*

Lending and Central-Bank Discounts to Guide Financial Institutions to Increase Credit for SMEs (Yinbanfa [2018] No. 110) to further improve the management of credit policy supporting central-bank lending and central-bank discounts. Furthermore, SMEs, green, and agricultural financial bonds that are rated AA and above; corporate credit bonds that are rated AA+ or AA, including enterprise bonds, medium-term notes, short-term financing bills, etc.; and high-quality SME and green loans are included in the collateral range of the credit policy supporting central-bank lending and the standing lending facility (SLF).

On June 29, five ministries, including the PBC, jointly held a nationwide teleconference on further improving financial services for SMEs. The teleconference decided that an important priority in providing financial services to the real sector and forestalling and mitigating financial risks is be to improve financial services to SMEs and to adopt earnest measures to enhance policy implementation.

On July 2, the Office of the Financial Stability and Development Committee (FSDC Office) under the State Council submitted the action plan of winning the battle of forestalling and defusing major risks as well as the supporting documents for the review of the first meeting of the new FSDC.

On July 5, the PBC cut the RMB reserve requirement ratio (RRR) by 0.5 percentage point for large commercial banks, joint-stock commercial banks, city commercial banks, non-county rural commercial banks, and foreign banks to support market-based and law-based debt-for-equity swaps as well as for small and micro business financing.

On July 16, the PBC reported to the Financial and Economic Affairs Committee of the National People's Congress on implementation of monetary policy in the first half of 2018.

On July 20, the *Notice on Further Clarifying Matters Related to the Guiding Opinions for Regulating the Asset Management Business of Financial Institutions* (Yinbanfa [2018] No.129) was issued.

On August 6, the PBC adjusted the foreign-exchange risk reserve ratio of the forward foreign-exchange sales business from 0 percent to 20 percent so as to strengthen macro-prudential management and to prevent macro-financial risks.

On August 10, *China Monetary Policy Report, Q2 of 2018* was released.

On August 20, the PBC renewed a bilateral local currency swap agreement with the Central Bank of Malaysia, the size of which is RMB180 billion/MYR110 billion.

On September 3, the CFETS formally introduced the Industrial & Commercial Bank of China

(Almaty) JSC and the ICBC Standard Bank into the CNY/KZT Interbank FX Market regional trading, and decided to adjust the trading hours for CNY/KZT regional trading in the Interbank FX Market from 10:30～16:30 to 10:30～19:00 (Beijing time, GMT+8).

On September 4, the *Notice on Improving Administration of Central Bank Lending for Poverty Alleviation* (Yinbanfa [2018] No.172) was issued. Twelve provinces (and autonomous regions and municipalities), including Henan and Yunnan, were selected as pilot regions to optimize use of the pricing mechanism for poverty-alleviation lending.

On September 4, the PBC and the CSRC jointly issued Public Notice [2018] No. 14 to strengthen unified supervision of the credit-rating industry and to promote access to mutual bonds.

On September 4, the PBC and the All-China Federation of Industry and Commerce jointly held a symposium on financial services for private enterprises and small and micro businesses to gain further insights into the financial services for private enterprises and small and micro businesses, to establish communication platforms for banks and enterprises, and to further clarify the idea of making joint efforts to promote synergy among various departments to increase support for private enterprises and small and micro businesses.

On September 8, the PBC and MOF jointly issued the Interim Measures for the Administration of Bond Issuances by Overseas Institutions on the National Interbank Bond Market (the PBC, MOF Public Notice [2018] No. 16) to further promote the opening up of the bond market to the outside world and to regulate the issuance of bonds by foreign institutions. At the same time, the *Interim Measures for Administration of the Issuance of Renminbi Bonds by International Development Institutions* (the PBC, MOF, NDRC, CSRC Public Notice [2010] No. 10) were abolished.

On September 20, the PBC and Hong Kong Monetary Authority signed the *Memorandum of Co-operation on Using Central Money-Market Units for the Issuance of PBC Bills* (hereafter referred to as central bank bills) to facilitate the issuance of central bank bills in Hong Kong, diversify Hong Kong's high-credit RMB financial products, and improve Hong Kong's RMB yield curve.

On September 26, the PBC's Monetary Policy Committee held its third quarterly meeting of 2018.

On October 13, the PBC renewed a bilateral local currency swap agreement with the Bank of England. The size of the swap facility is RMB350 billion/GBP40 billion.

On October 15, the PBC lowered the reserve requirement ratio (RRR) for large commercial banks, joint-stock commercial banks, city commercial banks, non-county rural commercial banks, and foreign banks by one percentage point, so as to replace the medium-term lending facility (MLF) they borrowed from the PBC and support the financing of SMEs, private enterprises, and innovation-based enterprises.

On October 18, the PBC reported to the Financial and Economic Affairs Committee of the National People's Congress on implementation of monetary policy during the first three quarters in 2018.

On October 22, the PBC signed a Memorandum of Cooperation on RMB clearing arrangements in Japan with the Bank of Japan. On October 26, the PBC designated Tokyo Branch of the Bank of China as the RMB clearing bank in Japan.

On October 22, upon approval by the State Council and in line with law- and market-based principles, the PBC decided to guide the establishment of support instruments of bond financing for private enterprises in a bid to stabilize and promote bond financing of private enterprises.

From October 23 to November 9, the Office of the Financial Stability and Development Committee (FSDC) under the State Council conducted on-site inspection and guidance of financial services for private enterprises and SMEs in seven key provinces, including Guangdong, Fujian, Anhui, Zhejiang, Jiangsu, Liaoning and Sichuan.

On October 26, the PBC signed a bilateral local currency swap agreement with the Bank of Japan. The size of the swap facility is RMB200 billion/JPY3.4 trillion.

On October 26, the PBC issued the *Notice on Strengthening Support for Central Bank Lending and Central Bank Discounts for Small and Micro Businesses and Guiding Financial Institutions to Increase Credit to Small and Micro Businesses and Private Enterprises* (Yinfa [2018] No.259), increasing the quota of central bank lending and central bank discounts by RMB150 billion to support financial institutions to expand credit to SMEs and private enterprises.

On November 7, the PBC issued RMB20 billion of central bank bills through the Central Moneymarkets Unit (CMU) bond tendering platform of the Hong Kong Monetary Authority. The issuance involved RMB10 billion three-month bills and RMB10 billion one-year bills priced at 3.79 percent and 4.20 percent respectively.

On November 9, *China Monetary Policy Report, Q3 of 2018* was released.

On November 15, the PBC, the Ministry of Finance (MOF), and China Banking and Insurance Regulatory Commission (CBIRC) jointly issued the *Notice on Launching OTC Business for Local Government Bonds in the National Interbank Bond Market* (Yinfa [2018] No. 283), aiming to diversify OTC bond categories and to promote the development of a multi-tiered bond market.

On November 16, the PBC renewed the bilateral local currency swap agreement with the Bank Indonesia. The size of the swap facility is RMB200 billion/IDR440 trillion.

On November 20, the PBC signed a Memorandum of Cooperation on RMB clearing arrangements in the Philippines with the Bangko Sentral ng Pilipinas.

On November 30, the trading of RMB-denominated purified terephthalic acid (PTA) futures was officially opened to overseas investors.

On December 4, the PBC issued the *Notice of the PBC General Administration Department on Matters concerning the Gold Asset Management Business* (Yinbanfa [2018] No. 215). The Notice stipulated that only financial institutions are allowed to conduct gold asset management business and file a record with the PBC, and that only financial institutions as well as gold trading floors that have obtained the approval of the State Council and the financial regulatory authorities can provide registration and custodial services.

On December 10, the PBC renewed a bilateral local currency swap agreement with the National Bank of Ukraine. The size of the swap facility is RMB15 billion/UAH62 billion.

On December 11, the PBC issued the *Notice of the PBC General Administration Department on Issuing the Interim Administrative Measures for Internet Gold Business of Financial Institutions* (Yinbanfa [2018] No. 221) and the *Notice of the PBC General Administration Department on Issuing the Interim Administrative Measures for Gold Accumulation Business* (Yinbanfa [2018] No.222), aiming to specify the content and operating entities of the Internet gold business and the gold accumulation business, stipulate the smallest unit of gold accumulation products, and set prerequisites and prohibitions for Internet agencies selling gold products.

On December 19, the PBC decided to introduce a Targeted Medium-term Lending Facility (TMLF) starting from January 2019, aiming to encourage commercial banks and other financial institutions to deploy more capital to the real economy, especially to key areas such as SMEs and private enterprises. On December 21, the PBC issued the *Notice on Setting up a Targeted Medium-term Lending Facility and Supporting Financing of SMEs and Private Enterprises* (Yinfa [2018] No. 337).

On December 25, the Office of the Financial Stability and Development Committee (FSDC) held a symposium to study issues related to the support for the capital replenishment of commercial banks through diversified channels and to promote the launch of perpetual bond issuanced in a timely manner.

On December 26, the Monetary Policy Committee of the PBC held its fourth quarterly meeting of 2018.

附录二　2018年主要经济体中央银行货币政策

一、美联储

美联储于2018年3月21日、6月13日、9月26日与12月19日分别宣布提高联邦基金利率目标区间25个基点至2.25%～2.50%。同时，美联储持续推进2017年10月启动的资产负债表缩表计划，目前每月缩减规模上限分别为300亿美元国债和200亿美元机构抵押支持证券（MBS）。

二、欧洲中央银行

欧央行在2018年8次例会上均决定维持主要再融资利率0、边际贷款便利利率0.25%、存款便利利率-0.4%不变，并宣布保持当前利率水平不变至少至2019年夏天。此外，欧央行宣布继续保持每月300亿欧元的资产购买规模至2018年9月，10月至12月每月资产购买规模削减为150亿欧元，并在2018年底结束资产购买，但将维持资产到期再投资即维持资产负债表规模不变，直至欧央行首次加息以后。

三、日本银行

日本银行在2018年继续实施收益率曲线管理下的量化和质化宽松货币政策（QQE），以实现2%的通胀目标。在收益率曲线管理方面，全年8次例会对金融机构存放在日本银行的部分超额准备金利率维持在-0.1%不变，同时继续以每年80万亿日元的规模购买日本政府债券，从而将10年期国债收益率维持在0附近。在资产购买方面，继续每年购买约6万亿日元的交易所交易基金（ETFs）及约900亿日元的房地产投资信托（J-REITs），并将商业票据与企业债的持有存量分别维持在约2.2万亿日元与约3.2万亿日元。7月31日，日本银行决定引入政策利率前瞻性指引，并增强收益率曲线管理下的量化和质化宽松货币政策（QQE）的可持续性。

四、英格兰银行

英格兰银行在2018年上半年的4次例会上均决定维持基准利率0.5%不变，并维持100亿英镑的投资级非金融公司债购买计划和4 350亿英镑的资产购买规模不变。在2018年8月例会上，英格兰银行宣布提高基准利率25个基点至0.75%，同时继续维持资产购买规模不变。此后3次例会上，英格兰银行宣布维持基准利率与资产购买规模不变。

Appendix 2 Monetary Policies of the Central Banks of the Major Economies in 2018

1. U.S. Federal Reserve

At each of its meetings, on March 21, June 13, September 26, and December 19 of 2018, the Federal Reserve decided to raise the target range for the federal funds rate by 25 basis points, eventually reaching 2.25 percent to 2.50 percent. The Federal Reserve also continued its balance-sheet normalization program launched in October of 2017, according to which only maturing principals above USD30 billion per month for Treasuries and USD20 billion per month for agency mortgage-backed securities (MBS) will be reinvested.

2.European Central Bank

At all of its eight monetary policy meetings in 2018, the European Central Bank (ECB) decided that interest rates on its main refinancing operations, the marginal lending facility, and the deposit facility will remain unchanged at 0.00, 0.25 percent, and –0.40 percent respectively, and the ECB expected them to remain at their present levels at least through the summer of 2019. The ECB also announced that its monthly net asset purchases will remain at EUR30 billion until September 2018, will drop to EUR15 billion between September and December 2018, and will conclude by the end of 2018. The ECB intended to continue reinvesting maturing assets to keep the scale of its balance sheet unchanged for an extended period of time until it begins raising key ECB interest rates.

3.Bank of Japan

In 2018 the Bank of Japan (BOJ) continued its qualitative and quantitative easing (QQE) with yield curve control so as to achieve its inflation target of 2 percent. With respect to its yield curve control, at all of its eight meetings the BOJ continued to apply a negative interest rate of –0.1 percent to the Policy-Rate Balances in the current accounts held by financial institutions at the BOJ, and continued to purchase JGB at an annual pace of JPY80 trillion to keep the 10-year JGB yield at about 0. With respect to asset purchases other than JGB purchases, the BOJ continued to purchase about JPY6 trillion of exchange-traded funds (ETFs) and about JPY90 billion of Japan real-estate investment trusts (J-REITs) annually and to keep its commercial paper and corporate bond holdings at about JPY2.2 trillion and JPY3.2 trillion respectively. On July 31, the BOJ decided to introduce forward guidance for policy rates and to enhance the sustainability of the QQE with yield curve control.

4.Bank of England

At all four of its meetings in the first half of 2018, the Bank of England (BOE) kept the Bank Rate unchanged at 0.5 percent, the stock of sterling non-financial investment-grade corporate bond purchases at GBP10 billion, and the stock of U.K. government bond purchases at GBP435 billion. At its August meeting, the BOE decided to raise the

Bank Rate by 25 basis points to 0.75 percent while keeping the stock of asset purchases unchanged. At the following three meetings, the BOE decided to keep the Bank Rate and the stock of asset purchases unchanged.

附录三 中国主要经济和金融指标

Appendix 3 China's Major Economic and Financial Indicators

一、经济增长与经济发展水平

1. Economic Growth

1978年以来中国经济增长与宏观经济政策

China's economic growth and macroeconomic policies since 1978

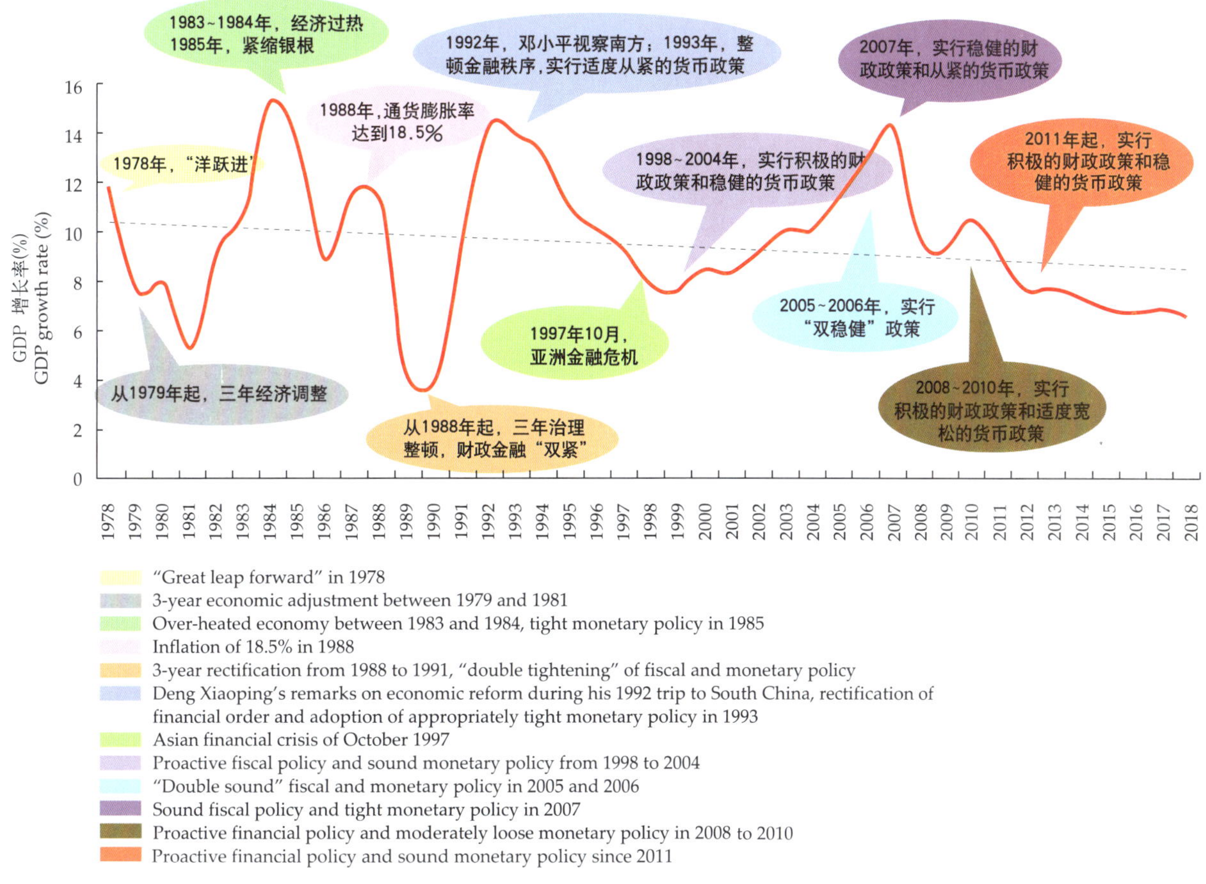

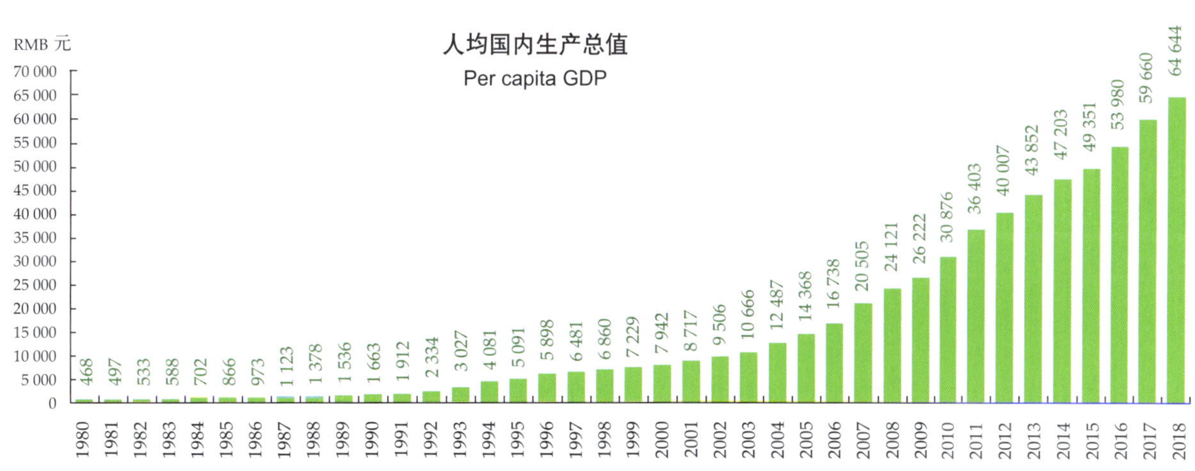

注：图中数据根据国家统计局最新数据修订。

Note: Data are revised by National Bureau of Statistics of China.

GDP总量：据世界银行按汇率折算法测算，2017年中国GDP总量为12.24万亿美元，占世界GDP总量80.68万亿美元的15.2%，位居第二，排在美国之后。根据《2017年世界发展指标》，按购买力平价法估算，2017年中国GDP总量为23.30万亿美元，占世界GDP总量127.57万亿美元的18.3%，位居第一。

人均GDP：2018年，中国人均GDP为64 644元人民币，按年末汇率折算为9 419美元。

人均国民收入：据世界银行按汇率折算法测算，2017年世界人均国民收入为10 366美元，中国人均国民收入为8 690美元，位居世界189个经济体由高向低排列的第70位。按购买力平价法估算，2017年中国人均国民收入为16 760美元，相当于世界人均国民收入16 927美元的99.0%，位居世界187个经济体由高向低排列的第77位。

Gross Domestic Product (GDP): The World Bank estimated that the world total GDP and China's GDP in 2017 were USD80.68 trillion and USD12.24 trillion respectively based on Atlas methodology. Accounting for 15.2 percent of the world total, China's GDP ranked 2nd in the world after U.S.. The World Bank estimated that the world total GDP and China's GDP in 2017 were USD127.57 trillion and USD23.30 trillion respectively based on a PPP basis, according to the *World Development Indicators 2017*. Accounting for 18.3 percent of the world total, China's GDP ranked 1st in the world.

GDP per capita: In 2018, China's GDP per capita reached RMB64,644, or USD9,419 based on the exchange rate at the end of 2018.

Gross National Income (GNI) per capita: The World Bank estimated that in 2017 the GNI per capita for the world as a whole was USD10,366 based on Atlas methodology. The GNI per capita in China was USD8,690, ranking 70th among 189 worldwide economies. In PPP terms, the GNI per capita in China in 2017 was USD16,760, equivalent to 99.0 percent of the world figure which was USD16,927, thus ranking 77th among the 187 worldwide economies.

2017年世界银行按汇率折算法测算的GDP总量前10名排序

Top ten economies in terms of GDP based on Atlas methodology in 2017 (World Bank estimation)

排名 Rank	国家 Country		GDP(万亿美元) GDP (USD1 trillion)	占世界GDP总量的比重(%) As a percent of the world total (%)
1	美国	U.S.	19.39	24.0
2	**中国**	**China**	**12.24**	**15.2**
3	日本	Japan	4.87	6.0
4	德国	Germany	3.68	4.6
5	英国	U.K.	2.62	3.3
6	印度	India	2.60	3.2
7	法国	France	2.58	3.2
8	巴西	Brazil	2.06	2.5
9	意大利	Italy	1.93	2.4
10	加拿大	Canada	1.65	2.0
世界	**World total**		**80.68**	**100.0**

2017年世界银行按购买力平价方法估算的GDP总量前10名排序

Top ten economies in terms of GDP based on PPP in 2017 (World Bank estimation)

排名 Rank	国家 Country		GDP(万亿美元) GDP (USD1 trillion)	占世界GDP总量的比重(%) As a percent of the world total (%)
1	**中国**	**China**	**23.30**	**18.3**
2	美国	U.S.	19.39	15.2
3	印度	India	9.45	7.4
4	日本	Japan	5.49	4.3
5	德国	Germany	4.19	3.3
6	俄罗斯	Russia	3.82	3.0
7	印度尼西亚	Indonesia	3.24	2.5
8	巴西	Brazil	3.24	2.5
9	法国	France	2.88	2.3
10	英国	U.K.	2.86	2.2
世界	**World total**		**127.57**	**100.0**

世界银行估算的2017年人均国民收入

National income per capita in 2017 (estimated by the World Bank)

单位：美元 Unit: USD

	世界平均 Global average	低收入国家 Low-income countries	中等收入国家 Middle-income countries		高收入国家 High-income countries
			较低收入组 Lower-middle-income countries	较高收入组 Upper-middle-income countries	
汇率折算法 On Atlas methodology	10 366	744	2 118	8 192	40 136
购买力平价法 On a PPP basis	16 927	2 088	7 191	17 559	47 657

国内生产总值
Gross domestic product

年/季度 Year /Quarter		国内生产总值 GDP		第一产业 Primary industry		第二产业 Secondary industry		第三产业 Tertiary industry	
		绝对值(亿元) Absolute value (RMB100 million)	增长(%) Growth(%)	绝对值(亿元) Absolute value (RMB100 million)	增长(%) Growth(%)	绝对值(亿元) Absolute value (RMB100 million)	增长(%) Growth(%)	绝对值(亿元) Absolute value (RMB100 million)	增长(%) Growth(%)
2009	I	74 053	6.4	4 441	3.8	32 550	5.8	37 062	7.2
	I-II	158 035	7.3	11 428	3.7	71 929	7.1	74 678	8.1
	I-III	248 049	8.5	21 594	3.9	113 243	8.7	113 212	9.1
	I-IV	349 081	9.4	34 162	4.0	160 172	10.3	154 748	9.6
2010	I	87 617	12.2	4 945	3.9	39 365	15.4	43 307	10.0
	I-II	187 149	11.4	12 920	3.7	86 788	14.0	87 441	9.8
	I-III	293 388	10.9	24 834	4.0	135 696	13.1	132 858	9.7
	I-IV	413 030	10.6	39 363	4.3	191 630	12.7	182 038	9.7
2011	I	104 641	10.2	5 768	3.2	47 195	11.3	51 679	9.9
	I-II	223 816	10.1	15 194	2.9	104 080	11.1	104 542	10.1
	I-III	350 797	9.8	29 475	3.5	162 703	11.0	158 619	9.9
	I-IV	489 301	9.5	46 163	4.2	227 039	10.7	216 099	9.5
2012	I	117 594	8.1	6 687	3.7	52 317	9.5	58 590	7.3
	I-II	249 276	7.9	16 967	4.3	113 752	8.7	118 558	7.6
	I-III	387 899	7.8	32 164	4.2	176 009	8.3	179 726	7.8
	I-IV	540 367	7.9	50 902	4.5	244 643	8.4	244 822	8.0
2013	I	129 747	7.9	7 170	3.0	55 862	7.8	66 715	8.4
	I-II	273 714	7.7	18 012	2.8	120 994	7.7	134 708	8.3
	I-III	426 619	7.8	34 605	3.3	187 744	7.9	204 271	8.4
	I-IV	595 244	7.8	55 329	3.8	261 956	8.0	277 959	8.3
2014	I	140 618	7.4	7 492	3.2	59 222	7.6	73 905	7.6
	I-II	297 080	7.4	19 145	3.7	128 763	7.7	149 172	7.6
	I-III	462 792	7.3	36 821	4.1	199 787	7.6	226 183	7.6
	I-IV	643 974	7.3	58 344	4.1	277 572	7.4	308 059	7.8
2015	I	150 987	7.0	7 770	3.1	60 725	6.4	82 492	7.8
	I-II	319 490	7.0	20 257	3.5	131 872	6.3	167 361	8.1
	I-III	496 200	6.9	38 345	3.8	203 537	6.2	254 318	8.2
	I-IV	689 052	6.9	60 862	3.9	282 040	6.2	346 150	8.2
2016	I	161 456	6.7	8 803	2.9	61 385	6.0	91 268	7.5
	I-II	342 071	6.7	22 097	3.0	135 116	6.2	184 858	7.5
	I-III	532 434	6.7	40 667	3.5	210 755	6.3	281 012	7.5
	I-IV	740 061	6.7	60 139	3.3	296 548	6.3	383 374	7.7
2017	I	179 403	6.8	8 206	3.0	69 704	6.2	101 493	7.7
	I-II	378 581	6.8	20 851	3.5	152 358	6.2	205 372	7.7
	I-III	588 405	6.8	39 107	3.7	237 116	6.1	312 183	7.8
	I-IV	820 754	6.8	62 100	4.0	332 743	5.9	425 912	7.9
2018	I	197 920	6.8	8 574	3.2	77 117	6.3	112 229	7.5
	I-II	417 215	6.8	21 576	3.3	168 558	6.1	227 081	7.6
	I-III	646 711	6.7	39 800	3.4	261 823	5.9	345 088	7.7
	I-IV	900 310	6.6	64 734	3.5	366 001	5.8	469 575	7.6

注：1. 表中绝对数按当年价格计算，"比上年同期增长"按不变价格计算。
2. 表中数据根据国家统计局最新数据修订。

Notes: 1. Absolute figures in this table are calculated at current prices, and the year-on-year growth rates are calculated at constant prices.
2. Data are revised by National Bureau of Statistics of China.

1978年以来GDP及其增长率
GDP and its annual growth rate since 1978

年 Year	GDP(万亿元) GDP(RMB1 trillion)	GDP增长率(%) GDP growth rate(%)
1978	0.4	11.7
1979	0.4	7.6
1980	0.5	7.8
1981	0.5	5.1
1982	0.5	9.0
1983	0.6	10.8
1984	0.7	15.2
1985	0.9	13.4
1986	1.0	8.9
1987	1.2	11.7
1988	1.5	11.2
1989	1.7	4.2
1990	1.9	3.9
1991	2.2	9.3
1992	2.7	14.2
1993	3.6	13.9
1994	4.9	13.0
1995	6.1	11.0
1996	7.2	9.9
1997	8.0	9.2
1998	8.5	7.8
1999	9.1	7.7
2000	10.0	8.5
2001	11.1	8.3
2002	12.2	9.1
2003	13.7	10.0
2004	16.2	10.1
2005	18.7	11.4
2006	21.9	12.7
2007	27.0	14.2
2008	32.0	9.7
2009	34.9	9.4
2010	41.3	10.6
2011	48.9	9.5
2012	54.0	7.9
2013	59.5	7.8
2014	64.4	7.3
2015	68.9	6.9
2016	74.0	6.7
2017	82.1	6.8
2018	90.0	6.6

注：表中数据根据国家统计局最新数据修订。
Note: Data are revised by National Bureau of Statistics of China.

GDP及其增长率
GDP and its annual growth rate

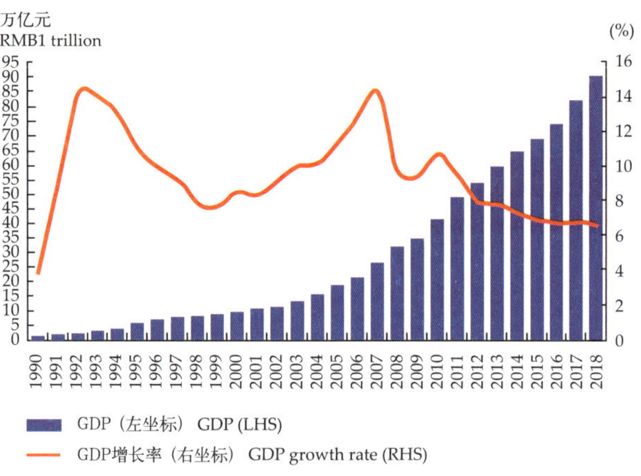

2007年以来GDP季度累计增长率
Quarterly accumulated GDP growth rates since 2007

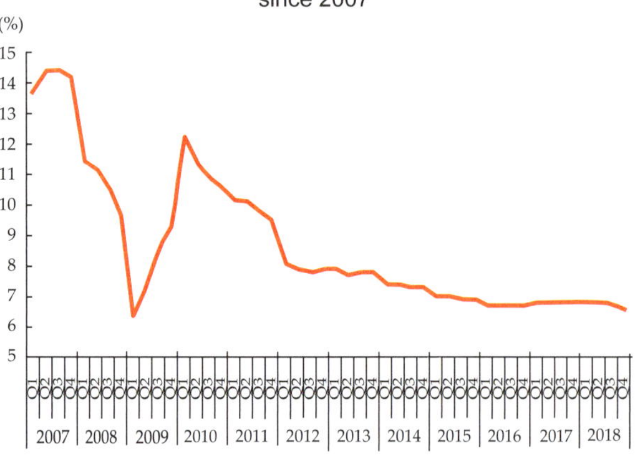

季度GDP三次产业所占的比重与增长率变化
Shares of industries in GDP and their growth rates on a quarterly basis

单位：%　Unit: %

年/季度 Year/Quarter	第一产业所占的比重 Share of primary industry	第二产业所占的比重 Share of secondary industry	第三产业所占的比重 Share of tertiary industry	第一产业同比累计增长 YOY accumulated growth of primary industry	第二产业同比累计增长 YOY accumulated growth of secondary industry	第三产业同比累计增长 YOY accumulated growth of tertiary industry
2010Q1	5.7	44.9	49.4	3.9	15.4	10.0
2010Q2	6.9	46.4	46.7	3.7	14.0	9.8
2010Q3	8.4	46.3	45.3	4.0	13.1	9.7
2010Q4	9.5	46.4	44.1	4.3	12.7	9.7
2011Q1	5.5	45.1	49.4	3.2	11.3	9.9
2011Q2	6.8	46.5	46.7	2.9	11.1	10.1
2011Q3	8.4	46.4	45.2	3.5	11.0	9.9
2011Q4	9.4	46.4	44.2	4.2	10.7	9.5
2012Q1	5.7	44.5	49.8	3.7	9.5	7.3
2012Q2	6.8	45.6	47.6	4.3	8.7	7.6
2012Q3	8.3	45.4	46.3	4.2	8.3	7.8
2012Q4	9.4	45.3	45.3	4.5	8.4	8.0
2013Q1	5.5	43.1	51.4	3.0	7.8	8.4
2013Q2	6.6	44.2	49.2	2.8	7.7	8.3
2013Q3	8.1	44.0	47.9	3.3	7.9	8.4
2013Q4	9.3	44.0	46.7	3.8	8.0	8.3
2014Q1	5.3	42.1	52.6	3.2	7.6	7.6
2014Q2	6.5	43.3	50.2	3.7	7.7	7.6
2014Q3	8.0	43.1	48.9	4.1	7.6	7.6
2014Q4	9.1	43.1	47.8	4.1	7.4	7.8
2015Q1	5.2	40.3	54.5	3.1	6.4	7.8
2015Q2	6.4	41.3	52.3	3.5	6.3	8.1
2015Q3	7.8	41.0	51.2	3.8	6.2	8.2
2015Q4	8.9	40.9	50.2	3.9	6.2	8.2
2016Q1	5.5	37.9	56.6	2.9	6.0	7.5
2016Q2	6.5	39.4	54.1	3.0	6.2	7.5
2016Q3	7.7	39.5	52.8	3.5	6.3	7.5
2016Q4	8.6	39.8	51.6	3.3	6.3	7.7
2017Q1	4.8	38.7	56.5	3.0	6.2	7.7
2017Q2	5.8	40.1	54.1	3.5	6.2	7.7
2017Q3	7.0	40.1	52.9	3.7	6.1	7.8
2017Q4	7.9	40.5	51.6	4.0	5.9	7.9
2018Q1	4.5	39.0	56.5	3.2	6.3	7.5
2018Q2	5.3	40.4	54.3	3.3	6.1	7.6
2018Q3	6.5	40.4	53.1	3.4	5.9	7.7
2018Q4	7.2	40.6	52.2	3.5	5.8	7.6

注：表中数据根据国家统计局最新数据修订。
Note: Data are revised by National Bureau of Statistics of China.

季度GDP三次产业所占的比重与增长率变化
Shares of industries in GDP and their growth rates on a quarterly basis

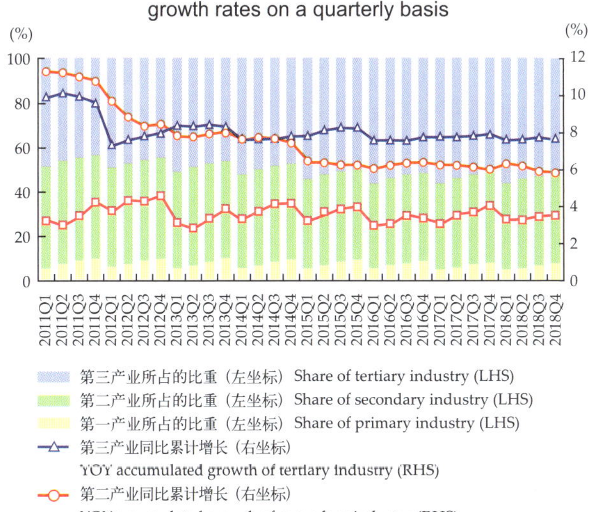

2004年以来年度GDP中三大产业比重
Shares of industries in GDP since 2004

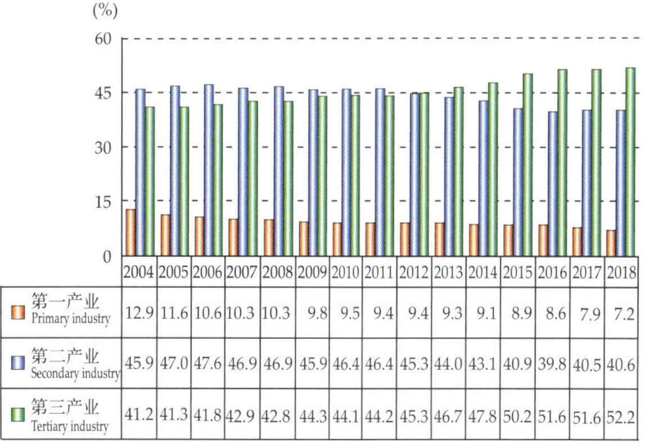

注：图中数据根据国家统计局最新数据修订。
Note: Data are revised by National Bureau of Statistics of China.

工业增加值增长速度
Growth rate of value added of industry

单位：% Unit: %

年/月 Year/Month		工业增加值 Value added	采矿业 Mining	制造业 Manufacturing	电力、热力、燃气及水生产和供应业 Electricity, gas & water production and supply	国有及国有控股企业 State-owned and state-holding enterprises	集体企业 Collectively-owned enterprises	股份制企业 Joint-stock enterprises	外商及港澳台投资企业 Enterprises with foreign, HongKong, Macau, and Taiwan investment
		比上年同期增长(%) Year-on-year growth rate(%)							
2017	1	—	—	—	—	—	—	—	—
	2	—	—	—	—	—	—	—	—
	3	7.6	-0.8	8.0	9.7	7.7	1.5	7.9	7.1
	4	6.5	-0.4	6.9	7.8	5.6	1.9	6.9	5.5
	5	6.5	0.5	6.9	6.4	6.2	3.2	6.8	5.9
	6	7.6	-0.1	8.0	7.3	6.8	3.9	7.7	8.0
	7	6.4	-1.3	6.7	9.8	6.7	-3.6	6.7	6.7
	8	6.0	-3.4	6.9	8.7	7.8	-2.1	5.8	7.9
	9	6.6	-3.8	8.1	7.8	9.0	-2.6	7.1	8.9
	10	6.2	-1.3	6.7	9.2	6.6	3.6	6.1	6.5
	11	6.1	-1.7	6.8	4.5	6.3	-0.7	6.2	6.8
	12	6.2	-0.9	6.5	8.2	5.0	0.5	6.7	5.7
2018	1	—	—	—	—	—	—	—	—
	2	—	—	—	—	—	—	—	—
	3	6.0	-1.1	6.6	5.8	5.7	3.9	6.5	4.9
	4	7.0	-0.2	7.4	8.8	7.7	-6.4	7.1	6.8
	5	6.8	3.0	6.6	12.2	8.1	-2.9	6.1	8.4
	6	6.0	2.7	6.0	9.2	6.1	-1.9	6.1	5.4
	7	6.0	1.3	6.2	9.0	6.2	-2.8	6.0	6.1
	8	6.1	2.0	6.1	9.9	5.6	-1.2	6.4	4.9
	9	5.8	2.2	5.7	11.0	5.6	2.0	6.3	3.2
	10	5.9	3.8	6.1	6.8	4.6	-3.6	6.7	3.9
	11	5.4	2.3	5.6	9.8	3.9	2.0	6.6	1.9
	12	5.7	3.6	5.5	9.6	3.6	-1.4	7.0	1.7
2017	1~2	6.3	-3.6	6.9	8.4	5.4	-0.1	6.2	6.8
	1~3	6.8	-2.4	7.4	8.9	6.2	0.5	6.9	6.9
	1~4	6.7	-1.8	7.3	8.6	6.1	0.9	6.9	6.5
	1~5	6.7	-1.2	7.2	8.2	6.1	1.4	6.9	6.4
	1~6	6.9	-1.0	7.4	8.1	6.2	1.9	7.1	6.7
	1~7	6.8	-1.0	7.3	8.3	6.3	1.1	7.0	6.7
	1~8	6.7	-1.2	7.2	8.4	6.5	0.7	6.8	6.9
	1~9	6.7	-1.6	7.3	8.4	6.8	0.3	6.8	7.1
	1~10	6.7	-1.6	7.2	8.5	6.8	0.7	6.7	7.0
	1~11	6.6	-1.6	7.2	8.1	6.7	0.6	6.6	7.0
	1~12	6.6	-1.5	7.2	8.1	6.5	0.6	6.6	6.9
2018	1~2	7.2	1.6	7.0	13.3	9.0	-2.3	7.3	5.9
	1~3	6.8	0.9	7.0	10.8	7.9	0.1	7.0	5.5
	1~4	6.9	0.5	7.1	10.3	7.9	-1.6	7.0	5.8
	1~5	6.9	1.3	7.0	10.8	7.9	-1.9	6.8	6.4
	1~6	6.7	1.6	6.9	10.5	7.6	-1.9	6.7	6.2
	1~7	6.6	1.6	6.8	10.3	7.4	-2.0	6.6	6.2
	1~8	6.5	1.7	6.8	10.2	7.2	-1.9	6.6	6.0
	1~9	6.4	1.8	6.7	10.3	7.0	-1.4	6.6	5.7
	1~10	6.4	2.0	6.6	10.0	6.8	-1.6	6.6	5.5
	1~11	6.3	2.1	6.6	10.0	6.5	-1.2	6.6	5.1
	1~12	6.2	2.3	6.5	9.9	6.2	-1.2	6.6	4.8

注：1. 自2011年起，工业统计范围调整为年主营收入2 000万元及以上的工业企业。
2. 本表中"比上年同期增长"按可比价格计算。

Notes: 1. Since 2011, the statistical coverage of industry has been adjusted to industrial enterprises with the annual sales income from main business of RMB20 million and above.
2. The year-on-year changes in this table are calculated at comparable prices.

工业增加值增长速度及工业产品销售率

Growth rate of industrial value added and ratio of sales to output of industrial products

单位：% Unit: %

年/月 Year/Month		当月工业增加值同比增长 YOY growth of monthly industrial value added	工业增加值月度累计同比增长 YOY growth of monthly accumulated industrial value added	当月销售率 Monthly ratio of sales to output
2016	1	—	—	—
	2	—	5.4	—
	3	6.8	5.8	97.1
	4	6.0	5.8	97.5
	5	6.0	5.9	97.3
	6	6.2	6.0	97.2
	7	6.0	6.0	97.6
	8	6.3	6.0	98.1
	9	6.1	6.0	97.9
	10	6.1	6.0	97.9
	11	6.2	6.0	97.8
	12	6.0	6.0	98.8
2017	1	—	—	—
	2	—	6.3	—
	3	7.6	6.8	96.9
	4	6.5	6.7	97.6
	5	6.5	6.7	97.7
	6	7.6	6.9	97.7
	7	6.4	6.8	97.9
	8	6.0	6.7	98.5
	9	6.6	6.7	98.3
	10	6.2	6.7	97.8
	11	6.1	6.6	97.8
	12	6.2	6.6	98.8
2018	1	—	—	—
	2	—	7.2	—
	3	6.0	6.8	97.3
	4	7.0	6.9	98.9
	5	6.8	6.9	97.8
	6	6.0	6.7	97.8
	7	6.0	6.6	98.0
	8	6.1	6.5	98.5
	9	5.8	6.4	98.8
	10	5.9	6.4	98.1
	11	5.4	6.3	97.6
	12	5.7	6.2	98.5

工业增加值增长速度及工业产品销售率

Growth rate of industrial value added and ratio of sales to output of industrial products

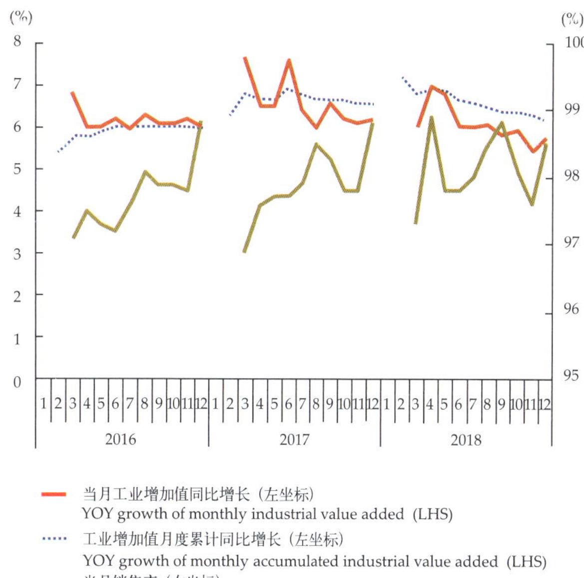

当月工业增加值同比增长（左坐标）
YOY growth of monthly industrial value added (LHS)
工业增加值月度累计同比增长（左坐标）
YOY growth of monthly accumulated industrial value added (LHS)
当月销售率（右坐标）
Monthly ratio of sales to output (RHS)

二、价格走势
2. Price Development

1.各种价格指数一览
(1) Overview of price indices

各种价格指数变动表
Changes in price indices

单位：% Unit: %

年/月 Year/Month		居民消费价格指数 Consumer price indices			农业生产资料价格指数 Price indices of mean of agricultural production		工业生产者购进价格指数 Purchasing price index for industrial producers		工业生产者出厂价格指数 Producer price index for manufactured goods		固定资产投资价格指数 Price indices of investment in fixed assets		进出口同比价格指数 Import-export price index (YOY)		
		月环比 MOM	当月同比 YOY	累计同比 Accumulated YOY	当月同比 YOY	累计同比 Accumulated YOY	当月同比 YOY	累计同比 Accumulated YOY	当月同比 YOY	累计同比 Accumulated YOY	当季同比 YOY	累计同比 Accumulated YOY	出口 Exports	进口 Imports	贸易条件 Terms of trade
2016	1	0.5	1.8	1.8	0.3	0.3	−6.3	−6.3	−5.3	−5.3			−6.1	−13.1	108.1
	2	1.6	2.3	2.0	0.6	0.4	−5.8	−6.0	−4.9	−5.1			−6.1	−13.1	108.1
	3	−0.4	2.3	2.1	0.2	0.4	−5.2	−5.8	−4.3	−4.8	−2.7	−2.7	−3.7	−11.6	108.9
	4	−0.2	2.3	2.2	0.1	0.3	−4.4	−5.4	−3.4	−4.5			−2.6	−3.9	101.4
	5	−0.5	2.0	2.1	0.3	0.3	−3.8	−5.1	−2.8	−4.1			−3.3	−4.8	101.6
	6	−0.1	1.9	2.1	0.6	0.3	−3.4	−4.8	−2.6	−3.9	−0.8	−1.8	−2.3	−3.4	101.1
	7	0.2	1.8	2.1	0.2	0.3	−2.6	−4.5	−1.7	−3.6			−1.9	−2.9	101.0
	8	0.1	1.3	2.0	−0.3	0.2	−1.7	−4.1	−0.8	−3.2			−0.9	1.0	98.1
	9	0.7	1.9	2.0	−0.3	0.2	−0.6	−3.8	0.1	−2.9	−0.1	−1.2	−3.1	−0.8	97.7
	10	−0.1	2.1	2.0	−0.5	0.1	0.9	−3.3	1.2	−2.5			−1.3	1.0	97.7
	11	0.1	2.3	2.0	−0.1	0.1	3.5	−2.7	3.3	−2.0			−2.1	4.0	94.1
	12	0.2	2.1	2.0	0.6	0.1	6.3	−2.0	5.5	−1.4	1.4	−0.6	2.1	8.1	94.4
2017	1	1.0	2.5	2.5	1.1	1.1	8.4	8.4	6.9	6.9			4.1	12.8	92.3
	2	−0.2	0.8	1.7	1.2	1.1	9.9	9.1	7.8	7.3			6.7	13.9	93.7
	3	−0.3	0.9	1.4	1.4	1.2	10.0	9.4	7.6	7.4	4.5	4.5	4.5	13.6	92.0
	4	0.1	1.2	1.4	1.1	1.2	9.0	9.3	6.4	7.2			6.9	13.5	94.2
	5	−0.1	1.5	1.4	0.1	1.0	8.0	9.0	5.5	6.8			5.4	12.4	93.8
	6	−0.2	1.5	1.4	−0.9	0.7	7.3	8.7	5.5	6.6	4.7	4.6	5.1	9.5	96.0
	7	0.1	1.4	1.4	−0.7	0.5	7.0	8.5	5.5	6.4			4.0	6.7	97.5
	8	0.4	1.8	1.5	0.0	0.4	7.7	8.4	6.3	6.4			2.9	6.4	96.7
	9	0.5	1.6	1.5	0.4	0.4	8.5	8.4	6.9	6.5	6.5	5.2	2.7	9.0	94.2
	10	0.1	1.9	1.5	1.1	0.5	8.4	8.4	6.9	6.5			2.3	6.6	96.0
	11	0.0	1.7	1.5	1.5	0.6	7.1	8.3	5.8	6.4			3.1	5.7	97.5
	12	0.3	1.8	1.6	1.3	0.6	5.9	8.1	4.9	6.3	7.4	5.8	0.4	5.0	95.7
2018	1	0.6	1.5	1.5	1.3	0.6	5.2	5.2	4.3	4.3			0.5	5.1	95.6
	2	1.2	2.9	2.2	1.2	1.2	4.4	4.8	3.7	4.0			−1.9	−1.4	99.5
	3	−1.1	2.1	2.1	1.9	1.4	3.7	4.4	3.1	3.7	6.2	6.2	2.7	1.1	101.6
	4	−0.2	1.8	2.1	2.4	1.7	3.7	4.2	3.4	3.6			0.2	0.5	99.7
	5	−0.2	1.8	2.0	3.1	2.0	4.3	4.2	4.1	3.7			0.6	2.0	98.6
	6	−0.1	1.9	2.0	3.7	2.3	5.1	4.4	4.7	3.9	5.2	5.7	0.4	4.4	96.2
	7	0.3	2.1	2.0	3.8	2.5	5.2	4.5	4.6	4.0			1.0	6.9	94.5
	8	0.7	2.3	2.0	3.9	2.7	4.8	4.5	4.1	4.0			4.1	5.8	98.4
	9	0.7	2.5	2.1	4.0	2.8	4.2	4.5	3.6	4.0	5.4	5.6	7.0	10.9	96.5
	10	0.2	2.5	2.1	4.4	3.0	4.0	4.5	3.3	3.9			9.4	10.4	99.1
	11	−0.3	2.2	2.1	4.1	3.1	3.3	4.4	2.7	3.8			7.5	11.3	96.6
	12	0.0	1.9	2.1	3.0	3.1	1.6	4.1	0.9	3.5	4.7	5.4	5.3	12.6	93.5

注：国家统计局从2011年1月开始实施新的工业生产者价格统计调查制度方法。“工业品价格统计”改称为“工业生产者价格统计”，相应地将“原材料、燃料、动力购进价格指数”改称为“工业生产者购进价格指数”，将“工业品出厂价格指数”改称为“工业生产者出厂价格指数”。

Note: Since January 2011, NBS begins to conduct new statistical system and survey methods on PPI. "Prices statistics on industrial goods" is renamed to "prices statistics on industrial producers". Accordingly, "purchasing prices for raw material,fuels and power" is renamed to "purchasing price for industrial producers", "producer price index of industrial products" is renamed to "producer price index for manufactured goods".

居民消费价格月环比指数变动
Change in CPI (month-on-month)

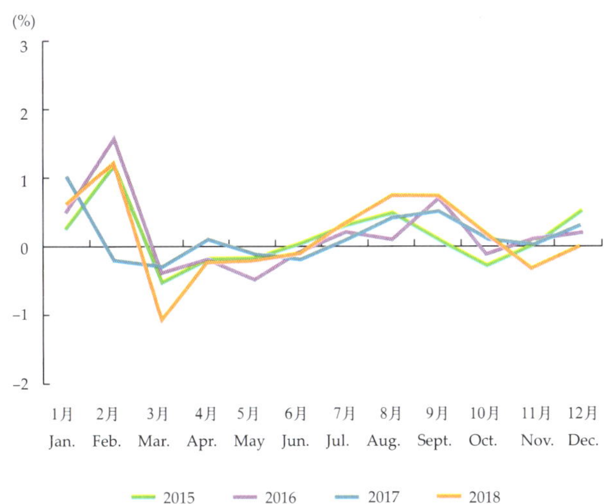

居民消费价格同比指数变动
Change in CPI (year-on-year)

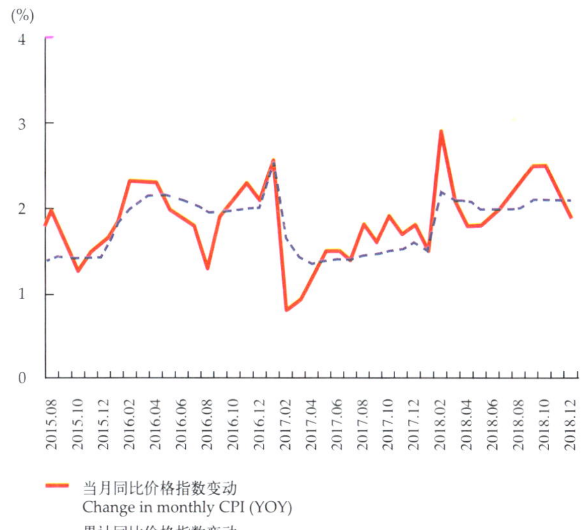

居民消费价格指数与生产价格指数的比较
Comparison between changes in CPI and PPI

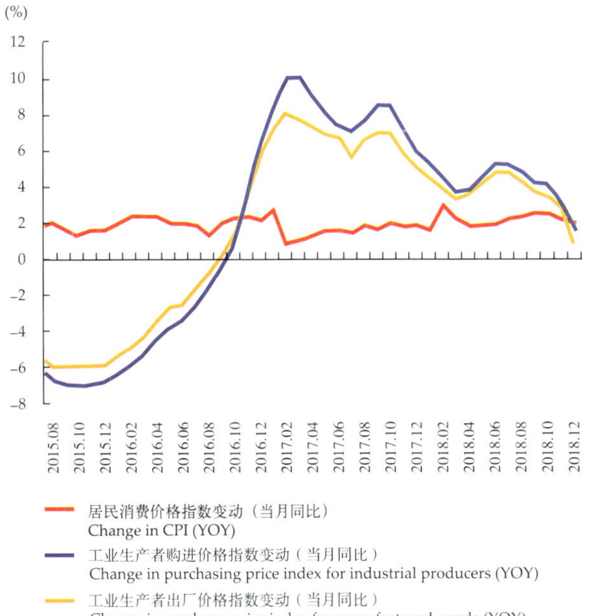

进出口价格指数和贸易条件
Import-export price index and terms of trade

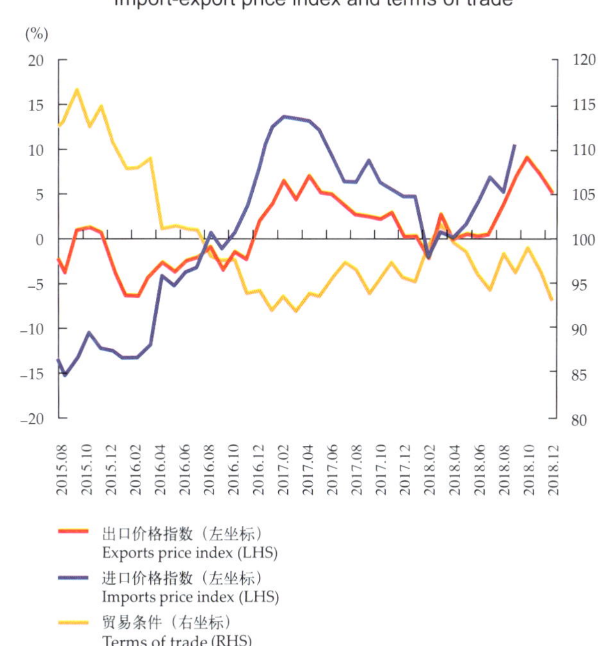

2.分类指数
(2) Breakdown of indices

居民消费价格当月同比分类指数变动
Breakdown of changes in CPI (YOY)

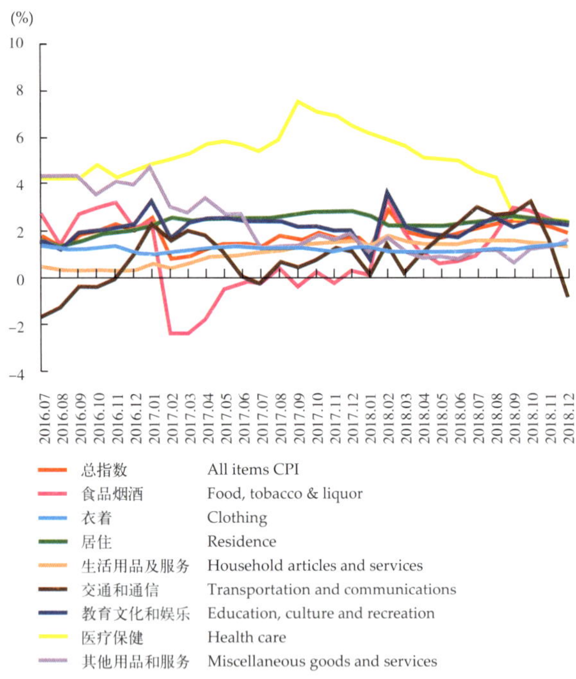

注：国家统计局于2016年1月调整了CPI构成，数据和以前年度不可比。
Note: NBS adjusted the composition of CPI in January 2016, which made the data uncomparable.

工业生产者出厂价格当月同比指数变动按生产资料和生活资料分类
Breakdown of changes in producer price index (PPI) for manufactured goods by means of production and means of consumer goods (YOY)

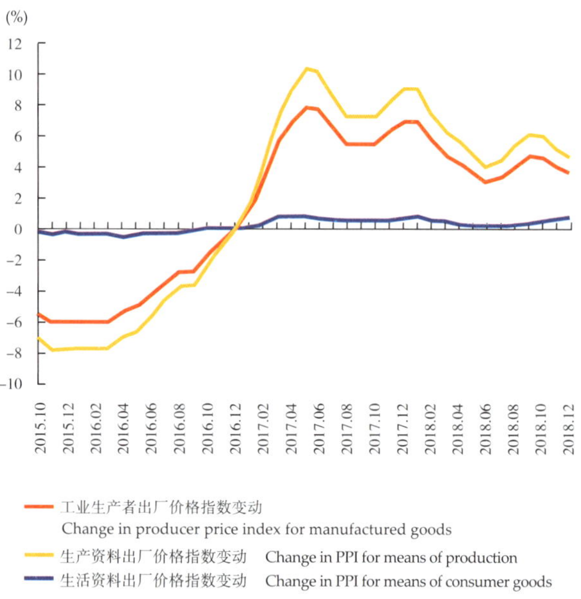

生活资料出厂价格当月同比分类指数变动
Breakdown of changes in PPI for means of consumer goods (YOY)

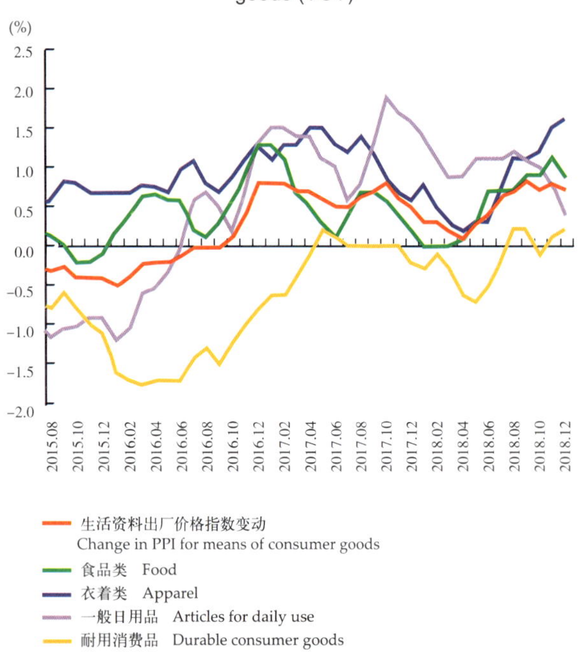

生产资料出厂价格当月同比分类指数变动
Breakdown of changes in PPI for means of production (YOY)

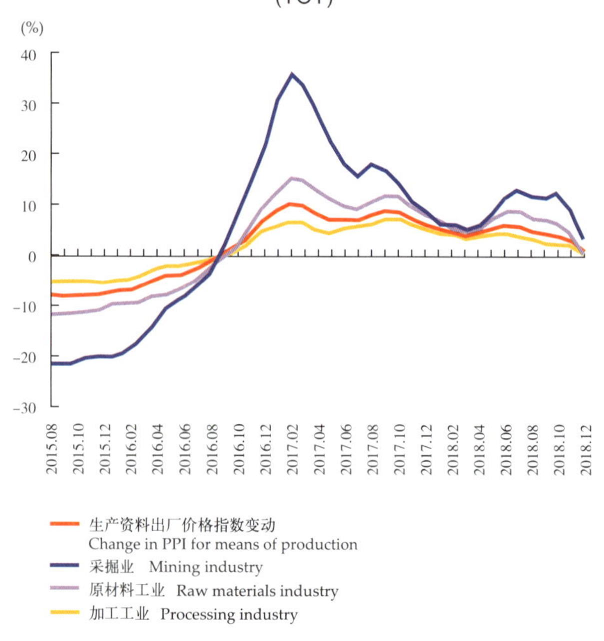

三、就业、失业与收入
3. Employment, Unemployment and Income

人口与就业基本情况
Population and employment

年 Year	年底总人口（亿人） Population at the end of the year (100 million people)	城镇 Urban	比重(%) Share (%)	乡村 Rural	比重(%) Share (%)	15~64岁人口数(亿人) Population between 15~64 years of age (100 million people)	就业人员(亿人) Employment (100 million people)
2001	12.8	4.8	38	8.0	62		7.3
2002	12.8	5.0	39	7.8	61	9.0	7.3
2003	12.9	5.2	41	7.7	59	9.1	7.4
2004	13.0	5.4	42	7.6	58	9.2	7.4
2005	13.1	5.6	43	7.5	57	9.4	7.5
2006	13.1	5.8	44	7.3	56	9.5	7.5
2007	13.2	6.1	46	7.1	54	9.6	7.5
2008	13.3	6.2	47	7.0	53	9.7	7.6
2009	13.3	6.5	48	6.9	52	9.7	7.6
2010	13.4	6.7	50	6.7	50	10.0	7.6
2011	13.5	6.9	51	6.6	49	10.0	7.6
2012	13.5	7.1	53	6.4	47	10.0	7.7
2013	13.6	7.3	54	6.3	46	10.1	7.7
2014	13.7	7.5	55	6.2	45	10.0	7.7
2015	13.7	7.7	56	6.0	44	10.0	7.7
2016	13.8	7.9	57	5.9	43	10.0	7.8
2017	13.9	8.1	59	5.8	41	10.0	7.8
2018	14.0	8.3	60	5.6	40	9.1	7.8

注：表中数据根据第六次人口普查数据重新修订。
Note:Data are revised according to the 6th National Population Census.

就业人员按城乡和产业分类
Employment in urban and rural areas and in industries

年 Year	就业人员(亿人) Employment (100 million people)	按城乡分 Urban & rural: 城镇 Urban	比重(%) Share (%)	乡村 Rural	比重(%) Share (%)	按产业分 Industries: 第一产业 Primary industry	比重(%) Share (%)	第二产业 Secondary industry	比重(%) Share (%)	第三产业 Tertiary industry	比重(%) Share (%)
2001	7.28	2.41	33.1	4.87	66.9	3.64	50.0	1.62	22.3	2.02	27.7
2002	7.33	2.52	34.3	4.81	65.7	3.66	50.0	1.57	21.4	2.10	28.6
2003	7.37	2.62	35.6	4.75	64.4	3.62	49.1	1.59	21.6	2.16	29.3
2004	7.43	2.73	36.8	4.70	63.2	3.48	46.9	1.67	22.5	2.27	30.6
2005	7.46	2.84	38.0	4.63	62.0	3.34	44.8	1.78	23.8	2.34	31.4
2006	7.50	2.96	39.5	4.53	60.5	3.19	42.6	1.89	25.2	2.41	32.2
2007	7.53	3.10	41.1	4.44	58.9	3.07	40.8	2.02	26.8	2.44	32.4
2008	7.56	3.21	42.5	4.35	57.5	2.99	39.6	2.06	27.2	2.51	33.2
2009	7.58	3.33	43.9	4.25	56.1	2.89	38.1	2.11	27.8	2.59	34.1
2010	7.61	3.47	45.6	4.14	54.4	2.79	36.7	2.18	28.7	2.63	34.6
2011	7.64	3.59	47.0	4.05	53.0	2.66	34.8	2.25	29.5	2.73	35.7
2012	7.67	3.71	48.4	3.96	51.6	2.58	33.6	2.32	30.3	2.77	36.1
2013	7.70	3.82	49.7	3.87	50.3	2.42	31.4	2.32	30.1	2.96	38.5
2014	7.73	3.93	50.9	3.79	49.1	2.28	29.5	2.31	29.9	3.14	40.6
2015	7.75	4.04	52.2	3.70	47.8	2.19	28.3	2.27	29.3	3.28	42.4
2016	7.76	4.14	53.4	3.62	46.6	2.15	27.7	2.23	28.8	3.38	43.5
2017	7.76	4.25	54.7	3.52	45.3	2.09	27.0	2.18	28.1	3.49	44.9
2018	7.76	4.34	56.0								

注：表中数据根据第六次人口普查数据重新修订。
Note:Data are revised according to the 6th National Population Census.

居民人均可支配收入
Per capita disposable income

年/季度 Year/Quarter	农村居民人均可支配收入 Per capita disposable income in rural area		城镇居民人均可支配收入 Per capita disposable income in urban area	
	绝对值(元) Absolute value (RMB)	同比实际增长(%) Growth in real terms (YOY) (%)	绝对值(元) Absolute value (RMB)	同比实际增长(%) Growth in real terms (YOY) (%)
2015 I	3 279	8.9	8 572	7.0
I～II	5 554	8.3	15 699	6.7
I～III	8 297	8.1	23 512	6.8
I～IV	11 422	7.5	31 195	6.6
2016 I	3 578	7.0	9 255	5.8
I～II	6 050	6.7	16 957	5.8
I～III	8 998	6.5	25 337	5.7
I～IV	12 363	6.2	33 616	5.6
2017 I	3 880	7.2	9 986	6.3
I～II	6 562	7.4	18 322	6.5
I～III	9 778	7.5	27 430	6.6
I～IV	13 432	7.3	36 396	6.5
2018 I	4 226	6.8	10 781	5.7
I～II	7 142	6.8	19 770	5.8
I～III	10 645	6.8	29 599	5.7
I～IV	14 617	6.6	39 251	5.6

城镇失业人数和失业率
Unemployed urban population and unemployment rate

年/季度末 Year/End of quarter		城镇登记失业人数(万人) Registered unemployment in urban areas (10 000 people)	城镇登记失业率(%) Registered unemployment rate in urban areas(%)
2015	I	952	4.1
	II	952	4.0
	III	962	4.1
	IV	966	4.1
2016	I	972	4.0
	II	978	4.1
	III	983	4.0
	IV	982	4.0
2017	I	976	4.0
	II	976	4.0
	III	979	4.0
	IV	972	3.9
2018	I	971	3.9
	II	969	3.8
	III	975	3.8
	IV	974	3.8

四、国内需求
4. Domestic Demand

1.按支出法计算的国内生产总值
(1) Expenditure-based GDP

按支出法计算的国内生产总值及其构成
Expenditure-based GDP and its composition

年 Year	按支出法计算的国内生产总值 Expenditure-based GDP	最终消费 Final consumption	居民消费 Household consumption	城镇居民 Urban	农村居民 Rural	政府消费 Government consumption	资本形成总额 Total capital formation	固定资本形成 Fixed capital formation	存货增加 Increased inventory	货物和服务净出口 Net exports of goods and services
	绝对值(亿元) Absolute value (RMB100 million)									
2001	111 250	68 547	50 709	34 411	16 298	17 838	40 379	38 064	2 315	2 325
2002	122 292	74 068	55 076	38 060	17 017	18 992	45 130	43 797	1 333	3 094
2003	138 315	79 513	59 344	41 569	17 775	20 169	55 837	53 964	1 872	2 965
2004	162 742	89 086	66 587	47 354	19 233	22 499	69 421	65 670	3 751	4 236
2005	189 190	101 448	75 232	54 320	20 912	26 215	77 534	75 810	1 724	10 209
2006	221 207	114 729	84 119	61 480	22 640	30 610	89 823	87 223	2 600	16 655
2007	271 699	136 229	99 793	74 205	25 589	36 436	112 047	105 052	6 995	23 423
2008	319 936	157 466	115 338	86 498	28 841	42 128	138 243	128 002	10 241	24 227
2009	349 883	172 728	126 661	95 995	30 666	46 067	162 118	156 735	5 383	15 037
2010	410 708	198 998	146 058	112 447	33 610	52 941	196 653	185 827	10 826	15 057
2011	486 038	241 022	176 532	135 457	41 075	64 490	233 327	219 671	13 656	11 689
2012	540 989	271 113	198 537	153 314	45 223	72 576	255 240	244 601	10 639	14 636
2013	596 963	300 338	219 763	170 330	49 432	80 575	282 073	270 924	11 149	14 552
2014	647 182	328 313	242 540	188 174	54 366	85 773	302 718	290 053	12 664	16 152
2015	699 109	362 267	265 980	206 837	59 143	96 286	312 836	301 503	11 333	24 007
2016	745 632	399 910	293 443	228 517	64 145	106 467	329 138	318 084	11 054	16 585
2017	812 038	435 453	317 510	249 256	68 253	117 944	360 627	346 441	14 186	15 958
	构成(%) Composition (%)									
2001	100.0	61.6	45.6	30.9	14.6	16.0	36.3	34.2	2.1	2.1
2002	100.0	60.6	45.0	31.1	13.9	15.5	36.9	35.8	1.1	2.5
2003	100.0	57.5	42.9	30.1	12.9	14.6	40.4	39.0	1.4	2.1
2004	100.0	54.7	40.9	29.1	11.8	13.8	42.7	40.4	2.3	2.6
2005	100.0	53.6	39.8	28.7	11.1	13.9	41.0	40.1	0.9	5.4
2006	100.0	51.9	38.0	27.8	10.2	13.8	40.6	39.4	1.2	7.5
2007	100.0	50.1	36.7	27.3	9.4	13.4	41.2	38.7	2.6	8.6
2008	100.0	49.2	36.1	27.0	9.0	13.2	43.2	40.0	3.2	7.6
2009	100.0	49.4	36.2	27.4	8.8	13.2	46.3	44.8	1.5	4.3
2010	100.0	48.5	35.6	27.4	8.2	12.9	47.9	45.2	2.6	3.7
2011	100.0	49.6	36.3	27.9	8.5	13.3	48.0	45.2	2.8	2.4
2012	100.0	50.1	36.7	28.3	8.4	13.4	47.2	45.2	2.0	2.7
2013	100.0	50.3	36.8	28.5	8.3	13.5	47.3	45.4	1.9	2.4
2014	100.0	50.7	37.5	29.1	8.4	13.3	46.8	44.8	2.0	2.5
2015	100.0	51.8	38.0	29.6	8.5	13.8	44.7	43.1	1.6	3.4
2016	100.0	53.6	39.4	30.6	8.6	14.3	44.1	42.7	1.5	2.2
2017	100.0	53.6	39.1	30.7	8.4	14.5	44.4	42.7	1.7	2.0

注：表中数据根据国家统计局最新数据修订。
Note: Data are revised by National Bureau of Statistics of China.

按支出法计算的国内生产总值构成变化
Changes in the composition of GDP (based on expenditures)

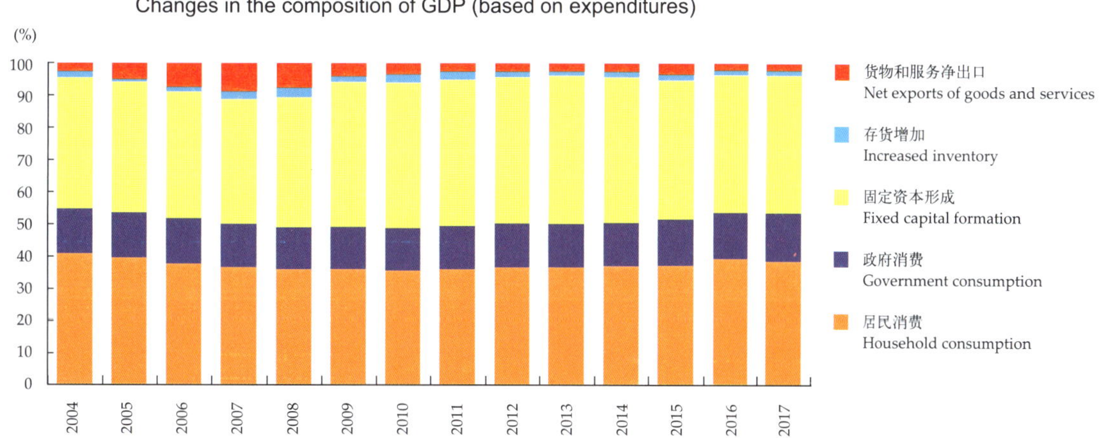

投资率和消费率
Investment ratio and consumption ratio

单位：% Unit: %

年 Year	资本形成率(投资率) Capital formation ratio (investment ratio)	最终消费率(消费率) Final consumption ratio (consumption ratio)
1986	38.2	64.2
1987	37.8	62.1
1988	39.5	61.5
1989	37.5	63.6
1990	34.4	62.9
1991	35.7	61.5
1992	39.6	59.4
1993	44.0	57.9
1994	40.8	57.9
1995	39.6	58.8
1996	38.2	59.8
1997	36.2	59.4
1998	35.6	60.2
1999	34.9	62.3
2000	34.3	63.3
2001	36.3	61.6
2002	36.9	60.6
2003	40.4	57.5
2004	42.7	54.7
2005	41.0	53.6
2006	40.6	51.9
2007	41.2	50.1
2008	43.2	49.2
2009	46.3	49.4
2010	47.9	48.5
2011	48.0	49.6
2012	47.2	50.1
2013	47.3	50.3
2014	46.8	50.7
2015	44.7	51.8
2016	44.1	53.6
2017	44.4	53.6

注：表中数据根据国家统计局最新数据修订。
Note: Data are revised by National Bureau of Statistics of China.

生产法现价GDP与支出法现价GDP及其增长率比较
Comparison between production-based GDP and expenditure-based GDP at current price

年 Year	(1)生产法GDP Production-based GDP		(2)支出法GDP Expenditure-based GDP		(1)−(2)	
	绝对量(亿元) Absolute value (RMB100 million)	现价增速(%) Growth rate at current price(%)	绝对量(亿元) Absolute value (RMB100 million)	现价增速(%) Growth rate at current price(%)	绝对量(亿元) Absolute value (RMB100 million)	现价增速(%) Growth rate at current price(%)
1991	22 006	16.6	22 124	16.0	−119	0.56
1992	27 195	23.6	27 334	23.5	−140	0.03
1993	35 673	31.2	35 900	31.3	−227	−0.16
1994	48 638	36.3	48 823	36.0	−185	0.35
1995	61 340	26.1	61 539	26.0	−199	0.07
1996	71 814	17.1	72 103	17.2	−289	−0.09
1997	79 715	11.0	80 025	11.0	−310	0.02
1998	85 196	6.9	85 486	6.8	−291	0.05
1999	90 564	6.3	90 824	6.2	−259	0.06
2000	100 280	10.7	100 577	10.7	−297	−0.01
2001	110 863	10.6	111 250	10.6	−387	−0.06
2002	121 717	9.8	122 292	9.9	−575	−0.13
2003	137 422	12.9	138 315	13.1	−893	−0.20
2004	161 840	17.8	162 742	17.7	−902	0.11
2005	187 319	15.7	189 190	16.3	−1 872	−0.51
2006	219 439	17.1	221 207	16.9	−1 768	0.22
2007	270 232	23.1	271 699	22.8	−1 467	0.32
2008	319 516	18.2	319 936	17.8	−420	0.48
2009	349 081	9.3	349 883	9.4	−802	−0.11
2010	413 030	18.3	410 708	17.4	2 322	0.93
2011	489 301	18.5	486 038	18.3	3 263	0.12
2012	540 367	10.4	540 989	11.3	−622	−0.87
2013	595 244	10.2	596 963	10.3	−1 719	−0.19
2014	643 974	8.2	647 182	8.4	−3 208	−0.23
2015	689 052	7.0	699 109	8.0	−10 057	−1.02
2016	743 586	7.9	745 632	6.7	−2 047	1.26
2017	827 122	11.2	812 038	8.9	15 084	2.33

注：表中数据根据国家统计局最新数据修订。
Note: Data are revised by National Bureau of Statistics of China.

投资率和消费率
Investment ratio and consumption ratio

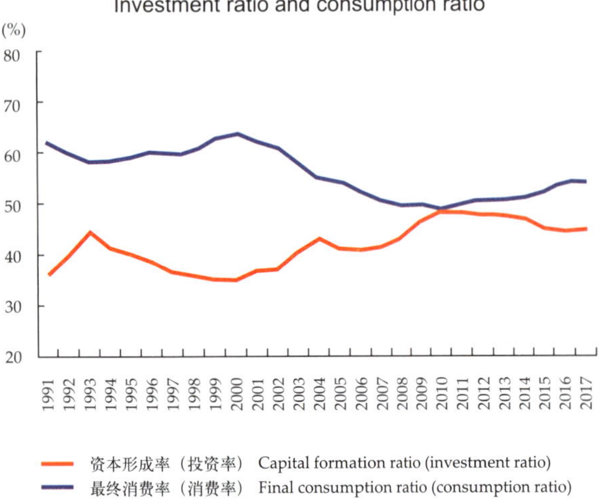

生产法现价GDP与支出法现价GDP增速比较
Comparison of growth rate at current prices between production-based GDP and expenditure-based GDP

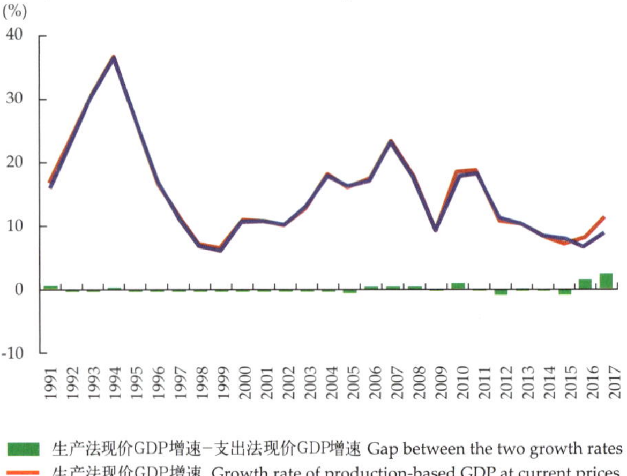

2.社会消费品零售额
(2) Retail sales of consumer goods

社会消费品零售总额
Retail sales of consumer goods

单位：亿元
Unit: RMB100 million

年/月 Year/Month	当月社会消费品零售总额 Monthly retail sales of consumer goods	当月同比增长率(%) Monthly growth rate (YOY)(%)	社会消费品零售总额累计 Accumulative retail sales of consumer goods	累计同比增长率(%) Accumulative growth rate (YOY)(%)
2017.01	—	—	—	—
2017.02	—	—	57 960	9.5
2017.03	27 864	10.9	85 823	10.0
2017.04	27 279	10.7	113 102	10.2
2017.05	29 459	10.7	142 561	10.3
2017.06	29 808	11.0	172 369	10.4
2017.07	29 610	10.4	201 979	10.4
2017.08	30 330	10.1	232 308	10.4
2017.09	30 870	10.3	263 178	10.4
2017.10	34 241	10.0	297 419	10.3
2017.11	34 108	10.2	331 528	10.3
2017.12	34 734	9.4	366 262	10.2
2018.01	—	—	—	—
2018.02	—	—	61 082	9.7
2018.03	29 194	10.1	90 275	9.8
2018.04	28 542	9.4	118 817	9.7
2018.05	30 359	8.5	149 176	9.5
2018.06	30 842	9.0	180 018	9.4
2018.07	30 734	8.8	210 752	9.3
2018.08	31 542	9.0	242 294	9.3
2018.09	32 005	9.2	274 299	9.3
2018.10	35 534	8.6	309 834	9.2
2018.11	35 260	8.1	345 093	9.1
2018.12	35 894	8.2	380 987	9.0

注：为消除春节日期不固定因素带来的影响，增强数据的可比性，按照国家统计制度，历年1~2月数据一起调查、一起发布。
Note: In order to eliminate the impact of the different date of "Spring Festival" of each year,and enhance the comparability of data, in accordance with the national statistical system,the data in January and February was investigated and released together.

社会消费品零售总额与最终消费增长率的比较
Comparison of growth rate at current prices between retail sales of consumer goods and final consumption expenditure

单位：万亿元
Unit: RMB1 trillion

年 Year	社会消费品零售总额 Retail sales of consumer goods	最终消费 Final consumption	社会消费品零售总额现价增长率(%) Growth rate at current prices of retail sales of consumer goods(%)	最终消费现价增长率(%) Growth rate at current prices of final consumption expenditure(%)
1991	0.94	1.36	13.4	13.5
1992	1.10	1.62	16.8	19.2
1993	1.43	2.08	29.8	28.2
1994	1.86	2.83	30.5	35.9
1995	2.36	3.62	26.8	28.0
1996	2.84	4.31	20.1	19.0
1997	3.13	4.75	10.2	10.3
1998	3.34	5.15	6.8	8.3
1999	3.56	5.66	6.8	10.0
2000	3.91	6.37	9.7	12.4
2001	4.31	6.85	10.1	7.7
2002	4.81	7.41	11.8	8.1
2003	5.25	7.95	9.1	7.4
2004	5.95	8.91	13.3	12.0
2005	6.84	10.14	14.9	13.9
2006	7.91	11.47	15.8	13.1
2007	9.36	13.62	18.2	18.7
2008	11.48	15.75	22.7	15.6
2009	13.27	17.27	15.5	9.7
2010	15.70	19.90	18.3	15.2
2011	18.39	24.10	17.1	21.1
2012	21.03	27.11	14.3	12.5
2013	24.28	30.03	15.5	10.8
2014	27.19	32.83	12.0	9.3
2015	30.09	36.23	10.7	10.3
2016	33.23	39.99	10.4	10.4
2017	36.63	43.55	10.2	8.9

注：表中数据根据国家统计局最新数据修订。
Note: Data are revised by National Bureau of Statistics of China.

累计社会消费品零售总额及其增长率
Accumulative retail sales and growth rates of consumer goods

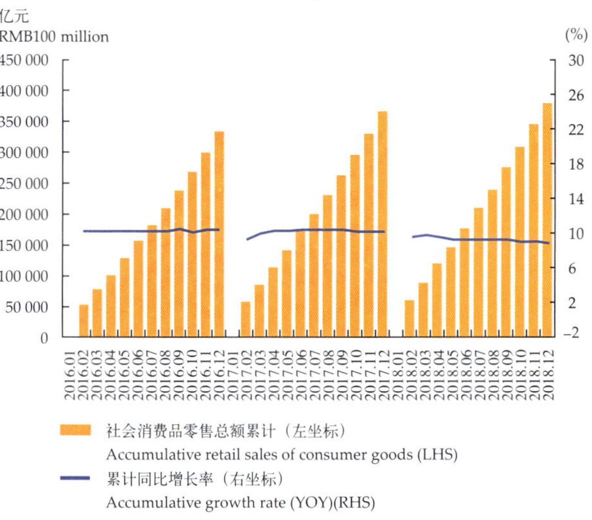

社会消费品零售总额及最终消费增长趋势
Growth trend of retail sales of consumer goods and final consumption expenditure

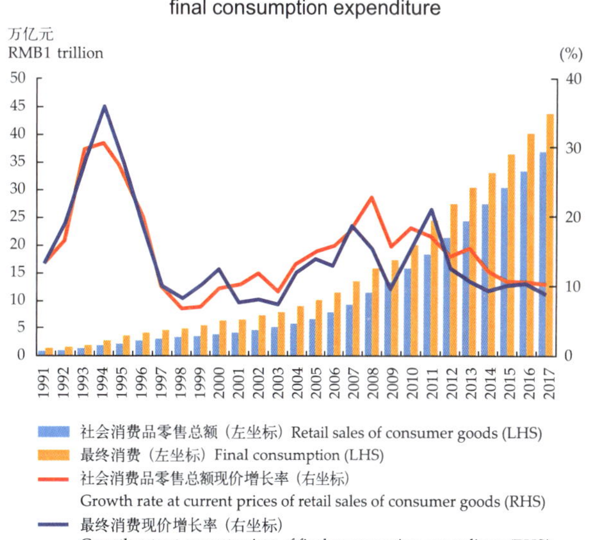

3.固定资产投资完成额

(3) Completed fixed-asset investment

固定资产投资（不含农户）完成额

Completed investment in fixed assets (excluding rural households)

单位：亿元
Unit: RMB100 million

年/月 Year/Month	投资完成额 Investment completed	增长率(%) Growth rate (%)
2017 1~2	41 377.9	8.9
1~3	93 777.1	9.2
1~4	144 326.8	8.9
1~5	203 718.3	8.6
1~6	280 604.8	8.6
1~7	337 409.5	8.3
1~8	394 150.1	7.8
1~9	458 478.2	7.5
1~10	517 818.0	7.3
1~11	575 057.1	7.2
1~12	631 684.0	7.2
2018 1~2	44 626.0	7.9
1~3	100 763.0	7.5
1~4	154 358.0	7.0
1~5	216 043.0	6.1
1~6	297 316.0	6.0
1~7	355 798.0	5.5
1~8	415 158.0	5.3
1~9	483 442.0	5.4
1~10	547 567.0	5.7
1~11	609 267.0	5.9
1~12	635 636.0	5.9

注：自2011年起，投资项目统计起点标准由原来的50万元调整为500万元，"固定资产投资（不含农户）"等于原口径的城镇固定资产投资加上农村企事业组织项目投资。
Notes: Since 2011, investment indicators are calculated using new threshold criteria of RMB5 million instead of RMB500 thousand in the past. "Investment in fixed assets (excluding rural households)" equals to "investment in fixed assets in urban area" under the old criteria plus "investment of rural enterprises and institutions".

固定资产投资完成额和固定资本形成总额的比较

Comparison of completed fixed-asset investment and gross capital formation

单位：万亿元
Unit: RMB1 trillion

年 Year	全社会固定资产投资完成额 Total completed fixed-asset investment	固定资本形成总额 Gross capital formation	全社会固定资产投资现价增长率(%) Growth rate of total fixed-asset investment at current prices(%)	固定资本形成总额现价增长率(%) Growth rate of gross capital formation at current prices(%)
1991	0.56	0.61	23.9	25.7
1992	0.81	0.85	44.4	46.0
1993	1.31	1.36	61.8	60.4
1994	1.70	1.72	30.4	26.6
1995	2.00	2.04	17.5	18.4
1996	2.29	2.33	14.5	14.6
1997	2.49	2.54	8.8	8.8
1998	2.84	2.88	13.9	13.4
1999	2.99	3.02	5.1	5.2
2000	3.29	3.35	10.3	10.9
2001	3.72	3.81	13.1	13.5
2002	4.35	4.38	16.9	15.1
2003	5.56	5.40	27.7	23.2
2004	7.05	6.57	26.8	21.7
2005	8.88	7.58	26.0	15.4
2006	11.00	8.72	23.9	15.1
2007	13.73	10.51	24.8	20.4
2008	17.28	12.80	25.9	21.8
2009	22.46	15.67	30.0	22.4
2010	25.17	18.58	12.1	18.6
2011	31.15	21.97	23.8	18.2
2012	37.47	24.46	20.3	11.3
2013	44.63	27.09	19.1	10.8
2014	51.20	29.01	14.7	7.1
2015	56.20	30.15	9.8	3.9
2016	60.65	31.81	7.9	5.5
2017	64.12	34.64	5.7	8.9

注：表中数据根据国家统计局最新数据修订。
Note: Data are revised by National Bureau of Statistics of China.

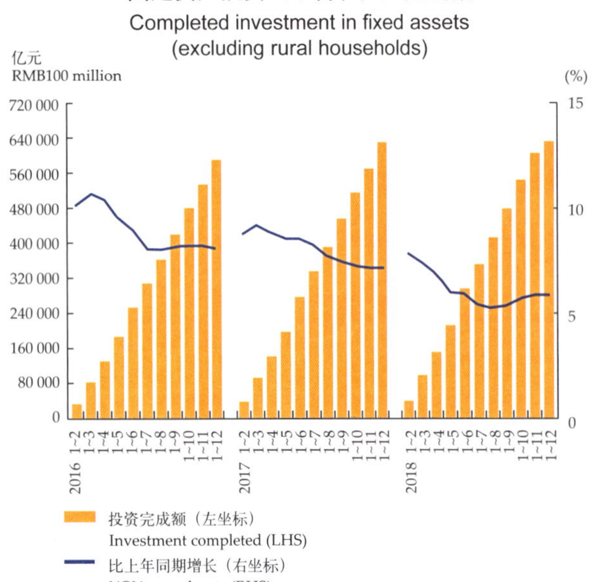

固定资产投资完成额和固定资本形成总额

Completed fixed-asset investment and gross capital formation

万亿元
RMB1 trillion
(%)

全社会固定资产投资完成额（左坐标）
Total completed fixed-asset investment (LHS)

固定资本形成总额（左坐标）
Gross capital formation (LHS)

全社会固定资产投资现价增长率（右坐标）
Growth rate of total fixed-asset investment at current prices (RHS)

固定资本形成总额现价增长率（右坐标）
Growth rate of gross capital formation at current prices (RHS)

按建设性质分固定资产投资（不含农户）增长率

Completed investment in fixed assets (excluding rural households) and growth rate by type of construction

年/月 Year/Month	增长率(%) Growth rate (%)		
	新建 New construction	扩建 Expansion	改建 Transformation
2017 1~2	9.9	4.4	12.2
1~3	11.2	2.3	11.5
1~4	10.7	2.6	10.4
1~5	10.6	0.5	10.8
1~6	11.1	−0.9	10.9
1~7	10.9	−0.5	9.9
1~8	10.4	−1.9	9.0
1~9	9.6	−1.6	9.0
1~10	9.5	−1.5	8.5
1~11	9.4	−1.8	8.6
1~12	8.8	−0.4	9.5
2018 1~2	6.8	−2.6	19.6
1~3	5.6	0.8	16.8
1~4	5.6	−1.6	14.5
1~5	4.9	−0.1	9.4
1~6	4.5	0.9	10.6
1~7	3.8	0.1	9.9
1~8	3.3	−0.7	11.1
1~9	3.8	−1.5	10.6
1~10	4.5	−2.1	11.6
1~11	4.4	−2.0	11.3
1~12	5.3	−5.1	12.4

注：按建设性质分组的投资不含房地产投资。
Note: Investment grouped by type of construction does not include real estate investment.

按建筑性质分固定资产投资（不含农户）完成额增长趋势

Growth of monthly accumulated completed investment in fixed assets (excluding rural households) by type of construction

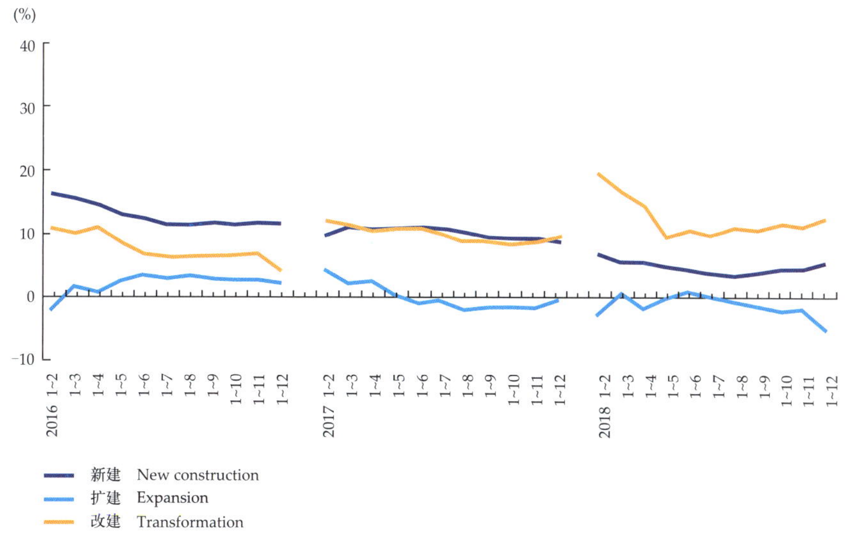

2018年分省固定资产投资（不含农户）及房地产开发投资情况
Accumulated completed investment in fixed assets (excluding rural households) and real estate development by province in 2018

单位：亿元 Unit: RMB100 million

	固定资产投资（不含农户）累计完成额增长率（%）Growth rate of accumulated completed investment in fixed assets (excluding rural households)(%)	房地产开发投资完成额 Accumulated completed investment in real estate development	
			增长率(%) Growth rate (%)
Guizhou 贵州	15.8	2 349.2	6.7
Anhui 安徽	11.8	5 974.1	6.4
Yunnan 云南	11.6	3 247.2	16.5
Fujian 福建	11.5	4 940.3	3.0
Jiangxi 江西	11.1	2 174.9	8.0
Hubei 湖北	11.0	4 693.1	2.6
Guangxi 广西	10.8	3 004.1	11.9
Guangdong 广东	10.7	14 412.2	19.3
Shaanxi 陕西	10.4	3 534.7	13.9
Sichuan 四川	10.2	5 697.9	10.6
Hunan 湖南	10.0	3 945.9	15.2
Tibet 西藏	9.8	92.6	129.4
Henan 河南	8.1	7 015.5	-1.1
Qinghai 青海	7.3	351.8	-13.9
Zhejiang 浙江	7.1	9 944.9	20.9
Chongqing 重庆	7.0	4 248.8	6.8
Hebei 河北	6.0	4 476.4	-7.2
Shanxi 山西	5.7	1 376.6	18.0
Jiangsu 江苏	5.5	10 982.3	14.1
Shanghai 上海	5.2	4 033.2	4.6
Shandong 山东	4.1	7 553.0	13.8
Liaoning 辽宁	3.7	2 599.3	13.5
Jilin 吉林	1.6	1 175.9	29.2
Gansu 甘肃	-3.9	1 116.4	18.2
Heilongjiang 黑龙江	-4.7	944.4	15.8
Beijing 北京	-5.5	3 873.4	4.9
Tianjin 天津	-5.6	2 424.5	8.6
Hainan 海南	-12.5	1 715.0	-16.5
Ningxia 宁夏	-18.2	449.6	-31.1
Xinjiang 新疆	-25.2	1 033.4	-0.4
Inner Mongolia 内蒙古	-28.3	882.8	-0.8

4.房地产
(4) Real estate development

房地产开发投资按工程用途分的完成额及增长率
Real estate development investment completed and growth rate by purpose of engineering

单位：亿元　Unit: RMB100 million

年/月 Year/Month	房地产开发投资完成额 Real estate development investment completed		按工程用途分 By purpose of engineering							
			住宅投资 Residential building investment		办公楼投资 Office building investment		商业用房投资 Commercial and business building investment		其他投资 Other investment	
	绝对值 Absolute value	增长率(%) Growth rate (%)	绝对值 Absolute value	增长率(%) Growth rate (%)	绝对值 Absolute value	增长率(%) Growth rate (%)	绝对值 Absolute value	增长率(%) Growth rate (%)	绝对值 Absolute value	增长率(%) Growth rate (%)
2017 1~2	9 854	8.9	6 571	9.0	654	−0.6	1 517	11.8	1 112	10.1
1~3	19 292	9.1	12 981	11.2	1 194	−3.8	2 935	8.2	2 182	6.3
1~4	27 732	9.3	18 671	10.6	1 736	1.1	4 222	7.8	3 103	8.6
1~5	37 595	8.8	25 423	10.0	2 371	5.1	5 678	5.9	4 123	7.7
1~6	50 610	8.5	34 318	10.2	3 159	4.8	7 589	5.0	5 543	5.9
1~7	59 761	7.9	40 683	10.0	3 708	4.7	8 834	3.0	6 535	4.3
1~8	69 494	7.9	47 440	10.1	4 284	4.8	10 195	2.4	7 575	4.2
1~9	80 644	8.1	55 109	10.4	4 978	5.4	11 710	1.4	8 847	5.3
1~10	90 544	7.8	61 871	9.9	5 583	5.2	13 088	1.1	10 002	6.1
1~11	100 387	7.5	68 670	9.7	6 162	3.9	14 422	0.3	11 132	6.1
1~12	109 799	7.0	75 148	9.4	6 761	3.5	15 640	−1.2	12 249	6.5
2018 1~2	10 831	9.9	7 379	12.3	653	−0.2	1 445	−4.8	1 355	21.8
1~3	21 291	10.4	14 705	13.3	1 193	−0.1	2 743	−6.5	2 651	21.5
1~4	30 592	10.3	21 331	14.2	1 646	−5.1	3 893	−7.8	3 721	19.9
1~5	41 420	10.2	29 037	14.2	2 185	−7.8	5 150	−9.3	5 048	22.4
1~6	55 531	9.7	38 990	13.6	2 834	−10.3	6 854	−9.7	6 853	23.6
1~7	65 886	10.2	46 443	14.2	3 340	−9.9	8 045	−8.9	8 058	23.3
1~8	76 519	10.1	54 114	14.1	3 838	−10.4	9 330	−8.5	9 237	21.9
1~9	88 665	9.9	62 806	14.0	4 409	−11.4	10 650	−9.1	10 799	22.1
1~10	99 325	9.7	70 370	13.7	4 911	−12.0	11 886	−9.2	12 157	21.5
1~11	110 083	9.7	78 027	13.6	5 423	−12.0	13 066	−9.4	13 568	21.9
1~12	120 264	9.5	85 192	13.4	5 996	−11.3	14 177	−9.4	14 898	21.6

房地产开发投资按工程用途分的构成变化
Change in composition of real estate development investment by purpose of engineering

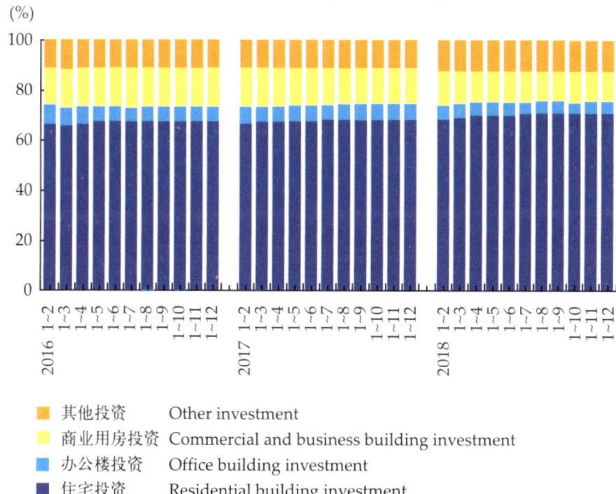

房地产开发投资按工程用途分的增长趋势
Growth of composition of real estate development investment by purpose of engineering

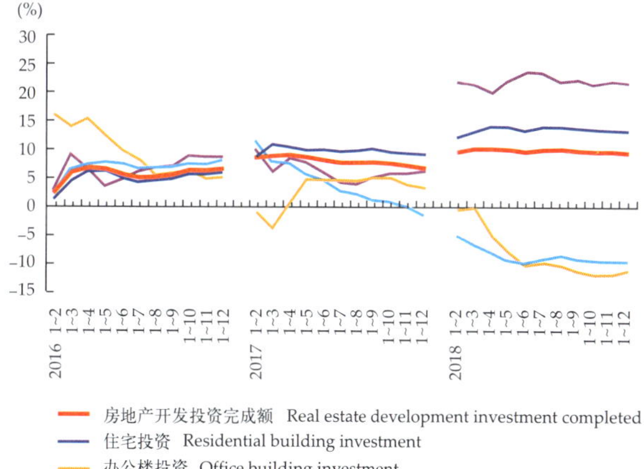

房地产开发投资按地区分的完成额及增长率
Real estate development investment completed and growth rate by region

单位：亿元 Unit: RMB100 million

年/月 Year/Month	东部地区投资 Investment in eastern area		中部地区投资 Investment in central area		西部地区投资 Investment in western area		东北地区投资 Investment in northeastern area	
	绝对值 Absolute value	增长率(%) Growth rate(%)	绝对值 Absolute value	增长率(%) Growth rate(%)	绝对值 Absolute value	增长率(%) Growth rate(%)	绝对值 Absolute value	增长率(%) Growth rate(%)
2017 1-4	15 437	8.7	5 755	16.8	5 794	7.7	747	-13.7
1-5	20 659	8.4	7 853	16.9	7 918	7.0	1 166	-16.1
1-6	27 252	8.4	10 631	16.0	10 991	6.8	1 737	-14.0
1-7	32 069	8.5	12 612	13.8	12 901	5.1	2 179	-11.3
1-8	37 099	8.8	14 773	13.3	14 966	4.0	2 655	-7.4
1-9	42 869	9.0	17 169	13.3	17 410	3.6	3 197	-3.3
1-10	47 936	8.0	19 379	13.1	19 612	4.1	3 617	-0.4
1-11	52 880	7.4	21 610	12.4	21 997	4.3	3 900	1.4
1-12	58 023	7.2	23 884	11.6	23 877	3.5	4 015	1.0
2018 1-2	6 497	11.6	2 147	13.4	2 055	3.7	132	-15.3
1-3	12 277	11.8	4 443	15.0	4 122	2.9	449	1.3
1-4	17 181	11.3	6 604	14.8	5 980	3.2	827	10.7
1-5	22 992	11.3	8 895	13.3	8 136	2.8	1 397	19.9
1-6	30 194	10.8	11 839	11.4	11 454	4.2	2 044	17.7
1-7	35 755	11.5	13 920	10.4	13 647	5.8	2 564	17.7
1-8	41 237	11.2	16 213	9.7	15 955	6.6	3 114	17.3
1-9	47 603	11.0	18 612	8.4	18 725	7.5	3 725	16.5
1-10	53 136	10.8	20 755	7.1	21 254	8.4	4 180	15.6
1-11	58 857	11.3	22 886	5.9	23 806	8.2	4 534	16.3
1-12	64 355	10.9	25 180	5.4	26 009	8.9	4 720	17.6

房地产开发投资按地区分的构成变化
Change in composition of real estate development investment by region

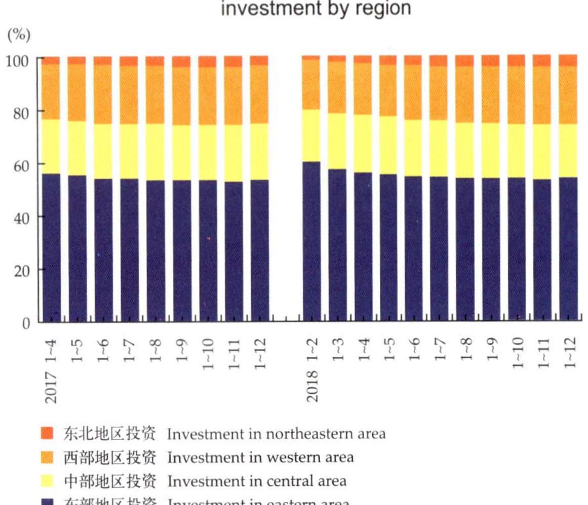

房地产开发投资按地区分的增长趋势
Growth of composition of real estate development investment by region

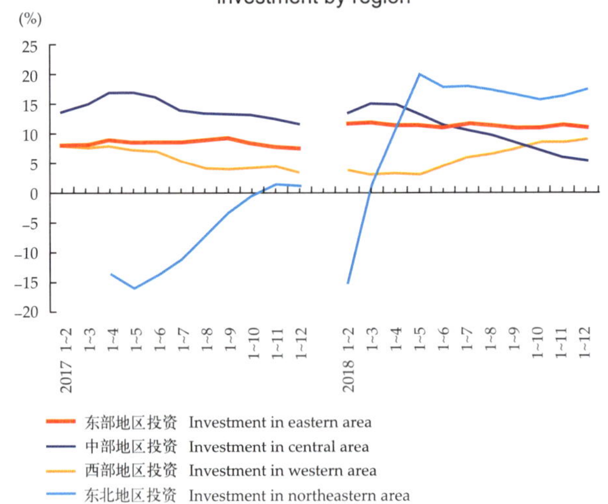

商品房建筑与销售
Construction and sales of commercial buildings

单位：亿平方米、亿元
Unit: 100 million square meters, RMB100 million

年／月 Year/Month	施工面积 Area under construction	同比增长(%) YOY growth(%)	竣工面积 Area completed	同比增长(%) YOY growth(%)	销售面积 Area sold	同比增长(%) YOY growth(%)	销售面积与竣工面积之比(%) Ratio of sold to completed areas(%)	月度累计销售额 Monthly accumulated sales volume	增长率(%) Growth rate (%)
2017 1~2	62.3	3.2	1.6	15.8	1.4	25.1	87	10 806	26.0
1~3	63.7	3.1	2.3	15.1	2.9	19.5	126	23 182	25.1
1~4	65.4	3.1	2.8	10.6	4.2	15.7	148	33 223	20.1
1~5	67.1	3.1	3.4	5.9	5.5	14.3	162	43 632	18.6
1~6	69.2	3.4	4.2	5.0	7.5	16.1	180	59 152	21.5
1~7	70.7	3.2	4.7	2.4	8.6	14.0	184	68 461	18.9
1~8	72.2	3.1	5.2	3.4	9.9	12.7	188	78 096	17.2
1~9	73.8	3.1	5.8	1.0	11.6	10.3	201	91 904	14.6
1~10	75.2	2.9	6.6	0.6	13.0	8.2	199	102 990	12.6
1~11	76.8	3.1	7.6	−1.0	14.7	7.9	192	115 481	12.7
1~12	78.1	3.0	10.1	−4.4	16.9	7.7	167	133 701	13.7
2018 1~2	63.2	1.5	1.4	−12.1	1.5	4.1	103	12 454	15.3
1~3	64.7	1.5	2.1	−10.1	3.0	3.6	145	25 597	10.4
1~4	66.4	1.6	2.5	−10.7	4.2	1.3	168	36 222	9.0
1~5	68.5	2.0	3.0	−10.1	5.6	2.9	185	48 778	11.8
1~6	71.0	2.5	3.7	−10.6	7.7	3.3	208	66 945	13.2
1~7	72.9	3.0	4.2	−10.5	9.0	4.2	214	78 300	14.4
1~8	74.8	3.6	4.6	−11.6	10.2	4.0	222	89 396	14.5
1~9	76.7	3.9	5.1	−11.4	11.9	2.9	233	104 132	13.3
1~10	78.4	4.3	5.7	−12.5	13.3	2.2	232	115 914	12.5
1~11	80.5	4.7	6.7	−12.3	14.9	1.4	222	129 508	12.1
1~12	82.2	5.2	9.4	−7.8	17.2	1.3	183	149 973	12.2

商品房施工面积、竣工面积与销售面积
Area of commercial housing under construction, completed, and sold

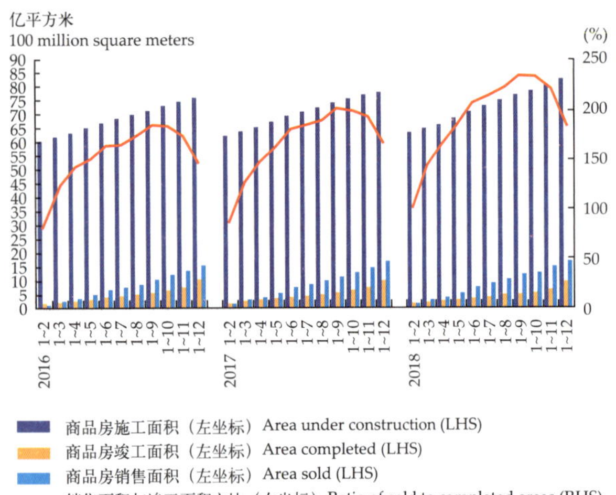

商品房施工面积、竣工面积与销售面积增长趋势
Growth of area of commercial housing under construction, completed, and sold

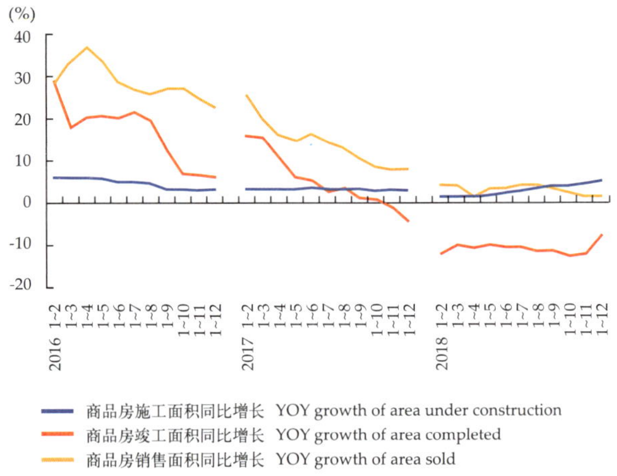

商品房销售额及其增长率
Sales volume of commercial housing and its growth rate

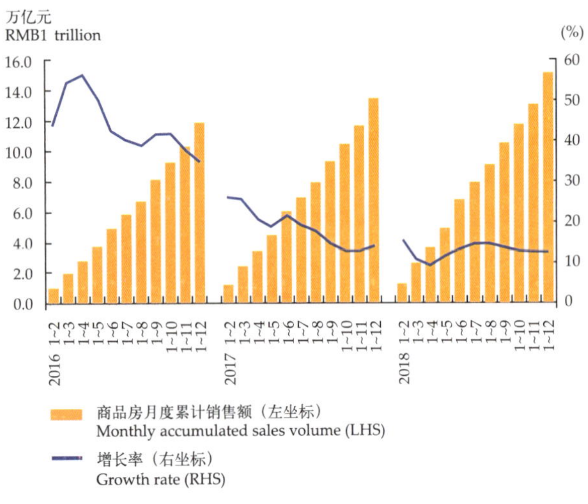

住宅在商品房施工面积、竣工面积与销售面积中所占的比重
Share of residences in commercial housing under construction, completed, and sold

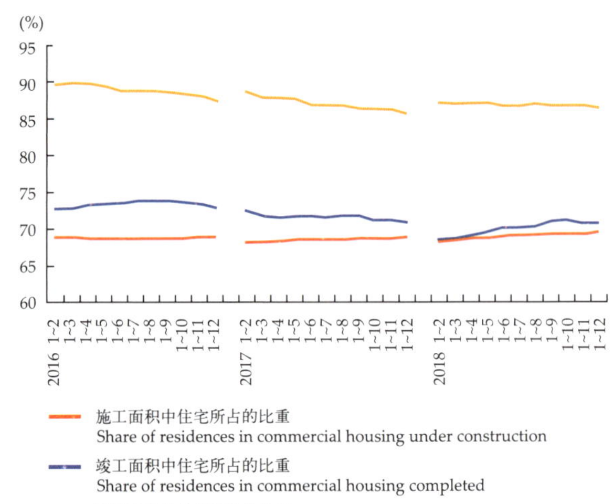

主要经济指标环比增速
MOM growth rates of main economic indicators

年/季度 Year/Quarter	国内生产总值（%） Gross domestic product (%)	年/月 Year/Month	规模以上工业增加值（%） Value added of industry (%)	固定资产投资（不含农户）（%） Completed investment in fixed assets (excluding rural households) (%)	社会消费品零售总额（%） Retail sales of consumer goods (%)
2016		2016 1	0.49	0.75	0.83
		2	0.39	0.63	0.60
I	1.4	3	0.62	0.88	0.90
		4	0.42	0.91	0.81
		5	0.45	0.73	0.80
II	1.9	6	0.50	0.69	0.91
		7	0.51	0.55	0.79
		8	0.56	0.66	0.89
III	1.7	9	0.45	0.58	0.81
		10	0.50	0.59	0.72
		11	0.54	0.57	0.94
IV	1.6	12	0.49	0.56	0.86
2017		2017 1	0.58	0.54	0.55
		2	0.57	0.62	0.98
I	1.5	3	0.76	0.61	0.85
		4	0.46	0.58	0.76
		5	0.51	0.56	0.79
II	1.8	6	0.76	0.50	0.91
		7	0.40	0.46	0.77
		8	0.47	0.43	0.82
III	1.8	9	0.55	0.40	0.83
		10	0.51	0.44	0.81
		11	0.45	0.43	0.79
IV	1.5	12	0.52	0.44	0.60
2018		2018 1	0.57	0.45	0.63
		2	0.57	0.45	0.58
I	1.5	3	0.38	0.44	0.98
		4	0.63	0.45	0.76
		5	0.51	0.44	0.52
II	1.7	6	0.38	0.44	0.72
		7	0.44	0.43	0.79
		8	0.50	0.43	0.63
III	1.6	9	0.47	0.44	0.53
		10	0.47	0.45	0.63
		11	0.37	0.43	0.50
IV	1.6	12	0.54	0.42	0.55

注：1. 自2011年4月起，国家统计局对外公布国内生产总值、规模以上工业增加值、固定资产投资（不含农户）、社会消费品零售总额四项统计指标的经季节调整的环比数据。
2. 表中数据根据国家统计局最新数据修订。

Notes:1. From April 2011, National Bureau of Statistics began to publish four seasonally-adjusted MOM indices, namely: gross domestic product, value added of industry, completed investment in fixed assets (excluding rural households), retail sales of consumer goods.
2. Data are revised by National Bureau of Statistics of China.

五、对外部门
5. External Sector

1.外贸
(1)Foreign trade

据世界贸易组织统计，2017年，中国货物贸易出口总值为2.26万亿美元，占世界货物贸易出口总值17.73万亿美元的12.8%，比2016年降低0.4个百分点，在全球货物贸易出口排名中位居第一。2017年，中国货物贸易进口总值为1.84万亿美元，占世界货物贸易进口总值18.02万亿美元的10.2%，比2016年提高0.4个百分点，在全球货物贸易进口中排名第二，位于美国之后。

According to WTO statistics, in 2017, China's export volume of goods totaled USD2.26 trillion, accounting for 12.8 percent of the world total of USD17.73 trillion, 0.4 percentage point lower than that in 2016. China's goods export ranked 1st in the world. China's import volume of goods reached USD1.84 trillion, accounting for 10.2 percent of the world total of USD18.02 trillion, 0.4 percentage point higher than that in 2016. China ranked 2nd in the world after the U.S. in terms of goods imports.

2017年世界货物贸易出口前十位排名
Top ten economies in the world in terms of goods exported in 2017

	出口(10亿美元) Exports (USD1 billion)	比重(%) Share (%)
世界 World total	**17 730**	**100.0**
1 中 国 China	**2 263**	**12.8**
2 美 国 U.S.	1 547	8.7
3 德 国 Germany	1 448	8.2
4 日 本 Japan	698	3.9
5 荷 兰 Netherlands	652	3.7
6 韩 国 Korea	574	3.2
7 中国香港 HK SAR of China	550	3.1
8 法 国 France	535	3.0
9 意大利 Italy	506	2.9
10 英 国 U.K.	445	2.5

2017年世界货物贸易进口前十位排名
Top ten economies in the world in terms of goods imported in 2017

	进口(10亿美元) Imports (USD1 billion)	比重(%) Share (%)
世界 World total	**18 024**	**100.0**
1 美 国 U.S.	2 410	13.4
2 中 国 China	**1 842**	**10.2**
3 德 国 Germany	1 167	6.5
4 日 本 Japan	672	3.7
5 英 国 U.K.	644	3.6
6 法 国 France	625	3.5
7 中国香港 HK SAR of China	590	3.3
8 荷 兰 Netherlands	574	3.2
9 韩 国 Korea	478	2.7
10 意大利 Italy	453	2.5

年度进出口额及其增长率
Annual imports & exports and growth rates

单位：亿美元
Unit: USD100 million

年 Year	进出口 Imports & Exports		出口 Exports		进口 Imports		进出口差额 Trade balance
	总额 Total value	增长率(%) Growth rate (%)	总额 Total value	增长率(%) Growth rate (%)	总额 Total value	增长率(%) Growth rate (%)	
1991	1 357	17.6	719	15.8	638	19.6	81
1992	1 655	22.0	849	18.1	806	26.3	44
1993	1 957	18.2	917	8.0	1 040	29.0	-122
1994	2 366	20.9	1 210	31.9	1 156	11.2	54
1995	2 809	18.7	1 488	23.0	1 321	14.2	167
1996	2 899	3.2	1 510	1.5	1 388	5.1	122
1997	3 252	12.2	1 828	21.0	1 424	2.5	404
1998	3 239	-0.4	1 837	0.5	1 402	-1.5	435
1999	3 606	11.3	1 949	6.1	1 657	18.2	292
2000	4 743	31.5	2 492	27.8	2 251	35.8	241
2001	5 097	7.5	2 661	6.8	2 436	8.2	225
2002	6 208	21.8	3 256	22.4	2 952	21.2	304
2003	8 510	37.1	4 382	34.6	4 128	39.8	255
2004	11 546	35.7	5 933	35.4	5 612	36.0	321
2005	14 219	23.2	7 620	28.4	6 600	17.6	1 020
2006	17 604	23.8	9 689	27.2	7 915	19.9	1 775
2007	21 766	23.6	12 205	25.9	9 561	20.8	2 643
2008	25 633	17.8	14 307	17.2	11 326	18.5	2 981
2009	22 075	-13.9	12 016	-16.0	10 059	-11.2	1 957
2010	29 740	34.7	15 778	31.3	13 962	38.8	1 815
2011	36 419	22.5	18 986	20.3	17 433	24.9	1 549
2012	38 671	6.2	20 487	7.9	18 184	4.3	2 303
2013	41 590	7.5	22 090	7.8	19 500	7.2	2 590
2014	43 015	3.4	23 423	6.0	19 592	0.4	3 831
2015	39 530	-8.0	22 735	-2.9	16 796	-14.2	5 939
2016	36 856	-6.8	20 976	-7.7	15 879	-5.5	5 097
2017	41 045	0.1	22 635	0.1	18 410	0.2	4 225
2018	46 230	0.1	24 874	0.1	21 356	0.2	3 518

注：表中数据根据海关总署最新数据修订。
Note: Data are revised by General Administration of Customs of the People's Republic of China.

出口总值与GDP之比
Total exports over GDP

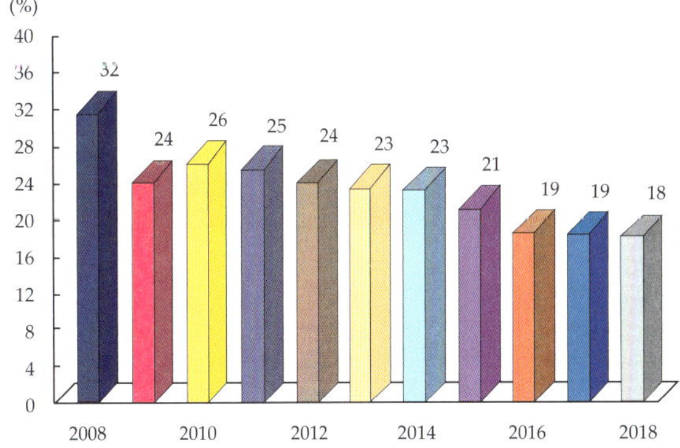

注：图中数据根据国家统计局最新数据修订。
Note: Data are revised by National Bureau of Statistics of China.

贸易差额
Trade balance

亿美元
USD 100 million

2 981　1 957　1 815　1 549　2 303　2 590　3 831　5 939　5 097　4 225　3 518

2008　2010　2012　2014　2016　2018

贸易总额及其增长趋势
Total trade volume and growth rates

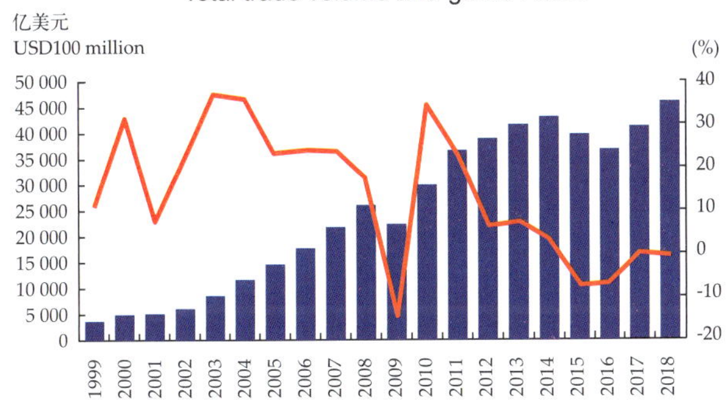

贸易总额与GDP之比
Total trade volume over GDP

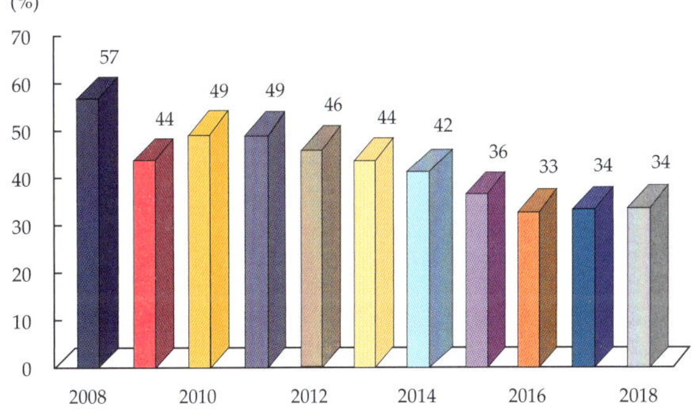

注：图中数据根据国家统计局最新数据修订。
Note: Data are revised by National Bureau of Statistics of China.

当月进出口总值及其增长率
Total monthly imports, exports, and growth rates

单位：亿美元
Unit: USD100 million

年/月 Year/Month	出口总值 Total exports	进口总值 Total imports	出口同比增长率(%) Growth rate of exports (YOY)(%)	进口同比增长率(%) Growth rate of imports (YOY)(%)	当月差额 Monthly trade balance
2016.01	1 694	1 125	−15.3	−19.9	569
2016.02	1 217	936	−28.0	−13.8	281
2016.03	1 551	1 302	7.5	−8.1	249
2016.04	1 667	1 268	−5.2	−11.1	399
2016.05	1 757	1 309	−6.9	−0.6	448
2016.06	1 766	1 313	−6.8	−9.1	453
2016.07	1 807	1 323	−6.5	−12.5	483
2016.08	1 888	1 387	−3.7	1.7	501
2016.09	1 834	1 430	−10.5	−1.6	404
2016.10	1 768	1 287	−8.0	−1.7	482
2016.11	1 936	1 505	−1.5	5.5	431
2016.12	2 091	1 695	−6.3	3.7	396
2017.01	1 803	1 316	6.4	16.9	487
2017.02	1 188	1 298	−2.4	38.7	−109
2017.03	1 792	1 565	15.6	20.2	227
2017.04	1 778	1 413	6.6	11.4	365
2017.05	1 891	1 492	7.6	14.0	399
2017.06	1 948	1 535	10.3	17.0	412
2017.07	1 921	1 473	6.3	11.3	449
2017.08	1 980	1 580	4.9	13.9	400
2017.09	1 979	1 706	7.9	19.3	274
2017.10	1 879	1 510	6.3	17.4	369
2017.11	2 158	1 774	11.5	17.9	384
2017.12	2 315	1 777	10.7	4.8	539
2018.01	1 995	1 811	10.7	37.7	183
2018.02	1 706	1 384	43.6	6.6	323
2018.03	1 739	1 797	−3.0	14.8	−58
2018.04	1 989	1 727	11.9	22.3	262
2018.05	2 116	1 882	11.9	26.2	234
2018.06	2 156	1 747	10.7	13.8	409
2018.07	2 144	1 870	11.6	27.0	274
2018.08	2 170	1 908	9.6	20.7	262
2018.09	2 254	1 951	13.9	14.4	303
2018.10	2 148	1 817	14.3	20.3	331
2018.11	2 243	1 825	3.9	2.9	419
2018.12	2 209	1 641	−4.6	−7.6	568

月度累计进出口总值及其增长率
Total accumulated monthly imports, exports, and growth rates

单位：亿美元
Unit: USD100 million

年/月 Year/Month	累计出口总值 Accumulated total exports	累计进口总值 Accumulated total imports	累计出口同比增长率(%) Growth rate of accumulated exports (YOY) (%)	累计进口同比增长率(%) Growth rate of accumulated imports (YOY) (%)	累计贸易差额 Accumulated trade balance
2016.01	1 694	1 125	−15.3	−19.9	569
2016.02	2 911	2 061	−21.1	−17.2	850
2016.03	4 462	3 363	−13.0	−13.9	1 099
2016.04	6 129	4 631	−11.0	−13.2	1 498
2016.05	7 886	5 940	−10.2	−10.7	1 946
2016.06	9 652	7 253	−9.6	−10.4	2 400
2016.07	11 459	8 576	−9.1	−10.7	2 883
2016.08	13 347	9 963	−8.4	−9.2	3 384
2016.09	15 181	11 393	−8.6	−8.3	3 788
2016.10	16 950	12 680	−8.6	−7.7	4 270
2016.11	18 885	14 185	−7.9	−6.4	4 701
2016.12	20 976	15 879	−7.7	−5.5	5 097
2017.01	1 803	1 316	6.4	16.9	487
2017.02	2 991	2 614	2.8	26.8	377
2017.03	4 784	4 179	7.2	24.3	604
2017.04	6 561	5 592	7.1	20.7	970
2017.05	8 452	7 083	7.2	19.3	1 369
2017.06	10 400	8 619	7.8	18.8	1 781
2017.07	12 321	10 091	7.5	17.7	2 230
2017.08	14 301	11 671	7.2	17.2	2 630
2017.09	16 281	13 377	7.2	17.4	2 904
2017.10	18 160	14 887	7.1	17.4	3 273
2017.11	20 318	16 661	7.6	17.5	3 657
2017.12	22 634	18 438	7.9	16.1	4 196
2018.01	1 995	1 811	10.7	37.7	183
2018.02	3 701	3 195	23.7	22.2	506
2018.03	5 440	4 992	13.7	19.4	449
2018.04	7 430	6 719	13.2	20.2	711
2018.05	9 546	8 601	12.9	21.4	945
2018.06	11 702	10 348	12.5	20.1	1 354
2018.07	13 846	12 218	12.4	21.1	1 628
2018.08	16 016	14 125	12.0	21.0	1 890
2018.09	18 270	16 076	12.2	20.2	2 194
2018.10	20 418	17 893	12.4	20.2	2 524
2018.11	22 661	19 718	11.5	18.4	2 943
2018.12	24 870	21 359	9.9	15.8	3 511

注：表中数据根据海关总署最新数据修订。
Note: Data are revised by General Administration of Customs of the People's Republic of China.

当月进出口总值及其增长率
Total monthly imports, exports, and growth rates

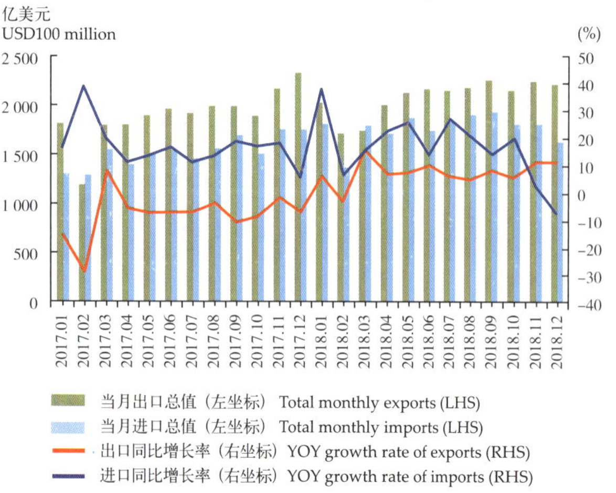

月度累计进出口总值及其增长率
Total accumulated monthly imports, exports, and growth rates

贸易差额月度变动趋势
Movement of monthly trade balance

贸易差额构成
Composition of trade balance

单位：亿美元
Unit: USD100 million

年 Year	贸易差额总计 Total trade balance	一般贸易 General trade	加工贸易 Processing trade	其他贸易 Other trade
1998	435	306	359	−229
1999	292	121	373	−202
2000	241	51	451	−261
2001	225	−16	535	−293
2002	304	71	577	−344
2003	255	−57	789	−478
2004	321	−45	1 063	−696
2005	1 020	354	1 425	−759
2006	1 775	832	1 889	−946
2007	2 643	1 107	2 491	−954
2008	2 981	908	2 967	−894
2009	1 957	−47	2 646	−642
2010	1 815	−487	3 228	−926
2011	1 549	−906	3 655	−1 200
2012	2 303	−345	3 814	−1 166
2013	2 590	−225	3 634	−818
2014	3 831	942	3 600	−710
2015	5 939	2 941	3 508	−509
2016	5 097	2 304	3 192	−399
2017	4 196	1 473	3 276	−554
2018	3 511	1 271	3 268	−1 027

注：“贸易差额总计”根据《海关统计》月报修订。
Note: "Total trade balance" are revised by *China Monthly Exports and Imports*.

月度累计贸易差额按企业性质分
Accumulated monthly trade balance by enterprise

单位：亿美元
Unit: USD100 million

年/月 Year/Month	国有企业 State-owned enterprises	外资企业 Foreign-funded enterprises	其他企业 Other enterprises
2016.01	−79	163	484
2016.02	−151	245	756
2016.03	−261	330	1 030
2016.04	−351	435	1 414
2016.05	−472	545	1 873
2016.06	−585	660	2 325
2016.07	−724	811	2 796
2016.08	−843	935	3 291
2016.09	−989	1 066	3 711
2016.10	−1 110	1 224	4 156
2016.11	−1 250	1 369	4 582
2016.12	−1 452	1 465	5 084
2017.01	−159	155	491
2017.02	−339	129	587
2017.03	−553	212	946
2017.04	−727	307	1 390
2017.05	−895	384	1 880
2017.06	−1 065	487	2 359
2017.07	−1 215	604	2 841
2017.08	−1 349	683	3 296
2017.09	−1 538	735	3 708
2017.10	−1 692	860	4 105
2017.11	−1 875	976	4 557
2017.12	−2 062	1 160	5 098
2018.01	−264	28	419
2018.02	−459	121	845
2018.03	−703	160	992
2018.04	−945	227	1 428
2018.05	−1 181	261	1 865
2018.06	−1 436	395	2 391
2018.07	−1 678	420	2 883
2018.08	−1 935	457	3 367
2018.09	−2 214	555	3 860
2018.10	−2 423	668	4 280
2018.11	−2 693	831	4 805
2018.12	−2 901	1 040	5 373

贸易差额构成
Composition of trade balance

月度累计贸易差额按企业性质分
Accumulated monthly trade balance by enterprise

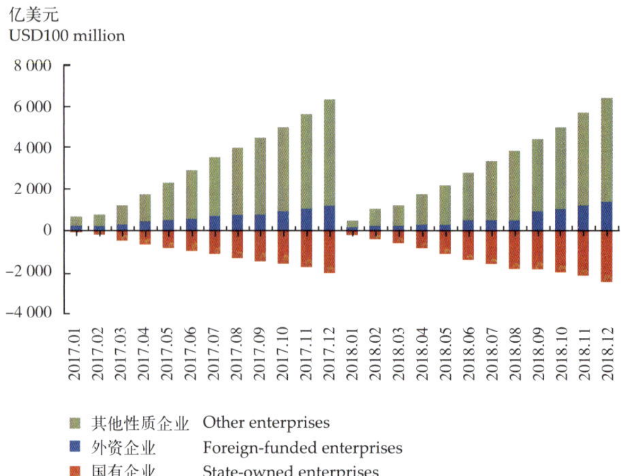

一般贸易累计进出口及其增长率
Accumulated imports and exports under general trade and growth rates

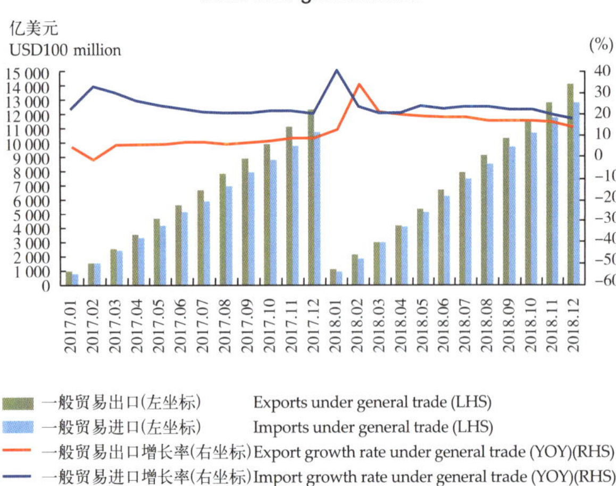

加工贸易累计进出口及其增长率
Accumulated imports and exports under processing trade and growth rates

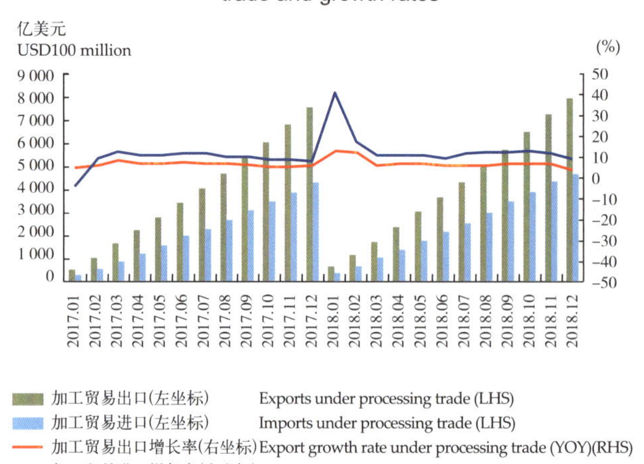

中国对美国进出口及其增长趋势

China's imports from and exports to the U.S. and their growth

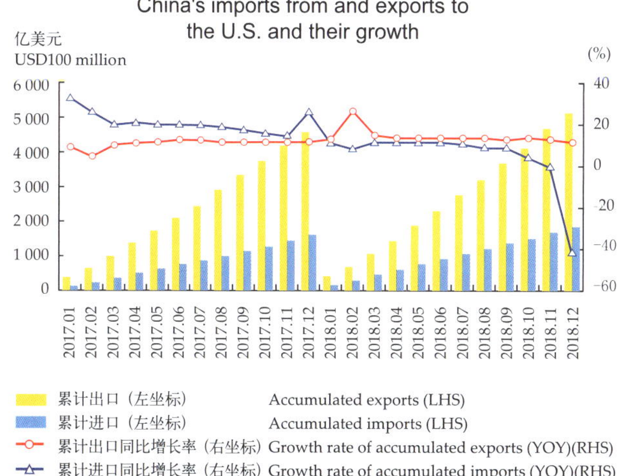

中国对美国贸易总额和贸易差额

China's trade volume and trade balance with the U.S.

中国对欧盟进出口及其增长趋势

China's imports from and exports to the EU and their growth

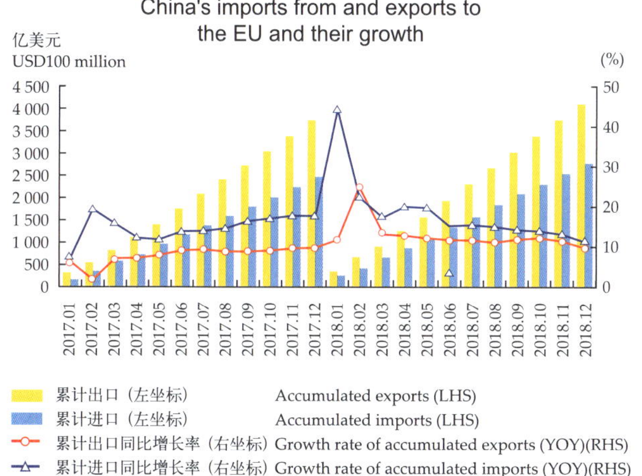

中国对欧盟贸易总额和贸易差额

China's trade volume and trade balance with the EU

中国对日本进出口及其增长趋势

China's imports from and exports to Japan and their growth

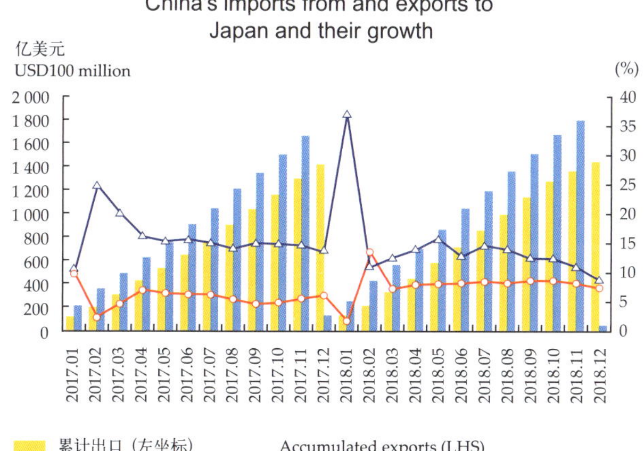

中国对日本贸易总额和贸易差额

China's trade volume and trade balance with Japan

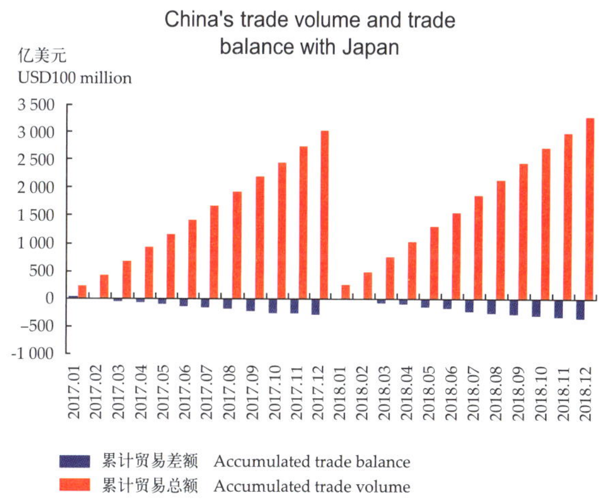

中国对东盟进出口及其增长趋势
China's imports from and exports to ASEAN and their growth

中国对东盟贸易总额和贸易差额
China's trade volume and trade balance with ASEAN

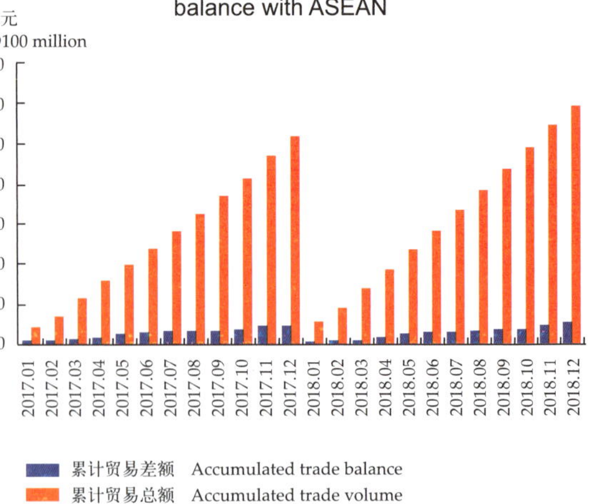

中国内地对中国香港地区进出口及其增长趋势
Mainland China's imports from and exports to Hong Kong SAR of China and their growth

中国内地对中国香港地区贸易总额和贸易差额
Mainland China's trade volume and trade balance with Hong Kong SAR of China

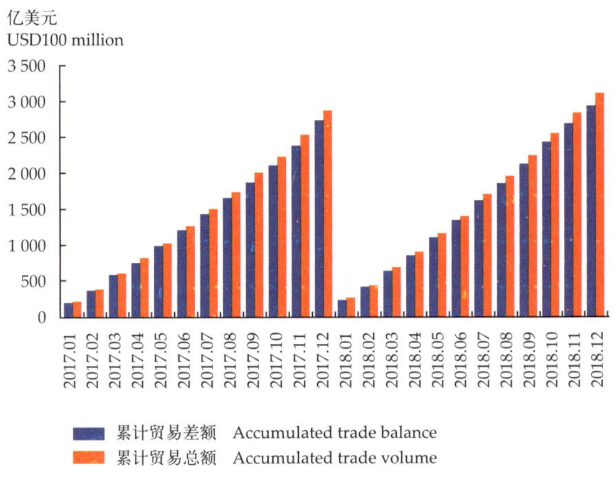

中国大陆对中国台湾地区进出口及其增长趋势
Mainland China's imports from and exports to China Taiwan and their growth

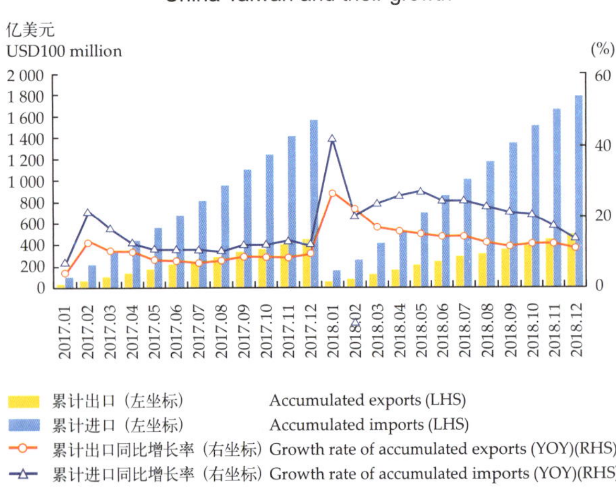

中国大陆对中国台湾地区贸易总额和贸易差额
Mainland China's trade volume and trade balance with China Taiwan

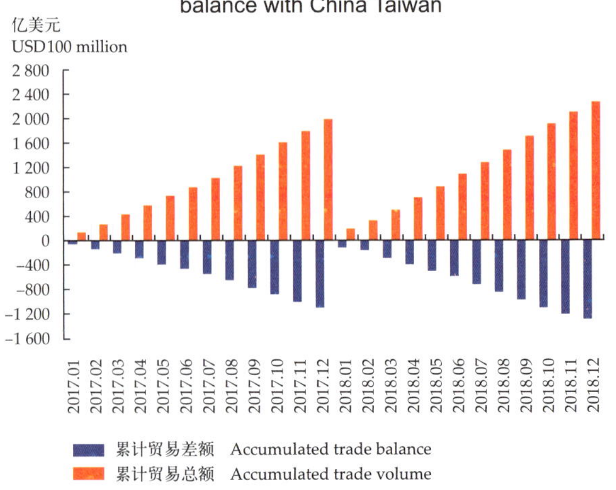

2.外资
(2) Foreign investment

据联合国贸易与发展会议2018年6月发布的《2018年世界投资报告》，2017年中国吸收外资全球排名第二，流入1 360亿美元，报告指出：2017年全球外国直接投资流入量为1.43万亿美元，较上年下降23%。

另据商务部统计，2017年，新批设立外商投资企业35 652家，实际使用外资金额1 310亿美元。

According to the UNCTAD's *World Investment Report 2018* published in June 2018, China ranked world's No.2 recipient of foreign direct investment (FDI) in 2017, with capital inflows of USD136.0 billion. It is pointed out in the report that global FDI inflows decreased by 23% to USD1.43 trillion in 2017.

According to statistics of the Ministry of Commerce, in 2017, 35,652 foreign-invested enterprises were approved for incorporation in China, with actual utilized FDI reaching USD131.0 billion.

实际利用外商直接投资及其增长趋势

Actual utilized foreign direct investments and growth rates

单位：亿美元
Unit: USD100 million

年 Year	绝对值 Absolute value	增长率(%) Growth rates (%)
1991	43.7	25.2
1992	110.1	152.1
1993	275.2	150.0
1994	337.7	22.7
1995	375.2	11.1
1996	417.3	11.2
1997	452.6	8.5
1998	454.6	0.5
1999	403.2	-11.3
2000	407.2	1.0
2001	468.8	15.1
2002	527.4	12.5
2003	535.1	1.4
2004	606.3	13.3
2005	603.3	-0.5
2006	630.2	4.5
2007	747.7	18.6
2008	924.0	23.6
2009	900.3	-2.6
2010	1 057.4	17.4
2011	1 160.1	9.7
2012	1 117.2	-3.7
2013	1 175.9	5.3
2014	1 195.6	1.7
2015	1 262.7	5.6
2016	1 260.0	-0.2
2017	1 310.0	4.0
2018	1 350.0	3.0

实际利用外商直接投资及其增长率

Actual utilized foreign direct investments and growth rates

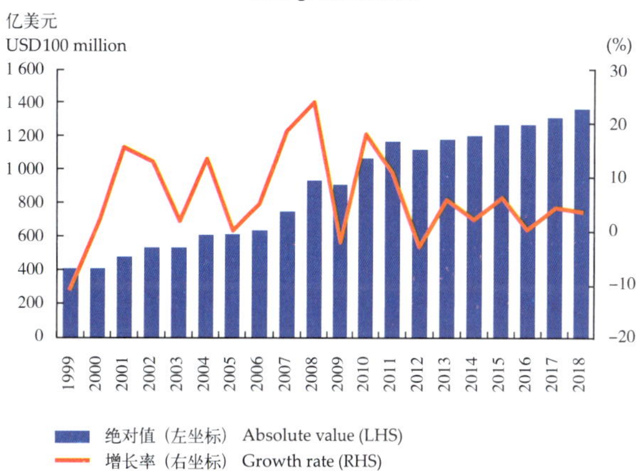

月度累计实际外商直接投资
Accumulated utilized FDI on a monthly basis

单位：亿美元
Unit: USD100 million

年/月 Year/Month	实际外商直接投资累计金额 Accumulated utilized FDI	实际外商直接投资累计同比增长率(%) Growth rate of accumulated utilized FDI (%)
2016.01	141	1.1
2016.02	225	0.2
2016.03	354	1.5
2016.04	453	1.8
2016.05	542	0.7
2016.06	694	1.5
2016.07	771	0.7
2016.08	859	0.6
2016.09	951	0.2
2016.10	1 039	0.2
2016.11	1 138	-0.2
2016.12	1 260	-0.2
2017.01	120	-14.7
2017.02	207	-8.1
2017.03	338	-4.5
2017.04	427	-5.7
2017.05	509	-6.2
2017.06	657	-5.4
2017.07	721	-6.5
2017.08	815	-5.1
2017.09	921	-3.2
2017.10	1 011	-2.7
2017.11	1 199	5.4
2017.12	1 310	4.0
2018.01	121	0.6
2018.02	211	1.7
2018.03	345	2.1
2018.04	436	2.0
2018.05	527	3.6
2018.06	683	4.1
2018.07	761	5.4
2018.08	865	6.1
2018.09	980	6.4
2018.10	1 077	6.5
2018.11	1 213	1.1
2018.12	1 350	3.0

月度累计实际外商直接投资
Accumulated utilized FDI on a monthly basis

累计实际外商直接投资（左坐标）
Accumulated utilized FDI (LHS)

累计实际外商直接投资同比增长率（右坐标）
Growth rate of accumulated utilized FDI (YOY)(RHS)

3.国际收支

(3) Balance of payments (BOP)

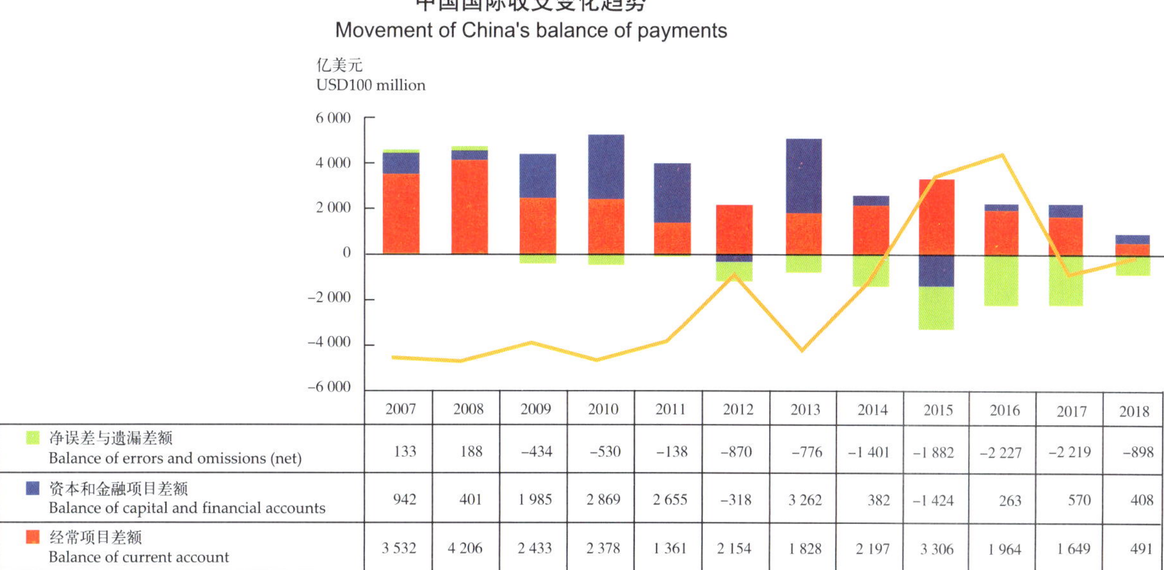

	2007	2008	2009	2010	2011	2012	2013	2014	2015	2016	2017	2018
净误差与遗漏差额 Balance of errors and omissions (net)	133	188	−434	−530	−138	−870	−776	−1 401	−1 882	−2 227	−2 219	−898
资本和金融项目差额 Balance of capital and financial accounts	942	401	1 985	2 869	2 655	−318	3 262	382	−1 424	263	570	408
经常项目差额 Balance of current account	3 532	4 206	2 433	2 378	1 361	2 154	1 828	2 197	3 306	1 964	1 649	491
储备资产差额 Balance of reserve assets	−4 607	−4 795	−3 984	−4 717	−3 878	−966	−4 314	−1 178	3 429	4 437	−915	−189

注：1. 储备资产的增加用负值表示，储备资产的减少用正值表示。

2. 图中数据根据国家外汇管理局最新数据修订，其中2018年数据为初步数。

Notes: 1. The increase in the reserve assets is expressed in a negative figure and the decrease in the reserve assets is expressed in a positive figure.

2. Data are revised by State Administration of Foreign Exchange, and data for 2018 are preliminary.

2018年前三季度国际收支平衡表简表
BOP sheet in the first three quarters of 2018

单位：亿美元
Unit: USD100 million

项 目 Items		金 额 Amounts
一、经常账户 Current account		-55
	贷方 credit	21 528
	借方 debit	-21 583
1.1 货物和服务 Goods and Services		280
	贷方 credit	19 434
	借方 debit	-19 154
1.1.1 货物 Goods		2 561
	贷方 credit	17 719
	借方 debit	-15 158
1.1.2 服务 Services		-2 281
	贷方 credit	1 715
	借方 debit	-3 996
1.2 初次收入 Primary income		-286
	贷方 credit	1 881
	借方 debit	-2 167
1.3 二次收入 Secondary income		-49
	贷方 credit	213
	借方 debit	-262
二、资本和金融账户 Capital and financial account		954
2.1 资本账户 Capital account		-4
	贷方 credit	1
	借方 debit	-5
2.2 金融账户 Financial account		957
资产 Assets		-3 207
负债 Liabilities		4 164
2.2.1 非储备性质的金融账户 Financial account excluding reserve assets		1 428
2.2.1.1 直接投资 Direct investment		799
资产 Assets		-710
负债 Liabilities		1 508
2.2.1.2 证券投资 Portfolio investment		1 052
资产 Assets		-470
负债 Liabilities		1 521
2.2.1.3 金融衍生工具 Financial derivatives		-22
资产 Assets		-15
负债 Liabilities		-7
2.2.1.4 其他投资 Other investment		-400
资产 Assets		-1 541
负债 Liabilities		1 141
2.2.2 储备资产 Reserve assets		-471
三、净误差与遗漏 Net errors and omissions		-898

注：根据《国际收支和国际投资头寸手册》（第六版）编制。
Note: Compiled in accordance with the sixth edition of *Balance of Payments and International Investment Position Manual* (BPM6).

4.外汇储备
(4) Foreign exchange reserves

外汇储备及其增长率
Foreign exchange reserves and growth rates

单位：亿美元
Unit: USD100 million

年/月 Year/Month	外汇储备 Foreign exchange reserves	同比增长(%) Growth rate (YOY)(%)
2017.01	29 982	-7.2
2017.02	30 051	-6.2
2017.03	30 091	-6.3
2017.04	30 295	-5.9
2017.05	30 536	-4.3
2017.06	30 568	-4.6
2017.07	30 807	-3.8
2017.08	30 915	-2.9
2017.09	31 085	-1.8
2017.10	31 092	-0.4
2017.11	31 193	2.2
2017.12	31 399	4.3
2018.01	31 615	5.4
2018.02	31 345	4.3
2018.03	31 428	4.4
2018.04	31 249	3.1
2018.05	31 106	1.9
2018.06	31 121	1.8
2018.07	31 179	1.2
2018.08	31 097	0.6
2018.09	30 870	-0.7
2018.10	30 531	-1.8
2018.11	30 617	-1.8
2018.12	30 727	-2.1

外汇储备及其增长率
Foreign exchange reserves and growth rates

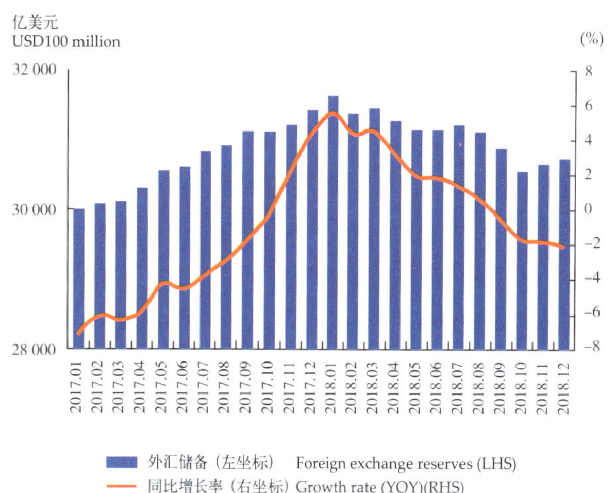

5.外债
(5) External debt

外币外债余额与债务率
Balance and ratio of external debt to foreign exchange income

外币外债余额与负债率
Balance and ratio of external debt to GDP

注：图中数据根据国家外汇管理局最新数据修订。
Note: Data are revised by State Administration of Foreign Exchange.

2018年9月末外债数据
External debt balance at the end of September, 2018

单位：亿美元
Unit: USD100 million

	外债余额 Outstanding external debt	广义政府债务 General government debt	中央银行债务 Monetary authority debt	银行债务 Bank debt	其他部门债务 Other sectors debt	直接投资：公司间贷款 Direct investment intercompany lending
债务余额 Debt balance	19 132	2 293	395	8 941	5 205	2 297
比重(%) Share (%)	100.00	11.99	2.06	46.73	27.21	12.01

注：2014年末，国家外汇管理局按照国际货币基金组织"数据公布特殊标准"（SDDS）的分类标准公布我国外币外债数据，机构部门的分类相应进行了调整。
Note: At the end of 2014, State Administration of Foreign Exchange (SAFE) started to publish the data of China's external debts denominated in foreign currencies according to IMF's SDDS classification standards. The classification of sectors and departments were also adjusted accordingly.

2018年9月末外债结构
External debt structure at the end of September, 2018

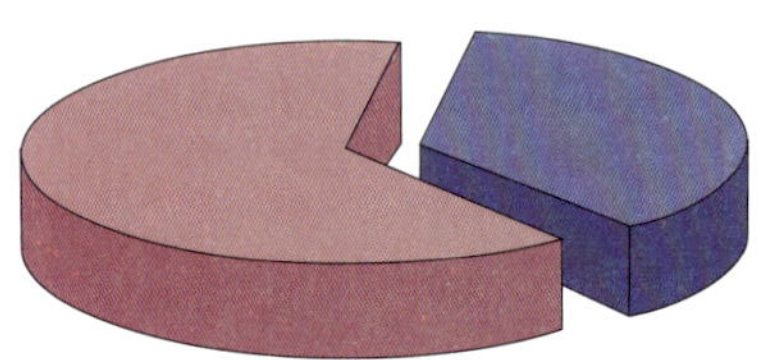

2018年9月末，中国外债余额为19 132亿美元，其中，中长期外债余额为7 059亿美元，占外债余额的36.90%，短期外债余额为12 073亿美元，占外债余额的63.10%。

China's outstanding balance of external debt was USD1,913.2 billion at the end of September, 2018, among which USD705.9 billion or 36.90 percent was medium- and long-term debt, and USD1,207.3 billion or 63.10 percent was short-term debt.

六、财政收支与债务
6. Fiscal Revenue, Expenditure and Debt

年度财政收入、财政支出及其增长趋势
Annual budgetary revenue, budgetary expenditure, and their growth

单位：亿元
Unit: RMB100 million

年 Year	财政收入 Budgetary revenue	财政支出 Budgetary expenditure	财政收入同比增长率(%) Growth rate of budgetary revenue (YOY) (%)	财政支出同比增长率(%) Growth rate of budgetary expenditure (YOY)(%)
1994	5 218	5 793	20.0	24.8
1995	6 242	6 824	19.6	17.8
1996	7 408	7 938	18.7	16.3
1997	8 651	9 234	16.8	16.3
1998	9 876	10 798	14.2	16.9
1999	11 444	13 188	15.9	22.1
2000	13 395	15 887	17.0	20.5
2001	16 386	18 903	22.3	19.0
2002	18 904	22 053	15.4	16.7
2003	21 715	24 650	14.9	11.8
2004	26 396	28 487	21.6	15.6
2005	31 649	33 930	19.9	19.1
2006	38 760	40 423	22.5	19.1
2007	51 322	49 781	32.4	23.2
2008	61 330	62 593	19.5	25.4
2009	68 518	76 300	11.7	21.9
2010	83 080	89 575	21.3	17.4
2011	103 740	108 930	24.8	21.2
2012	117 210	125 712	12.8	15.1
2013	129 143	139 744	10.2	11.2
2014	140 350	151 662	8.6	8.2
2015	152 217	175 768	8.4	15.8
2016	159 552	187 841	4.5	6.4
2017	172 567	203 330	7.4	7.7
2018	183 352	220 906	6.2	8.7

注：表中数据根据财政部最新数据修订。
Note: Data are revised by Ministry of Finance.

月度累计财政收支增长率与收支差额
Monthly growth rates and balance of accumulated fiscal revenue and expenditure

单位：亿元
Unit: RMB100 million

年/月 Year/Month	财政收入累计同比增长率(%) Growth rate of accumulated fiscal revenue(YOY)(%)	财政支出累计同比增长率(%) Growth rate of accumulated fiscal expenditure(YOY)(%)	累计财政收支总量差额 Balance of accumulated fiscal revenue and expenditure
2017.01	17.7	37.5	6 273
2017.02	14.9	17.4	6 594
2017.03	14.1	21.0	−1 551
2017.04	11.8	16.3	1 598
2017.05	10.0	14.7	756
2017.06	9.8	15.8	−9 177
2017.07	10.0	14.5	−6 217
2017.08	9.8	13.1	−10 212
2017.09	9.7	11.4	−17 744
2017.10	9.2	9.8	−12 632
2017.11	8.4	7.8	−17 813
2017.12	7.4	7.7	−30 763
2018.01	16.5	−7.4	10 694
2018.02	15.8	16.7	7 492
2018.03	13.6	10.9	−451
2018.04	12.9	10.3	3 327
2018.05	12.2	8.1	3 955
2018.06	10.6	7.8	−7 261
2018.07	10.0	7.3	−3 745
2018.08	9.4	6.9	−7 805
2018.09	8.7	7.5	−17 458
2018.10	7.4	7.6	−13 762
2018.11	6.5	6.8	−19 418
2018.12	6.2	8.7	−37 554

注：表中数据根据财政部最新数据修订。
Note: Data are revised by Ministry of Finance.

年度财政收入、财政支出及其增长趋势
Annual budgetary revenue, budgetary expenditure, and their growth

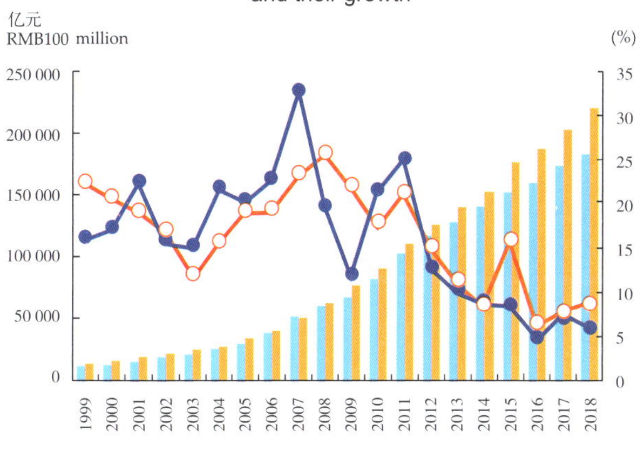

月度累计财政收支增长率与收支差额
Monthly growth rates and balance of accumulated fiscal revenue and expenditure

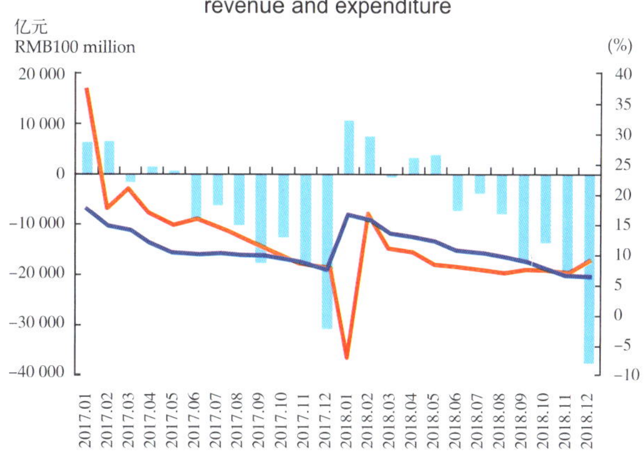

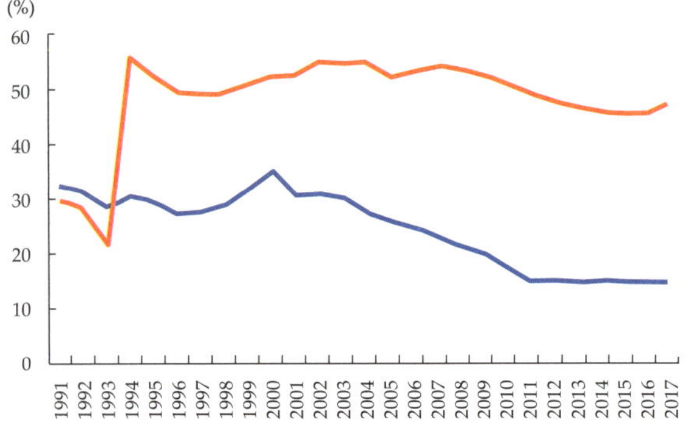

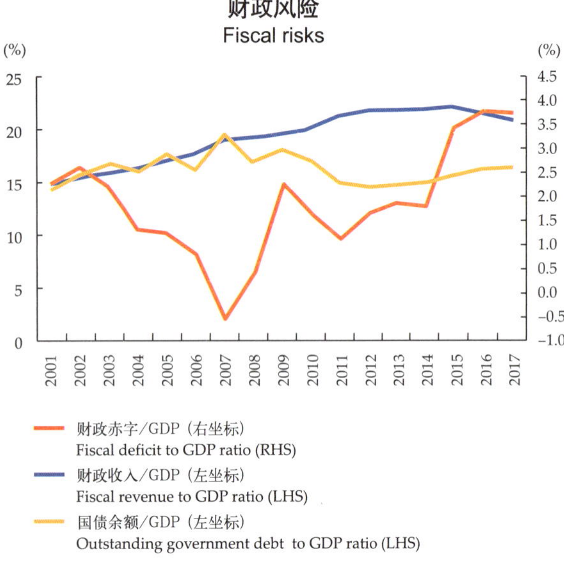

2018年主要预算指标：

2018年，中央财政预算收入为85 357亿元，比2017年执行数（下同）增长5.2%。从中央预算稳定调节基金调入2 130亿元，从中央政府性基金预算、中央国有资本经营预算调入323亿元，合计收入总量为87 810亿元。中央一般公共预算支出103 310亿元，增长8.5%。中央财政收支总量相抵，赤字为15 500亿元，与上年预算数持平。中央财政国债余额限额为156 908.35亿元。

汇总中央预算和地方预算安排，全国一般公共预算收入183 177亿元，增长6.1%。加上调入资金2 853亿元，可安排的收入总量为186 030亿元。全国一般公共预算支出209 830亿元，增长7.6%。赤字23 800亿元，与2017年持平。

Budgetary targets for 2018:

In 2018, revenue in the central government's general public budget is expected to reach RMB8.5357 trillion, an increase of 5.2% over the actual figure for 2017. Adding in the RMB213.0 billion from the Central Budget Stabilization Fund and the RMB32.3 billion from the budgets of central government-managed funds and central government state capital operations, total revenue in 2018 should amount to RMB8.7810 trillion. Expenditures from the central government's general public budget are projected to reach RMB10.3310 trillion, an increase of 8.5%. Total expenditures are projected to exceed total revenue leaving a deficit of RMB1.55 trillion, the same as last year. The ceiling for the outstanding balance of central government bonds will be RMB15.690835 trillion.

Combining the general public budgets of the central and local governments, it is projected that nationwide revenue will amount to RMB18.3177 trillion, up 6.1% from last year. Adding in the RMB285.3 billion transferred from other sources, total revenue available is expected to reach RMB18.6030 trillion. Nationwide expenditures are budgeted at RMB20.9830 trillion, an increase of 7.6%. This will produce a national deficit of RMB2.38 trillion, the same as 2017.

七、货币银行
7. Money and Banking

1.货币供应量
(1) Money supply

年度M0、M1、M2及其变化趋势
Annual M0, M1, and M2 and their changes

单位：万亿元　Unit: RMB1 trillion

年 Year	M0	M1	M2	M0同比增长率(%) Growth rate of M0 (YOY)(%)	M1同比增长率(%) Growth rate of M1 (YOY)(%)	M2同比增长率(%) Growth rate of M2 (YOY)(%)
1999	1.3	4.6	12.0	20.1	17.7	14.7
2000	1.5	5.3	13.8	8.9	16.0	14.0
2001	1.6	6.0	15.8	7.1	12.7	14.4
2002	1.7	7.1	18.5	10.1	16.8	16.8
2003	2.0	8.4	22.1	14.3	18.7	19.6
2004	2.1	9.6	25.3	8.7	13.6	14.6
2005	2.4	10.7	29.9	11.9	11.8	17.6
2006	2.7	12.6	34.6	12.7	17.5	16.9
2007	3.0	15.3	40.3	12.1	21.0	16.7
2008	3.4	16.6	47.5	12.7	9.1	17.8
2009	3.8	22.1	61.0	11.8	32.4	27.7
2010	4.5	26.7	72.6	16.7	21.2	19.7
2011	5.1	29.0	85.2	13.8	7.9	13.6
2012	5.5	30.9	97.4	7.7	6.5	13.8
2013	5.9	33.7	110.7	7.1	9.3	13.6
2014	6.0	34.8	122.8	2.9	3.2	12.2
2015	6.3	40.1	139.2	4.9	15.2	13.3
2016	6.8	48.7	155.0	8.1	21.4	11.3
2017	7.1	54.4	167.7	3.4	11.8	8.2
2018	7.3	55.2	182.7	3.6	1.5	8.1

月度M0、M1、M2及其变化趋势
Monthly M0, M1, and M2 and their changes

单位：万亿元　Unit: RMB1 trillion

年/月 Year/Month	M0	M1	M2	M0同比增长率(%) Growth rate of M0 (YOY)(%)	M1同比增长率(%) Growth rate of M1 (YOY)(%)	M2同比增长率(%) Growth rate of M2 (YOY)(%)
2016.01	7.3	41.3	141.6	15.1	18.6	14.0
2016.02	6.9	39.3	142.5	−4.8	17.4	13.3
2016.03	6.5	41.2	144.6	4.4	22.1	13.4
2016.04	6.4	41.4	144.5	6.0	22.9	12.8
2016.05	6.3	42.4	146.2	6.3	23.7	11.8
2016.06	6.3	44.4	149.0	7.2	24.6	11.8
2016.07	6.3	44.3	149.2	7.2	25.4	10.2
2016.08	6.3	45.5	151.1	7.4	25.3	11.4
2016.09	6.5	45.4	151.6	6.6	24.7	11.5
2016.10	6.4	46.5	151.9	7.2	23.9	11.6
2016.11	6.5	47.5	153.0	7.6	22.7	11.4
2016.12	6.8	48.7	155.0	8.1	21.4	11.3
2017.01	8.7	47.3	157.6	19.4	14.5	11.3
2017.02	7.2	47.7	158.3	3.3	21.4	11.1
2017.03	6.9	48.9	160.0	6.1	18.8	10.6
2017.04	5.8	49.6	161.0	−3.7	22.5	10.3
2017.05	4.9	50.4	162.2	−10.4	24.7	10.0
2017.06	4.0	51.2	163.3	−17.0	26.8	9.6
2017.07	6.7	51.0	162.9	6.1	15.3	9.2
2017.08	6.8	51.8	164.5	6.5	14.0	8.9
2017.09	7.0	51.8	165.6	7.2	14.0	9.2
2017.10	6.8	52.6	165.3	6.3	13.0	8.8
2017.11	6.9	53.6	167.0	5.7	12.7	9.1
2017.12	7.1	54.4	167.7	3.4	11.8	8.2
2018.01	7.5	54.3	172.1	−13.8	15.0	8.6
2018.02	8.1	51.7	172.9	13.5	8.5	8.8
2018.03	7.3	52.4	174.0	6.0	7.1	8.2
2018.04	7.1	52.5	173.8	4.5	7.2	8.3
2018.05	7.0	52.6	174.3	3.6	6.0	8.3
2018.06	7.0	54.4	177.0	3.9	6.6	8.0
2018.07	7.0	53.7	177.6	3.6	5.1	8.5
2018.08	7.0	53.8	178.9	3.3	3.9	8.2
2018.09	7.1	53.9	180.2	2.2	4.0	8.3
2018.10	7.0	54.0	179.6	2.6	2.7	8.6
2018.11	7.1	54.3	181.3	3.5	1.4	8.6
2018.12	7.3	55.2	182.7	3.6	1.5	8.1

货币供应量与货币流动性
Money supply and monetary liquidity

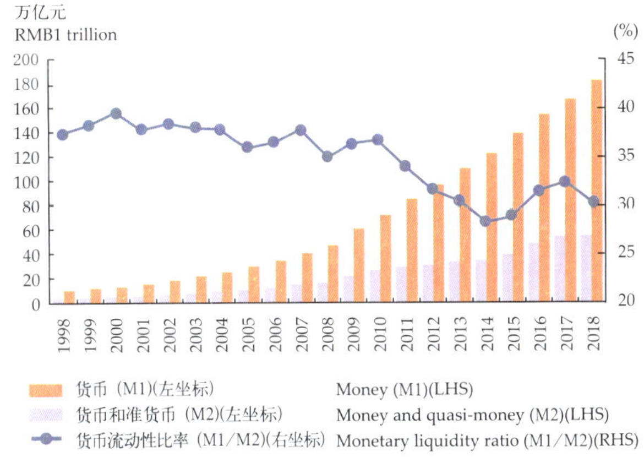

年度M0、M1、M2及其变化趋势
Annual M0, M1, and M2 and their changes

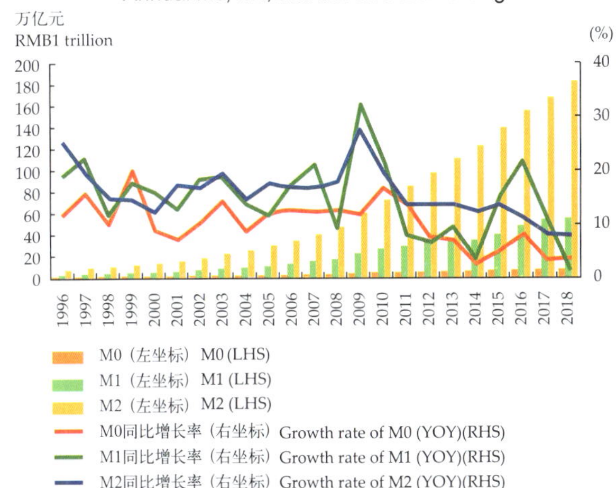

月度M0、M1、M2及其变化趋势
Monthly M0, M1, and M2 and their changes

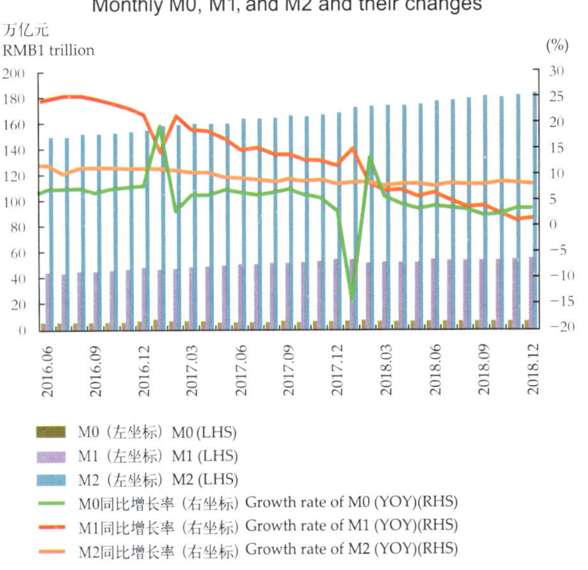

货币供应量构成
Composition of money supply

单位：亿元
Unit: RMB100 million

年/月 Year/Month	货币和准货币 Money & quasi-money M2	货币 Money M1	流通中货币 Currency in circulation M0	单位活期存款 Corporate demand deposits	准货币 Quasi-money	单位定期存款 Corporate time deposits	个人存款 Personal deposits	其他存款 Other deposits
2017.01	1 575 946	472 526	86 599	385 928	1 103 419	317 957	634 746	150 716
2017.02	1 582 913	476 528	71 728	404 800	1 106 385	311 668	635 880	158 838
2017.03	1 599 610	488 770	68 605	420 165	1 110 839	317 183	643 278	150 378
2017.04	1 596 332	490 180	68 393	421 788	1 106 151	318 093	630 993	157 066
2017.05	1 601 360	496 390	67 333	429 057	1 104 971	314 930	632 226	157 815
2017.06	1 631 283	510 228	66 978	443 250	1 121 054	317 003	642 932	161 119
2017.07	1 628 997	510 485	67 129	443 356	1 118 512	314 700	635 230	168 583
2017.08	1 645 157	518 114	67 551	450 563	1 127 043	317 889	637 887	171 267
2017.09	1 655 662	517 863	69 749	448 115	1 137 799	326 614	648 350	162 835
2017.10	1 653 434	525 977	68 231	457 747	1 127 457	319 741	640 251	167 465
2017.11	1 670 013	535 565	68 623	466 942	1 134 448	320 652	641 620	172 177
2017.12	1 676 769	543 790	70 646	473 145	1 132 978	320 196	649 341	163 441
2018.01	1 720 814	543 247	74 636	468 611	1 177 567	328 170	658 424	190 973
2018.02	1 729 070	517 036	81 424	435 612	1 212 034	330 532	687 076	194 426
2018.03	1 739 859	523 540	72 693	450 847	1 216 319	332 606	692 564	191 150
2018.04	1 737 684	525 448	71 476	453 971	1 212 236	335 348	679 186	197 702
2018.05	1 743 064	526 277	69 775	456 502	1 216 787	336 063	681 334	199 390
2018.06	1 770 178	543 945	69 589	474 355	1 226 234	334 425	692 441	199 368
2018.07	1 776 196	536 624	69 531	467 094	1 239 572	335 935	689 397	214 239
2018.08	1 788 670	538 325	69 775	468 549	1 250 346	341 834	692 848	215 664
2018.09	1 801 666	538 574	71 254	467 320	1 263 092	349 827	706 256	207 008
2018.10	1 795 562	540 128	70 107	470 022	1 255 433	340 816	702 827	211 790
2018.11	1 813 175	543 499	70 563	472 935	1 269 676	342 191	710 236	217 249
2018.12	1 826 744	551 686	73 208	478 478	1 275 058	340 179	721 689	213 191

广义货币供应量M2变动
Changes in the composition of broad money M2

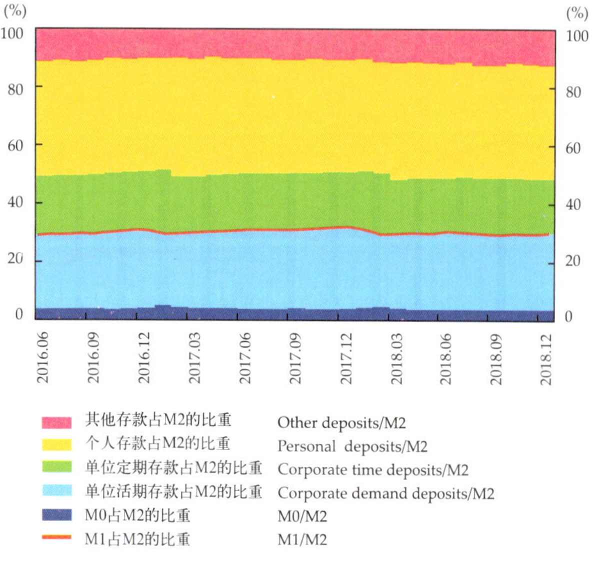

2018年末货币供应量构成
Composition of money supply at the end of 2018

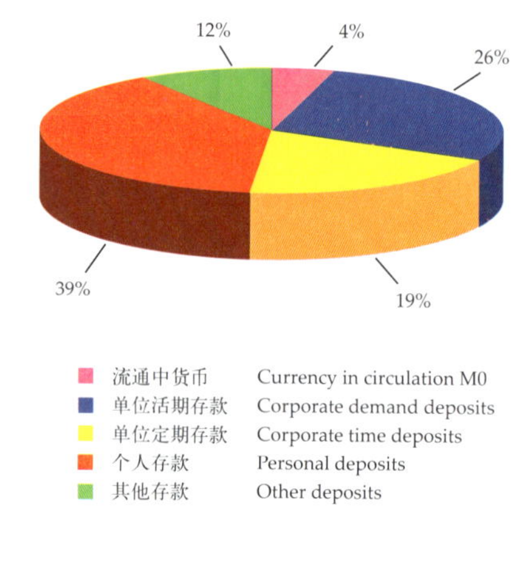

存款性公司概览
Depository corporations survey

单位：万亿元
Unit: RMB1 trillion

年/月 Year/Month	国外净资产 Net foreign assets	国内信贷 Domestic credit	对政府债权(净) Claims on government (net)	对非金融部门债权 Claims on non-financial sectors	对其他金融部门债权 Claims on other financial sectors	其他 Others	货币和准货币 Money & quasi-money M2
2016.01	27.64	137.42	9.48	106.39	21.56	-23.43	141.63
2016.02	27.44	139.17	9.65	107.39	22.13	-24.15	142.46
2016.03	27.19	142.52	10.53	108.92	23.07	-25.09	144.62
2016.04	27.16	143.51	11.05	109.31	23.15	-26.15	144.52
2016.05	27.17	145.98	11.54	110.55	23.89	-26.97	146.17
2016.06	27.08	149.61	12.89	111.81	24.92	-27.64	149.05
2016.07	27.00	150.48	12.92	112.42	25.14	-28.33	149.16
2016.08	27.08	152.69	13.91	112.95	25.83	-28.67	151.10
2016.09	26.84	154.44	14.69	113.97	25.78	-29.64	151.64
2016.10	26.76	155.50	14.38	114.83	26.29	-30.31	151.95
2016.11	26.52	157.86	14.99	116.26	26.61	-31.34	153.04
2016.12	26.39	160.01	16.24	116.61	27.16	-31.39	155.01
2017.01	26.29	162.05	15.84	118.12	28.09	-30.75	157.59
2017.02	26.13	162.94	15.64	118.97	28.33	-30.78	158.29
2017.03	26.08	165.06	16.63	120.02	28.42	-31.18	159.96
2017.04	25.89	165.69	16.59	121.00	28.10	-31.95	160.98
2017.05	25.68	166.51	16.86	121.97	27.68	-32.05	162.17
2017.06	25.55	170.14	17.65	123.41	29.09	-32.56	163.35
2017.07	25.45	170.42	17.45	124.32	28.64	-32.97	162.90
2017.08	25.23	172.65	18.33	125.67	28.64	-33.36	164.52
2017.09	25.48	174.09	19.02	126.59	28.48	-34.01	165.57
2017.10	25.39	174.12	18.47	127.18	28.47	-34.17	165.34
2017.11	25.39	176.00	19.04	128.17	28.79	-34.39	167.00
2017.12	25.33	178.03	20.49	128.88	28.66	-35.68	167.68
2018.01	25.62	181.47	20.12	131.58	29.77	-35.00	172.08
2018.02	25.58	182.56	20.77	132.60	29.19	-35.24	172.91
2018.03	25.54	184.18	21.50	133.88	28.79	-35.73	173.99
2018.04	25.54	184.00	21.23	134.74	28.03	-35.77	173.77
2018.05	25.54	184.45	21.02	135.49	27.95	-35.68	174.31
2018.06	25.71	187.32	22.04	137.31	27.98	-36.01	177.02
2018.07	25.80	188.53	21.94	139.11	27.48	-36.71	177.62
2018.08	25.72	190.52	22.71	140.89	26.92	-37.37	178.87
2018.09	25.67	192.77	23.90	142.37	26.51	-38.27	180.17
2018.10	25.64	193.09	23.43	143.22	26.44	-39.17	179.56
2018.11	25.57	194.70	23.88	144.32	26.50	-38.96	181.32
2018.12	25.57	196.55	25.14	145.07	26.33	-39.44	182.67

国外净资产及国内信贷对广义货币的影响
The impact of net foreign assets and domestic credit on broad money M2

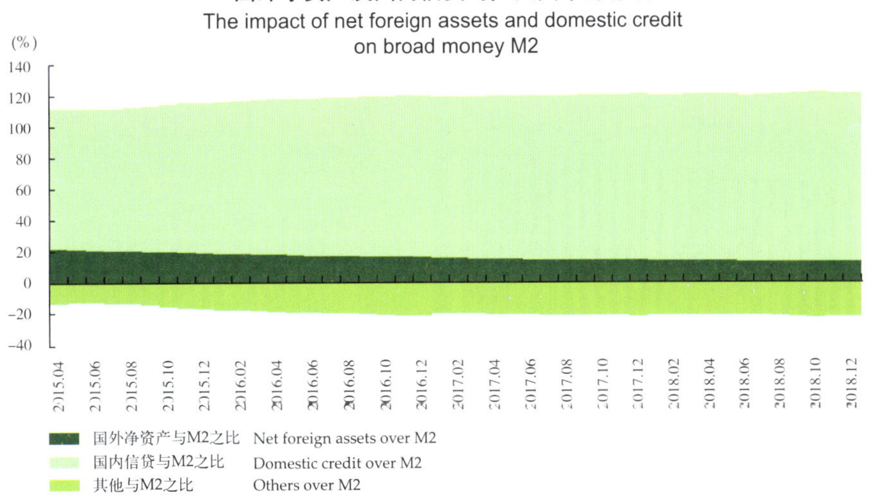

2.存贷款
(2) Deposits and loans

金融机构人民币各项存贷款余额及其增长趋势
Outstanding amounts of total deposits & loans and their growth in financial institutions

单位：万亿元
Unit: RMB1 trillion

年/月 Year/Month	各项存款 Total deposits	各项贷款 Total loans	各项存款同比增长率(%) Growth rate of deposits (YOY)(%)	各项贷款同比增长率(%) Growth rate of loans (YOY)(%)
2016.01	137.8	96.5	12.5	15.3
2016.02	138.6	97.2	13.3	14.7
2016.03	141.1	98.6	13.0	14.7
2016.04	142.0	99.1	12.9	14.4
2016.05	143.8	100.1	11.5	14.4
2016.06	146.2	101.5	10.9	14.3
2016.07	146.7	101.9	9.5	12.9
2016.08	148.5	102.9	10.8	13.0
2016.09	148.5	104.1	11.1	13.0
2016.10	149.7	104.8	11.5	13.1
2016.11	150.4	105.6	10.8	13.1
2016.12	150.6	106.6	11.0	13.5
2017.01	152.1	108.6	10.4	12.6
2017.02	154.4	109.8	11.4	13.0
2017.03	155.6	110.8	10.3	12.4
2017.04	155.9	111.9	9.8	12.9
2017.05	157.0	113.0	9.2	12.9
2017.06	159.7	114.6	9.2	12.9
2017.07	160.5	115.4	9.4	13.2
2017.08	161.8	116.5	9.0	13.2
2017.09	162.3	117.8	9.3	13.1
2017.10	163.3	118.4	9.1	13.0
2017.11	164.9	119.5	9.6	13.3
2017.12	164.1	120.1	9.0	12.7
2018.01	168.0	123.0	10.5	13.2
2018.02	167.7	123.9	8.6	12.8
2018.03	169.2	125.0	8.7	12.8
2018.04	169.7	126.2	8.9	12.7
2018.05	171.0	127.3	8.9	12.6
2018.06	173.1	129.2	8.4	12.7
2018.07	174.1	130.6	8.5	13.2
2018.08	175.2	131.9	8.3	13.2
2018.09	176.1	133.3	8.5	13.2
2018.09	176.1	133.3	8.5	13.2
2018.10	176.5	134.0	8.1	13.1
2018.11	177.4	135.2	7.6	13.1
2018.12	177.5	136.3	8.2	13.5

金融机构人民币各项存贷款余额及其增长趋势
Outstanding amounts of total deposits & loans and their growth in financial institutions

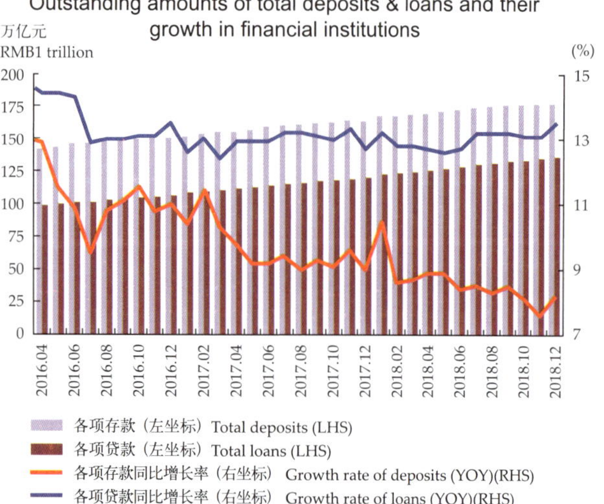

金融机构当年累计新增人民币存款
Accumulated new RMB deposits in financial institutions

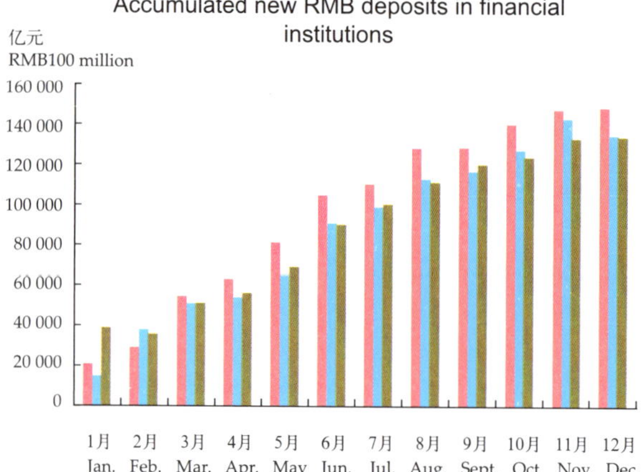

金融机构当月新增人民币存款
New RMB deposits in financial institutions by month

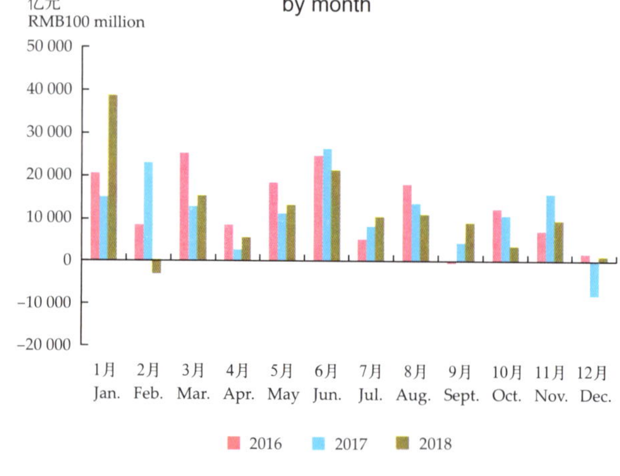

2018年末人民币存款余额
Outstanding amounts of RMB deposits at the end of 2018

单位：亿元
Unit: RMB100 million

	余额 Outstanding amount
各项存款 Total deposits	**1 775 226**
境内存款 Domestic deposits	1 764 398
住户存款 Deposits of households	716 038
非金融企业存款 Deposits of non-financial enterprises	562 976
政府存款 Deposits of government	325 585
非银行业金融机构存款 Deposits of non-banking financial institutions	159 798
境外存款 Overseas deposits	10 828

住户存款和非金融企业存款余额
Outstanding amounts of household deposits and non-financial corporate deposits

单位：亿元
Unit: RMB100 million

年/月 Year/Month	住户存款 Deposits of households	活期及临时性存款 Demand & temporary deposits	定期及保证性存款 Time & marginal deposits	非金融企业存款 Deposits of non-financial enterprises	活期及临时性存款 Demand & temporary deposits	定期及保证性存款 Time & marginal deposits
2016.01	555 011	207 962	347 050	436 746	172 961	263 785
2016.02	575 047	214 816	360 231	421 940	161 459	260 481
2016.03	580 800	217 001	363 799	445 248	175 269	269 980
2016.04	571 504	210 862	360 642	447 421	175 498	271 923
2016.05	572 047	210 949	361 098	452 836	180 098	272 737
2016.06	581 521	216 945	364 576	465 346	191 138	274 208
2016.07	579 279	215 652	363 627	462 284	188 193	274 091
2016.08	583 411	218 758	364 653	476 050	194 385	281 665
2016.09	592 909	225 331	367 578	480 303	192 839	287 464
2016.10	588 229	222 213	366 016	482 386	199 872	282 514
2016.11	591 500	225 149	366 351	490 742	205 371	285 370
2016.12	597 751	231 630	366 121	502 178	215 107	287 072
2017.01	629 064	249 796	379 268	484 207	195 938	288 268
2017.02	630 077	240 875	389 202	490 852	204 560	286 291
2017.03	637 409	241 907	395 502	503 768	212 132	291 636
2017.04	625 236	235 017	390 219	504 220	213 156	291 064
2017.05	626 485	236 093	390 392	505 292	215 037	290 255
2017.06	637 138	242 055	395 083	515 971	222 012	293 960
2017.07	629 623	238 119	391 504	512 274	221 195	291 079
2017.08	632 213	240 076	392 136	518 343	223 821	294 522
2017.09	642 591	246 818	395 772	521 823	219 597	302 226
2017.10	634 539	241 454	393 085	521 948	224 655	297 293
2017.11	635 994	241 874	394 120	529 130	229 895	299 235
2017.12	643 768	248 239	395 529	542 405	237 888	304 517
2018.01	652 744	250 481	402 263	541 612	232 055	309 557
2018.02	681 474	263 966	417 509	517 594	211 486	306 108
2018.03	686 804	258 521	428 283	529 321	219 818	309 503
2018.04	673 585	249 895	423 690	534 777	221 556	313 221
2018.05	675 751	250 395	425 355	534 916	222 502	312 414
2018.06	686 695	255 578	431 117	544 362	230 035	314 327
2018.07	683 763	252 705	431 059	538 174	225 358	312 816
2018.08	687 226	252 639	434 587	544 313	224 653	319 660
2018.09	700 518	258 601	441 917	547 417	220 860	326 557
2018.10	697 171	255 942	441 228	541 413	223 267	318 146
2018.11	704 576	259 573	445 003	548 748	225 026	323 723
2018.12	716 038	267 215	448 824	562 976	236 190	326 786

住户存款和非金融企业存款余额
Outstanding amounts of household deposits and non-financial enterprise deposits
亿元
RMB100 million
800 000
700 000
600 000
500 000
400 000
300 000
200 000
100 000
0
2016.03
2016.06
2016.09
2016.12
2017.03
2017.06
2017.09
2017.12
2018.03
2018.06
2018.09
2018.12
住户存款 Deposits of households
非金融企业存款 Deposits of non-financial enterprises

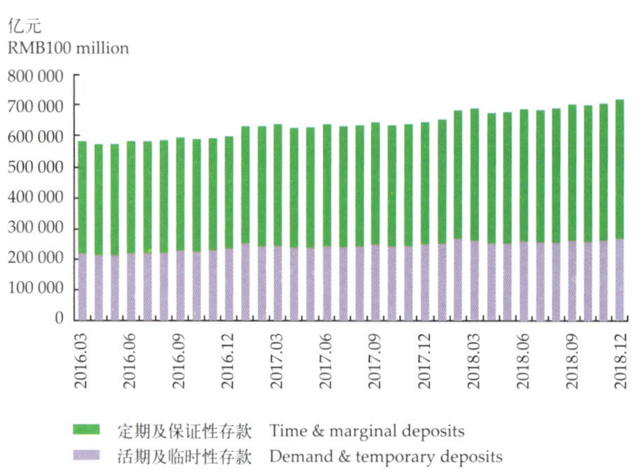
住户存款构成
Composition of household deposits
亿元
RMB100 million
800 000
700 000
600 000
500 000
400 000
300 000
200 000
100 000
0
2016.03
2016.06
2016.09
2016.12
2017.03
2017.06
2017.09
2017.12
2018.03
2018.06
2018.09
2018.12
定期及保证性存款 Time & marginal deposits
活期及临时性存款 Demand & temporary deposits

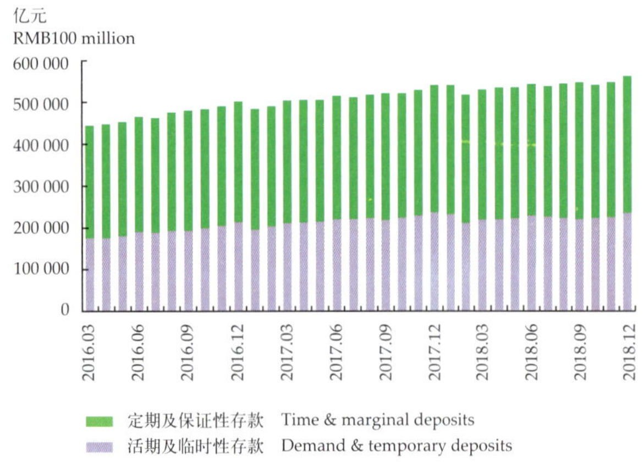
非金融企业存款构成
Composition of non-financial enterprise deposits
亿元
RMB100 million
600 000
500 000
400 000
300 000
200 000
100 000
0
2016.03
2016.06
2016.09
2016.12
2017.03
2017.06
2017.09
2017.12
2018.03
2018.06
2018.09
2018.12
定期及保证性存款 Time & marginal deposits
活期及临时性存款 Demand & temporary deposits

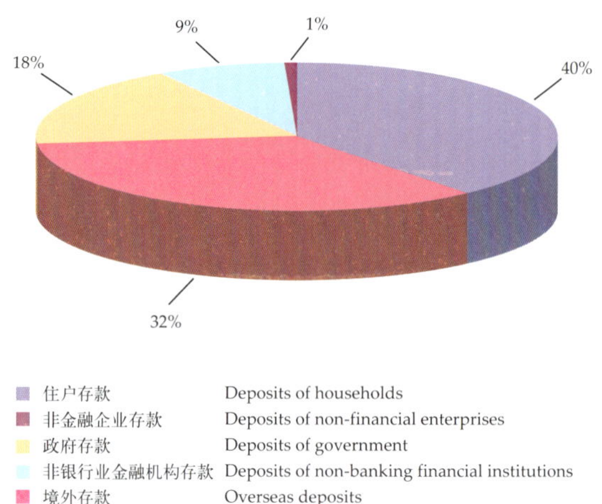
2018年末人民币存款余额
Outstanding amounts of RMB deposits at the end of 2018
9%
1%
18%
40%
32%
住户存款 Deposits of households
非金融企业存款 Deposits of non-financial enterprises
政府存款 Deposits of government
非银行业金融机构存款 Deposits of non-banking financial institutions
境外存款 Overseas deposits

2018年末人民币贷款余额
RMB loans issued by the end of 2018 by sectors

单位：亿元
Unit: RMB100 million

	余额 Outstanding amounts	比年初增加 Increase over the beginning of the year
各项贷款 Total loans	**1 362 967**	**161 646**
境内贷款 Domestic loans	1 357 891	160 991
住户贷款 Loans to households	478 843	73 797
短期贷款 Short-term loans	137 998	24 105
中长期贷款 Mid & long-term loans	340 845	49 692
非金融性企业及机关团体贷款 Loans to non-financial enterprises and government departments & organizations	868 289	82 793
短期贷款及票据融资 Short-term loans and paper financing	339 440	24 012
中长期贷款 Mid & long-term loans	505 646	55 623
其他贷款 Other loans	23 203	3 158
非银行业金融机构贷款 Loans to non-banking financial institutions	10 760	4 401
境外贷款 Overseas loans	5 075	655

金融机构当年累计新增人民币贷款
Accumulated new RMB loans in financial institutions

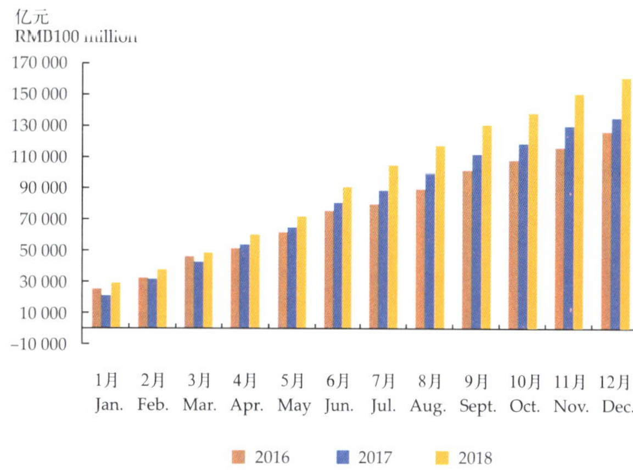

金融机构当月新增人民币贷款
New RMB loans in financial institutions by month

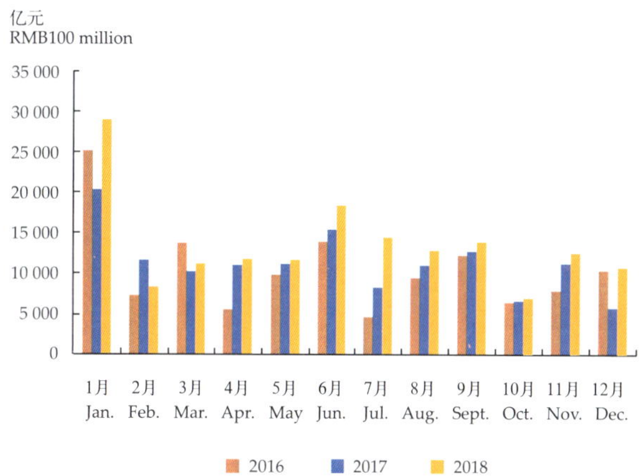

当年累计新增住户贷款
Accumulated new loans to households

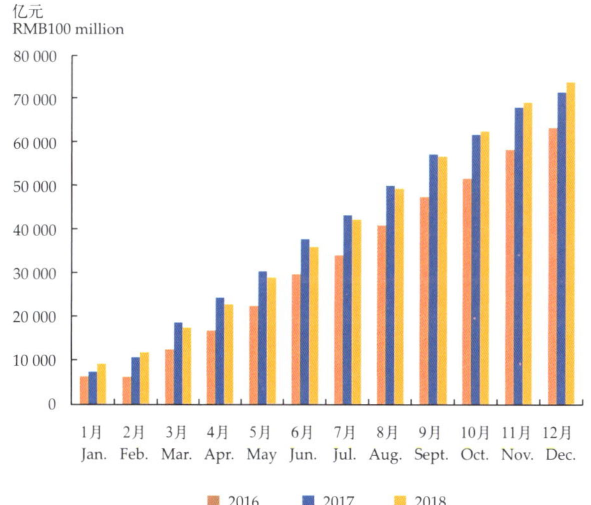

当月新增住户贷款
New loans to households by month

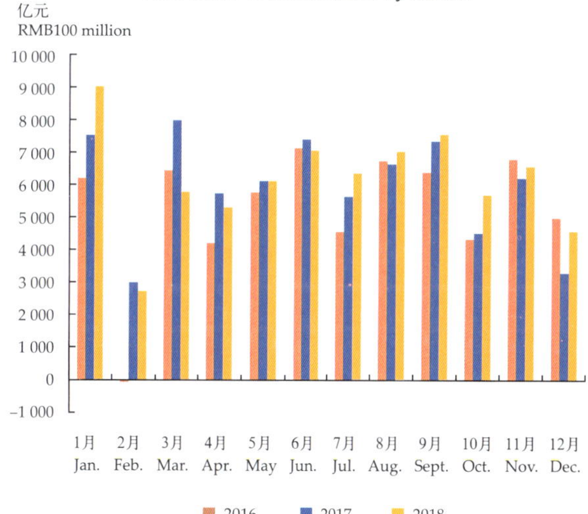

当年累计新增非金融企业及其他部门贷款
Accumulated new loans to non-financial institutions and other sectors

当月新增非金融企业及其他部门贷款
New loans to non-financial institutions and other sectors by month

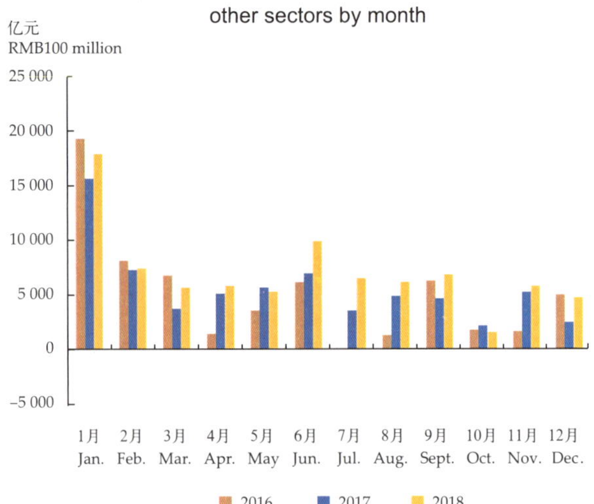

2018年末个人消费贷款构成
Composition of consumption loans at the end of 2018

单位：亿元
Unit: RMB100 million

	余额 Outstanding amounts	同比增长率(%) Growth rate (YOY)(%)	比年初增加 Increase over the beginning of the year	比上年同期变化 Change compared with the same period of last year
个人消费贷款 Consumer loans	**377 903**	**19.9**	**62 708**	**-2 009**
个人住房贷款 Individual housing mortgage loans	257 549	17.8	38 944	−812
个人汽车消费贷款 Individual auto loans	10 403	13.0	1 196	−924
助学贷款 Student loans	1 051	13.1	122	8
其他贷款 Other loans	108 901	26.0	22 447	−280

2018年末个人消费贷款构成
Composition of consumption loans at the end of 2018

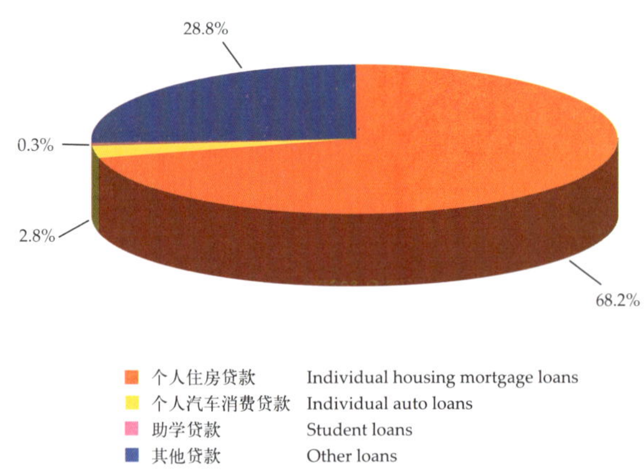

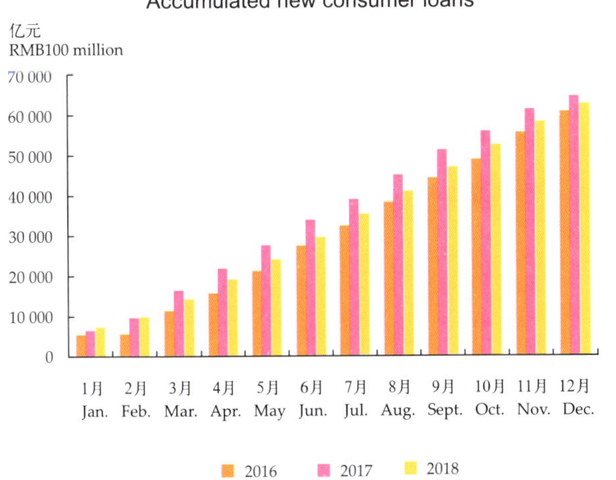
当年累计新增个人消费贷款
Accumulated new consumer loans
亿元
RMB100 million
70 000
60 000
50 000
40 000
30 000
20 000
10 000
0
1月 Jan.
2月 Feb.
3月 Mar.
4月 Apr.
5月 May
6月 Jun.
7月 Jul.
8月 Aug.
9月 Sept.
10月 Oct.
11月 Nov.
12月 Dec.
2016
2017
2018

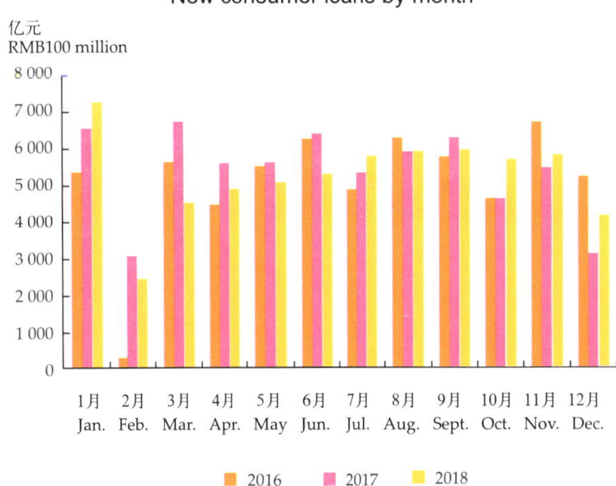
当月新增个人消费贷款
New consumer loans by month
亿元
RMB100 million
8 000
7 000
6 000
5 000
4 000
3 000
2 000
1 000
0
1月 Jan.
2月 Feb.
3月 Mar.
4月 Apr.
5月 May
6月 Jun.
7月 Jul.
8月 Aug.
9月 Sept.
10月 Oct.
11月 Nov.
12月 Dec.
2016
2017
2018

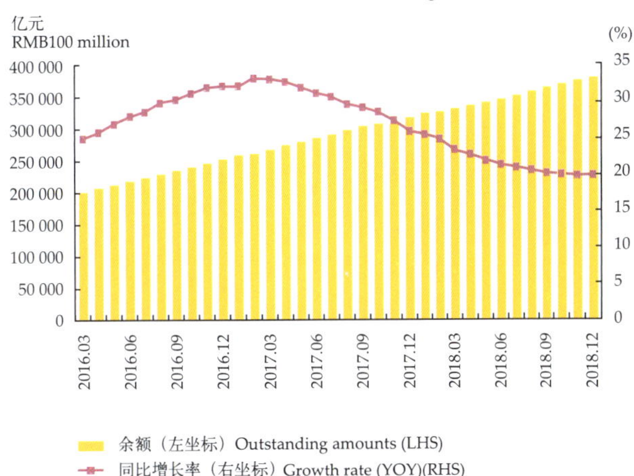
个人消费贷款余额及其增长趋势
Consumer loans and their growth
亿元
RMB100 million
(%)
400 000
350 000
300 000
250 000
200 000
150 000
100 000
50 000
0
35
30
25
20
15
10
5
0
2016.03
2016.06
2016.09
2016.12
2017.03
2017.06
2017.09
2017.12
2018.03
2018.06
2018.09
2018.12
余额（左坐标）Outstanding amounts (LHS)
同比增长率（右坐标）Growth rate (YOY)(RHS)

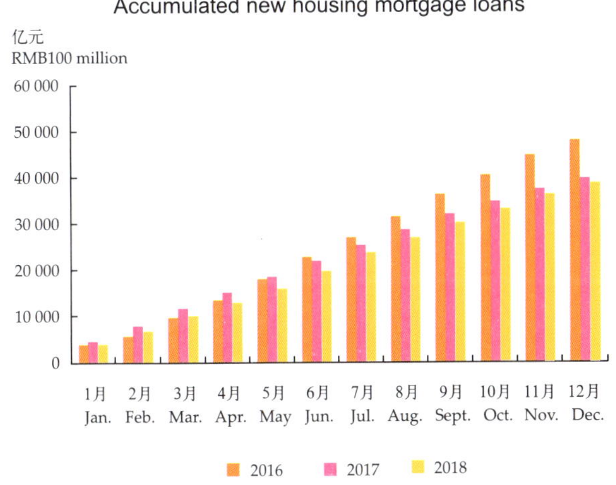
当年累计新增个人住房贷款
Accumulated new housing mortgage loans
亿元
RMB100 million
60 000
50 000
40 000
30 000
20 000
10 000
0
1月 Jan.
2月 Feb.
3月 Mar.
4月 Apr.
5月 May
6月 Jun.
7月 Jul.
8月 Aug.
9月 Sept.
10月 Oct.
11月 Nov.
12月 Dec.
2016
2017
2018

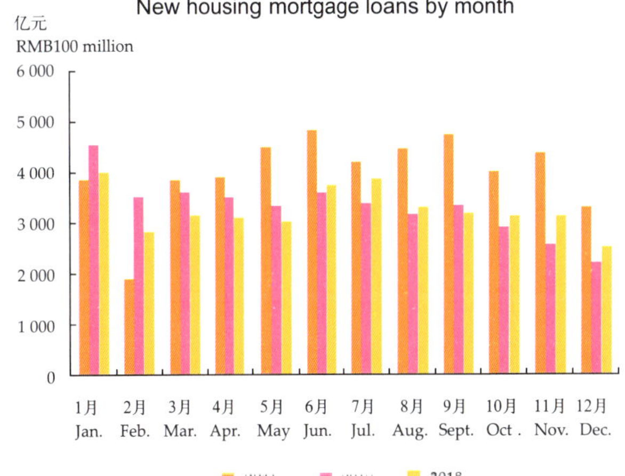
当月新增个人住房贷款
New housing mortgage loans by month
亿元
RMB100 million
6 000
5 000
4 000
3 000
2 000
1 000
0
1月 Jan.
2月 Feb.
3月 Mar.
4月 Apr.
5月 May
6月 Jun.
7月 Jul.
8月 Aug.
9月 Sept.
10月 Oct .
11月 Nov.
12月 Dec.
2016
2017
2018

个人住房贷款余额及其增长趋势
Individual housing mortgage loans and their growth

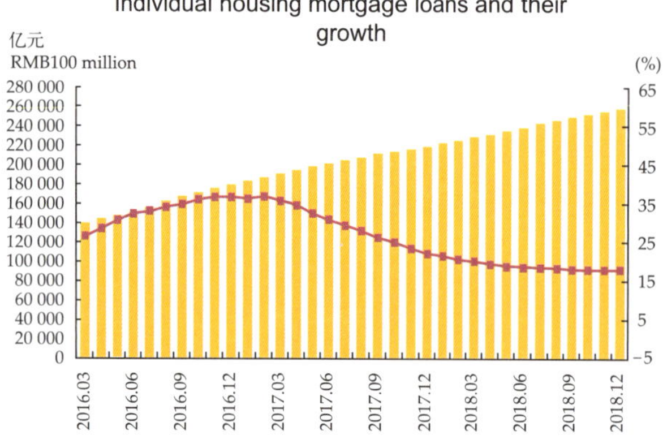

个人汽车消费贷款余额及其增长趋势
Individual auto loans and their growth

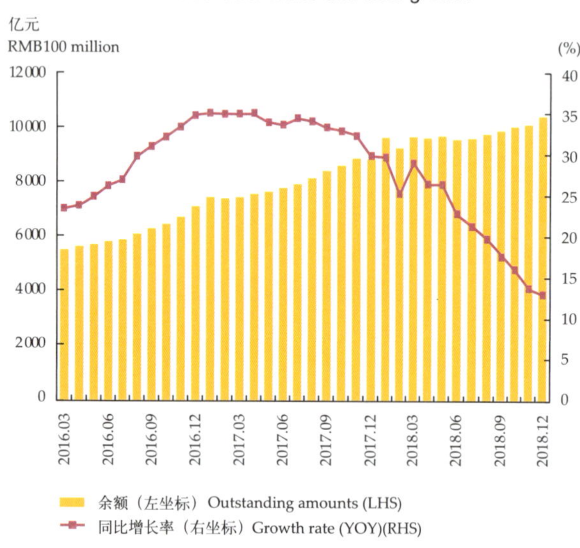

助学贷款余额及其增长趋势
Student loans and their growth

亿元
RMB100 million

余额（左坐标）Outstanding amounts (LHS)
同比增长率（右坐标）Growth rate (YOY)(RHS)

3. 基础货币
(3) Monetary base

基础货币余额及其增长趋势
Monetary base and its growth

单位：万亿元
Unit: RMB1 trillion

年/月 Year/Month	余额 Outstanding amounts	同比增长率(%) Growth rate (YOY) (%)
2016.01	29.04	-1.3
2016.02	29.05	-4.4
2016.03	28.34	-5.7
2016.04	27.95	-4.6
2016.05	27.92	-3.0
2016.06	28.91	-1.3
2016.07	28.41	-1.1
2016.08	28.52	-0.9
2016.09	29.07	2.4
2016.10	29.01	3.7
2016.11	29.19	5.9
2016.12	30.90	10.2
2017.01	30.78	6.0
2017.02	30.27	4.2
2017.03	30.24	6.7
2017.04	29.95	7.1
2017.05	29.96	7.3
2017.06	30.38	5.9
2017.07	29.91	6.1
2017.08	30.19	6.7
2017.09	30.60	6.1
2017.10	30.53	6.0
2017.11	30.71	6.0
2017.12	32.19	4.9
2018.01	30.75	0.6
2018.02	31.83	5.9
2018.03	32.13	7.0
2018.04	30.73	3.4
2018.05	30.45	2.4
2018.06	31.85	4.8
2018.07	31.19	4.3
2018.08	31.11	3.1
2018.09	31.79	3.9
2018.10	29.82	-2.3
2018.11	30.58	-0.4
2018.12	33.10	2.8

基础货币余额及其增长趋势
Monetary base and its growth

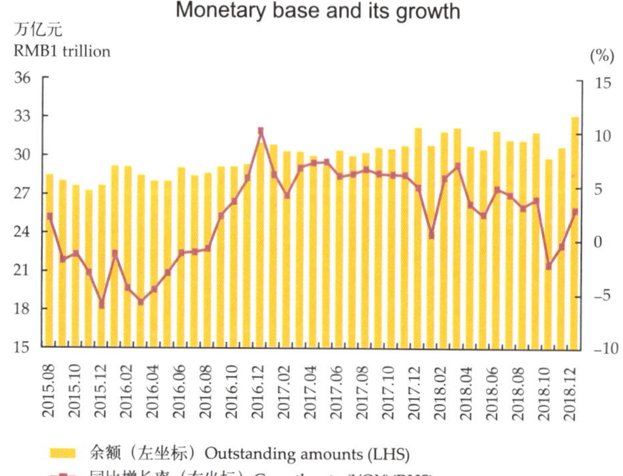

基础货币构成
Composition of monetary base

单位：亿元
Unit: RMB100 million

年/季度 Year/Quarter	货币发行 Currency issue	其他存款性公司存款 Deposits of other depository corporations
2016Q1	71 353	212 024
2016Q2	69 031	220 040
2016Q3	71 920	218 786
2016Q4	74 884	234 095
2017Q1	75 247	227 141
2017Q2	73 269	229 662
2017Q3	76 626	228 516
2017Q4	77 074	243 802
2018Q1	79 453	238 740
2018Q2	75 658	237 805
2018Q3	78 117	231 051
2018Q4	79 146	235 511

基础货币构成
Composition of monetary base

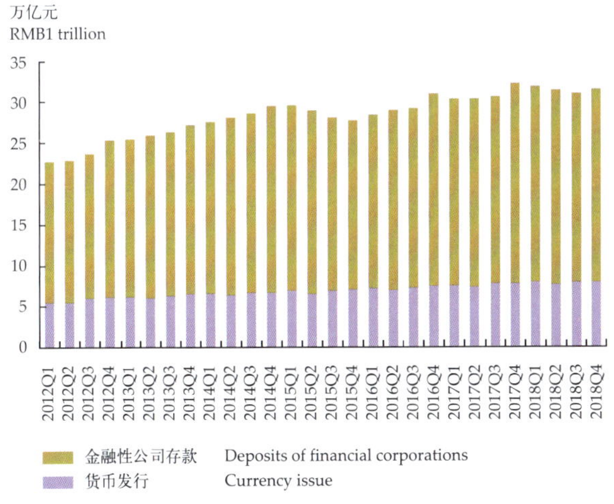

金融机构准备金和超额准备金率
Reserves and excess reserve ratio of financial institutions

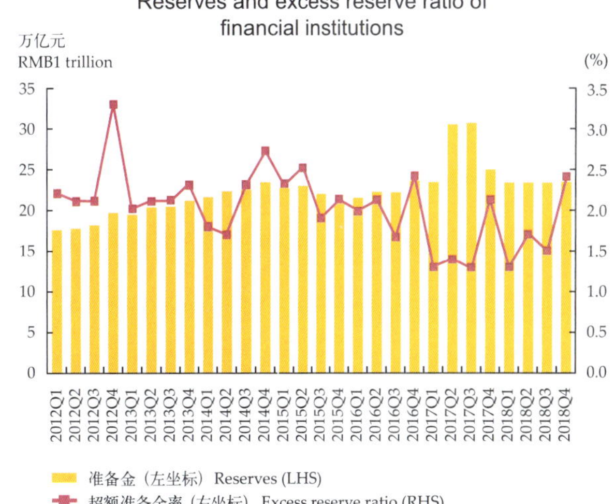

金融机构法定人民币存款准备金率
Official RMB reserve requirement ratios of financial institutions

单位：%
Unit: %

日期 Date	中资全国性大型银行① Chinese-funded large banks operating nationwide[1]	中小金融机构② Medium- and small-sized financial institutions[2]	农村合作银行 Rural cooperative banks	农村信用社和村镇银行 Rural credit cooperatives and township and village banks
2003.09.21	7.0	7.0	—	6.0
2004.04.25	7.5	7.5	7.5	6.0
2006.07.05	8.0	8.0	7.5	6.0
2006.08.15	8.5	8.5	7.5	6.0
2006.11.15	9.0	9.0	8.0	6.5
2007.01.15	9.5	9.5	8.5	7.0
2007.02.25	10.0	10.0	9.0	7.5
2007.04.16	10.5	10.5	9.5	8.0
2007.05.15	11.0	11.0	10.0	8.5
2007.06.05	11.5	11.5	10.5	9.0
2007.08.15	12.0	12.0	11.0	9.5
2007.09.25	12.5	12.5	11.5	10.0
2007.10.25	13.0	13.0	12.0	10.5
2007.11.26	13.5	13.5	12.5	11.0
2007.12.25	14.5	14.5	13.5	12.0
2008.01.25	15.0	15.0	14.0	12.5
2008.03.25	15.5	15.5	14.5	13.0
2008.04.25	16.0	16.0	15.0	13.5
2008.05.20	16.5	16.5	15.5	14.0
2008.06.15	17.0	17.0	16.0	14.5
2008.06.25	17.5	17.5	16.5	15.0
2008.09.25	17.5	16.5	15.5	14.0
2008.10.15	17.0	16.0	15.0	13.5
2008.12.05	16.0	14.0	13.0	11.5
2008.12.25	15.5	13.5	11.0	11.0
2010.01.18	16.0	14.0	11.0	11.0
2010.02.25	16.5	14.5	11.0	11.0
2010.05.10	17.0	15.0	11.5	11.0
2010.11.16	17.5	15.5	12.0	11.5
2010.11.29	18.0	16.0	12.5	12.0
2010.12.20	18.5	16.5	13.0	12.5
2011.01.20	19.0	17.0	13.5	13.0
2011.02.24	19.5	17.5	14.0	13.5
2011.03.25	20.0	18.0	14.5	14.0
2011.04.21	20.5	18.5	15.0	14.5
2011.05.18	21.0	19.0	15.5	15.0
2011.06.20	21.5	19.5	16.0	15.5
2011.12.05	21.0	19.0	15.5	15.0
2012.02.24	20.5	18.5	15.0	14.5
2012.05.18	20.0	18.0	14.5	14.0
2015.02.05	19.5	17.5	14.0	13.5
2015.04.20	18.5	16.5	11.5	11.5
2015.09.06	18.0	16.0	10.5	10.5
2015.10.24	17.5	15.5	9.5	9.5
2016.03.01	17.0	15.0	9.0	9.0
2018.04.25	16.0	14.0	9.0	9.0
2018.07.05	15.5	13.5	9.0	9.0
2018.10.15	14.5	12.5	9.0	9.0

注：①包括中国工商银行、中国农业银行、中国银行、中国建设银行、交通银行和中国邮政储蓄银行。
②包括中国农业发展银行、股份制商业银行、城市商业银行、农村商业银行、有关外资金融机构。
③2014年4月、6月，2015年2月、4月、6月、9月、10月和2018年1月，中国人民银行八次实施定向降准。

Notes: 1. Including Industrial and Commercial Bank of China, Agricultural Bank of China, Bank of China, China Construction Bank, Bank of Communications, Postal Savings Bank of China.
2. Including Agricultural Development Bank of China, joint-stock commercial banks, city commercial banks, rural commercial banks and foreign-funded financial institutions.
3. In April and June 2014, and February, April, June, September and October 2015, and January 2018, the PBC conducted targeted reductions of the deposit reserve requirement ratio (RRR) on 8 occasions.

4. 社会融资规模

(4) All-system financing aggregates

社会融资规模增量统计表
Statistics of the increments in all-system financing aggregates

单位：亿元人民币
Unit: RMB100 million

年/月 Year/Month	增量 Flow	其中： Of which :						
		人民币贷款 RMB loans	外币贷款(折合人民币) Foreign currency-denominated loans (RMB equivalent)	委托贷款 Entrusted loans	信托贷款 Trust loans	未贴现的银行承兑汇票 Undiscounted bankers' acceptances	企业债券 Net financing of corporate bonds	非金融企业境内股票融资 Equity financing on the domestic stock market by non-financial enterprises
2016.01	34 758	25 370	−1 727	2 175	552	1 327	4 579	1 469
2016.02	8 312	8 105	−569	1 650	308	−3 705	1 318	810
2016.03	23 931	13 176	6	1 660	732	173	7 190	562
2016.04	7 809	5 642	−706	1 694	269	−2 776	2 366	951
2016.05	6 770	9 374	−524	1 566	121	−5 067	− 250	1 073
2016.06	16 479	13 141	−267	1 721	809	−2 720	2 008	1 158
2016.07	4 791	4 550	−401	1 775	210	−5 118	2 208	1 135
2016.08	14 605	7 969	70	1 432	736	− 376	3 236	1 075
2016.09	17 115	12 628	−487	1 451	1 057	−2 230	2 872	1 368
2016.10	8 865	6 010	−335	725	530	−1 801	2 192	1 125
2016.11	18 328	8 463	−310	1 994	1 625	1 171	3 859	861
2016.12	16 260	9 943	−389	4 011	1 643	1 589	−2 048	828
2017.01	37 095	23 133	126	3 136	3 175	6 130	− 619	1 565
2017.02	11 046	10 317	368	1 172	1 062	−1 719	−1 169	570
2017.03	24 001	11 586	288	2 039	3 113	2 390	306	800
2017.04	15 604	10 806	−283	−48	1 473	345	455	769
2017.05	13 136	11 780	−99	278	1 812	−1 245	−2 513	511
2017.06	21 131	14 474	73	−32	2 481	− 230	−176	487
2017.07	14 983	9 152	−213	163	1 232	−2 037	2 599	536
2017.08	17 514	11 466	−332	−82	1 143	242	1 116	653
2017.09	22 451	11 885	−232	775	2 368	784	1 643	519
2017.10	12 004	6 635	−44	43	1 019	12	1 482	601
2017.11	19 139	11 428	198	280	1 434	15	920	1 324
2017.12	15 865	5 769	169	601	2 245	676	343	792
2018.01	30 673	26 850	266	−714	455	1 437	1 194	500
2018.02	11 854	10 199	86	−750	660	102	722	379
2018.03	15 685	11 425	139	−1 850	−357	− 323	3 344	404
2018.04	17 726	10 987	−26	−1 481	−94	1 454	4 008	533
2018.05	9 458	11 396	−228	−1 570	−904	−1 741	−412	438
2018.06	14 852	16 787	−364	−1 642	−1 623	−3 649	1 413	258
2018.07	12 161	12 861	−773	− 950	−1 192	−2 744	2 102	175
2018.08	19 286	13 140	−344	−1 207	− 688	− 779	3 297	141
2018.09	22 054	14 341	−670	−1 432	− 909	− 547	487	272
2018.10	7 288	7 141	−800	−949	−1 273	− 453	1 381	176
2018.11	15 191	12 302	−787	−1 310	− 467	− 127	3 163	200
2018.12	15 898	9 281	−702	−2 210	− 509	1 023	3 757	130

注：社会融资规模增量是指一定时期内实体经济（国内非金融企业和住户）从金融体系获得的资金额。
数据来源：中国人民银行、国家发展和改革委员会、中国证券监督管理委员会、中国银行保险监督管理委员会、中央国债登记结算有限责任公司和银行间市场交易商协会等部门。
Note: The increment in all-system financing aggregates refers to the total volume of financing provided by the financial system to the real economy (the non-financial corporate sector and the household sector in the domestic market) during a certain period of time.
Sources: The People's Bank of China, National Development and Reform Commission, China Securities Regulatory Commission, China Banking and Insurance Regulatory Commission,China Central Depository & Clearing Co., Ltd., National Association of Financial Market Institutional Investors, and etc..

社会融资规模存量统计表（年）
Statistics of stocks of all-system financing aggregates (by year)

年 Year	存量（亿元） Stock (RMB100 million)	同比增速(%) Growth rate (%)	其中 Of which:						
			人民币贷款(%) RMB loans (%)	外币贷款(折合人民币)(%) Foreign currency-denominated loans (RMB equivalent) (%)	委托贷款(%) Entrusted loans (%)	信托贷款(%) Trust loans (%)	未贴现的银行承兑汇票(%) Undiscounted bankers' acceptances (%)	企业债券(%) Net financing of corporate bonds (%)	非金融企业境内股票融资(%) Equity financing on the domestic stock market by non-financial enterprises (%)
2004	204 143	14.9	14.3	16.8	61.6		−8.0	4.0	8.5
2005	224 265	13.5	13.3	11.0	11.8		0.7	129.1	4.2
2006	264 500	18.1	16.3	9.0	20.0		44.9	68.7	12.5
2007	321 326	21.5	16.4	21.9	29.9	84.0	138.4	41.0	45.8
2008	379 765	20.5	18.7	5.1	29.1	84.3	9.2	78.7	17.7
2009	511 835	34.8	31.3	55.5	35.8	63.4	36.5	86.2	18.3
2010	649 869	27.0	19.9	15.9	44.2	34.4	135.5	42.3	30.9
2011	767 478	18.2	16.1	13.1	21.2	13.5	24.8	36.2	17.7
2012	914 186	19.1	15.0	27.2	17.1	75.0	20.7	44.4	8.6
2013	1074 575	17.5	14.2	7.2	39.7	61.1	12.6	24.2	6.7
2014	1228 591	14.3	13.6	4.1	29.2	10.7	−1.8	25.8	12.7
2015	1381 383	12.4	13.9	−13.0	17.2	0.8	−14.8	25.1	20.2
2016	1559 900	12.8	13.4	−12.9	19.8	15.8	−33.4	22.5	27.6
2017	1746 370	12.0	13.2	−5.8	5.9	35.9	13.7	2.5	15.1
2018	200 750	9.8	13.2	−10.7	−11.5	−8.0	−14.3	9.2	5.4

社会融资规模存量统计表（季）
Statistics of stocks of all-system financing aggregates (by quarter)

单位：万亿元人民币
Unit: RMB1 trillion

年/季度 Year/Quarter	存量 Stock	其中 Of which:						
		人民币贷款 RMB loans	外币贷款（折合人民币） Foreign currency-denominated loans (RMB equivalent)	委托贷款 Entrusted loans	信托贷款 Trust loans	未贴现的银行承兑汇票 Undiscounted bankers' acceptances	企业债券 Net financing of corporate bonds	非金融企业境内股票融资 Equity financing on the domestic stock market by non-financial enterprises
2015Q1	127.58	85.09	3.48	9.67	5.35	6.96	12.07	3.94
2015Q2	131.58	88.07	3.50	9.87	5.38	6.94	12.61	4.16
2015Q3	134.70	90.48	3.33	10.35	5.41	6.32	13.47	4.30
2015Q4	138.14	92.75	3.02	10.93	5.39	5.85	14.63	4.53
2016Q1	144.75	97.42	2.78	11.56	5.61	5.63	15.89	4.81
2016Q2	147.99	100.23	2.70	12.06	5.73	4.58	16.47	5.13
2016Q3	151.51	102.75	2.63	12.52	5.93	3.80	17.31	5.49
2016Q4	155.99	105.19	2.63	13.20	6.31	3.90	17.92	5.77
2017Q1	168.31	109.69	2.69	13.83	7.01	4.58	17.86	6.07
2017Q2	173.15	113.40	2.62	13.79	7.59	4.47	17.67	6.24
2017Q3	178.40	116.65	2.48	13.88	8.06	4.37	18.21	6.43
2017Q4	182.87	119.03	2.48	13.97	8.53	4.44	18.37	6.65
2018Q1	188.37	123.86	2.46	13.63	8.62	4.56	18.87	6.78
2018Q2	192.37	127.78	2.53	13.17	8.35	4.17	19.20	6.90
2018Q3	197.30	131.81	2.45	12.81	8.08	3.76	19.45	6.96
2018Q4	200.75	134.69	2.21	12.36	7.85	3.81	20.13	7.01

5. 利率
(5) Interest rates

中央银行基准利率
Central bank benchmark interest rates

单位：年利率%
Unit: annual interest rate%

日期 Date	法定存款准备金 Required reserves	超额存款准备金 Excess reserves	对金融机构贷款 Lending to financial institutions				再贴现 Rediscount
			1年期 1-year	6个月以内 6-month and less	3个月以内 3-month and less	1个月以内 1-month and less	
1996.05.01	8.82	8.82	10.98	10.17	10.08	9.00	*
1996.08.23	8.28	7.92	10.62	—	9.72	—	*
1997.10.23	7.56	7.02	9.36	9.09	8.82	8.55	*
1998.03.25	5.22	—	7.92	7.02	6.84	6.39	6.03
1998.07.01	3.51	—	5.67	5.58	5.49	5.22	4.32
1998.12.07	3.24	—	5.13	5.04	4.86	4.59	3.96
1999.06.10	2.07	—	3.78	3.69	3.51	3.24	2.16
2001.09.11	—	—	—	—	—	—	2.97
2002.02.21	1.89	—	3.24	3.15	2.97	2.70	2.97
2003.12.20	—	1.62	—	—	—	—	—
2004.03.25	—	—	3.87	3.78	3.60	3.33	3.24
2005.03.17	—	0.99	—	—	—	—	—
2008.01.01	—	—	4.68	4.59	4.41	4.14	4.32
2008.11.27	1.62	0.72	3.60	3.51	3.33	3.06	2.97
2008.12.23	—	—	3.33	3.24	3.06	2.79	1.80
2010.12.26	—	—	3.85	3.75	3.55	3.25	2.25
2015.11.05	—	—	3.50	3.40	3.20	2.90	2.25

注：1. 1998年3月法定准备金和超额准备金两个账户合并为准备金账户。
2. *按同档次中央银行贷款利率下浮5%～10%。
3. 2015年11月，中国人民银行将原期限"20天以内"改为"1个月以内"。

Notes: 1. The required reserves account and excess reserves account were merged into the reserves account in March 1998.
2. *The interest rate is 5%~10% below that of the central bank lending rate of the same tranche.
3. In November 2015, the PBC switched previous tenor "20-day and less" to "1-month and less".

法定存款准备金利率和再贴现利率
Required reserves interest rates and rediscount interest rates

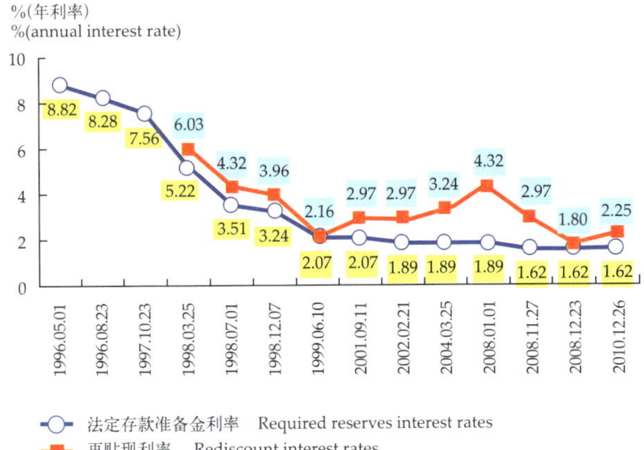

对金融机构贷款利率
Interest rates of central bank lending to financial institutions

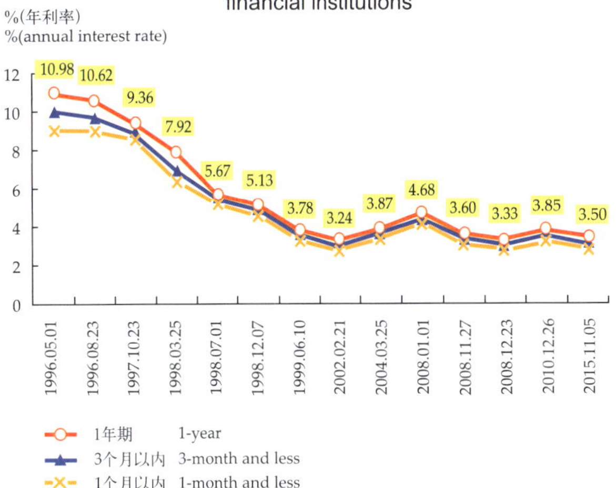

金融机构人民币存款基准利率
RMB deposit benchmark interest rates in financial institutions

单位：年利率%
Unit: annual interest rate %

日期 Date	活期 Demand deposits	定期 Time deposits					
		3个月 3-month	6个月 6-month	1年 1-year	2年 2-year	3年 3-year	5年 5-year
1990.04.15	2.88	6.30	7.74	10.08	10.98	11.88	13.68
1990.08.21	2.16	4.32	6.48	8.64	9.36	10.08	11.52
1991.04.21	1.80	3.24	5.40	7.56	7.92	8.28	9.00
1993.05.15	2.16	4.86	7.20	9.18	9.90	10.80	12.06
1993.07.11	3.15	6.66	9.00	10.98	11.70	12.24	13.86
1996.05.01	2.97	4.86	7.20	9.18	9.90	10.80	12.06
1996.08.23	1.98	3.33	5.40	7.47	7.92	8.28	9.00
1997.10.23	1.71	2.88	4.14	5.67	5.94	6.21	6.66
1998.03.25	1.71	2.88	4.14	5.22	5.58	6.21	6.66
1998.07.01	1.44	2.79	3.96	4.77	4.86	4.95	5.22
1998.12.07	1.44	2.79	3.33	3.78	3.96	4.14	4.50
1999.06.10	0.99	1.98	2.16	2.25	2.43	2.70	2.88
2002.02.21	0.72	1.71	1.89	1.98	2.25	2.52	2.79
2004.10.29	0.72	1.71	2.07	2.25	2.70	3.24	3.60
2006.08.19	0.72	1.80	2.25	2.52	3.06	3.69	4.14
2007.03.18	0.72	1.98	2.43	2.79	3.33	3.96	4.41
2007.05.19	0.72	2.07	2.61	3.06	3.69	4.41	4.95
2007.07.21	0.81	2.34	2.88	3.33	3.96	4.68	5.22
2007.08.22	0.81	2.61	3.15	3.60	4.23	4.95	5.49
2007.09.15	0.81	2.88	3.42	3.87	4.50	5.22	5.76
2007.12.21	0.72	3.33	3.78	4.14	4.68	5.40	5.85
2008.10.09	0.72	3.15	3.51	3.87	4.41	5.13	5.58
2008.10.30	0.72	2.88	3.24	3.60	4.14	4.77	5.13
2008.11.27	0.36	1.98	2.25	2.52	3.06	3.60	3.87
2008.12.23	0.36	1.71	1.98	2.25	2.79	3.33	3.60
2010.10.20	0.36	1.91	2.20	2.50	3.25	3.85	4.20
2010.12.26	0.36	2.25	2.50	2.75	3.55	4.15	4.55
2011.02.09	0.40	2.60	2.80	3.00	3.90	4.50	5.00
2011.04.06	0.50	2.85	3.05	3.25	4.15	4.75	5.25
2011.07.07	0.50	3.10	3.30	3.50	4.40	5.00	5.50
2012.06.08	0.40	2.85	3.05	3.25	4.10	4.65	5.10
2012.07.06	0.35	2.60	2.80	3.00	3.75	4.25	4.75
2014.11.22	0.35	2.35	2.55	2.75	3.35	4.00	—
2015.03.01	0.35	2.10	2.30	2.50	3.10	3.75	—
2015.05.11	0.35	1.85	2.05	2.25	2.85	3.50	—
2015.06.28	0.35	1.60	1.80	2.00	2.60	3.25	—
2015.08.26	0.35	1.35	1.55	1.75	2.35	3.00	—
2015.10.24	0.35	1.10	1.30	1.50	2.10	2.75	—

注：自2014年11月起，中国人民银行不再公布人民币5年期定期存款基准利率。
Note: Since November, 2014, the PBC stopped publishing the benchmark interest rate for 5-year RMB deposits.

人民币存款基准利率
RMB deposit benchmark interest rates

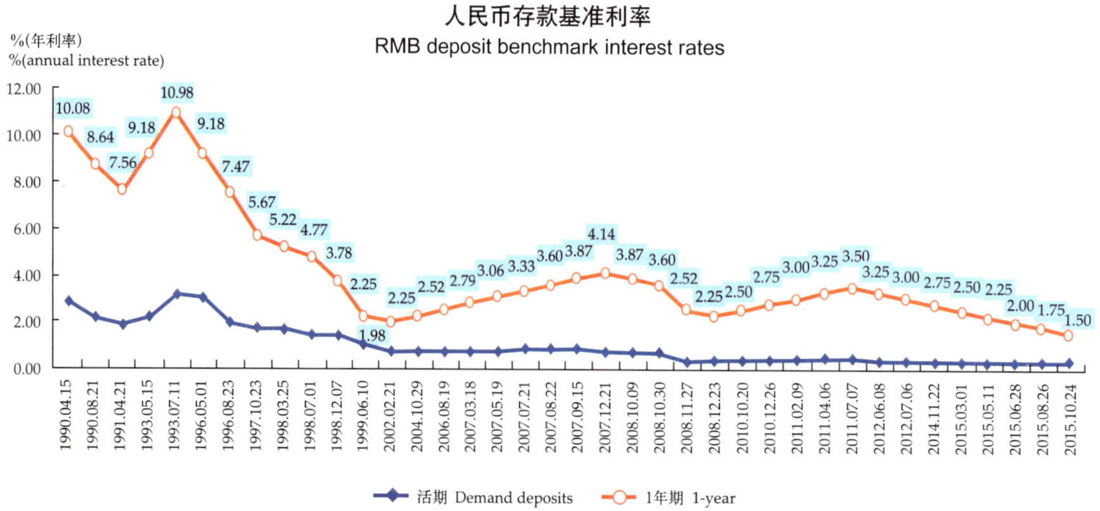

金融机构人民币贷款基准利率
RMB lending benchmark interest rates in financial institutions

单位：年利率%
Unit: annual interest rate %

日期 Date	短期贷款 Short-term loans		中长期贷款 Medium- and long-term loans		
	6个月以内(含6个月)① 6-month and less (including 6-month) 1	6个月至1年(含1年)② 6-month to 1-year (including 1-year) 2	1～3年(含3年) 1 to 3-year (including 3-year)	3～5年(含5年)③ 3 to 5-year (including 5-year) 3	5年以上 More than 5-year
1991.04.21	8.10	8.64	9.00	9.54	9.72
1993.05.15	8.82	9.36	10.80	12.06	12.24
1993.07.11	9.00	10.98	12.24	13.86	14.04
1995.01.01	9.00	10.98	12.96	14.58	14.76
1995.07.01	10.08	12.06	13.50	15.12	15.30
1996.05.01	9.72	10.98	13.14	14.94	15.12
1996.08.23	9.18	10.08	10.98	11.70	12.42
1997.10.23	7.65	8.64	9.36	9.90	10.53
1998.03.25	7.02	7.92	9.00	9.72	10.35
1998.07.01	6.57	6.93	7.11	7.65	8.01
1998.12.07	6.12	6.39	6.66	7.20	7.56
1999.06.10	5.58	5.85	5.94	6.03	6.21
2002.02.21	5.04	5.31	5.49	5.58	5.76
2004.10.29	5.22	5.58	5.76	5.85	6.12
2006.04.28	5.40	5.85	6.03	6.12	6.39
2006.08.19	5.58	6.12	6.30	6.48	6.84
2007.03.18	5.67	6.39	6.57	6.75	7.11
2007.05.19	5.85	6.57	6.75	6.93	7.20
2007.07.21	6.03	6.84	7.02	7.20	7.38
2007.08.22	6.21	7.02	7.20	7.38	7.56
2007.09.15	6.48	7.29	7.47	7.65	7.83
2007.12.21	6.57	7.47	7.56	7.74	7.83
2008.09.16	6.21	7.20	7.29	7.56	7.74
2008.10.09	6.12	6.93	7.02	7.29	7.47
2008.10.30	6.03	6.66	6.75	7.02	7.20
2008.11.27	5.04	5.58	5.67	5.94	6.12
2008.12.23	4.86	5.31	5.40	5.76	5.94
2010.10.20	5.10	5.56	5.60	5.96	6.14
2010.12.26	5.35	5.81	5.85	6.22	6.40
2011.02.09	5.60	6.06	6.10	6.45	6.60
2011.04.06	5.85	6.31	6.40	6.65	6.80
2011.07.07	6.10	6.56	6.65	6.90	7.05
2012.06.08	5.85	6.31	6.40	6.65	6.80
2012.07.06	5.60	6.00	6.15	6.40	6.55
2014.11.22	—	5.60	—	6.00	6.15
2015.03.01	—	5.35	—	5.75	5.90
2015.05.11	—	5.10	—	5.50	5.65
2015.06.28	—	4.85	—	5.25	5.40
2015.08.26	—	4.60	—	5.00	5.15
2015.10.24	—	4.35	—	4.75	4.90

注：①自2014年11月起，中国人民银行将贷款基准利率期限档次简并为1年以内（含1年）、1～5年（含5年）和5年以上三个档次。
②2014年11月后为1年以内（含1年）。
③2014年11月后为1～5年（含5年）。

Notes: 1. Since November, 2014, the PBC simplified the term category of RMB benchmark lending rates, which thereafter included less than 1-year(including 1-year), 1 to 5-year (including 5-year), and more than 5-year.
2. Less than 1-year (including 1-year) after November, 2014.
3. 1 to 5-year (including 5-year) after November, 2014.

人民币贷款基准利率
RMB lending benchmark interest rates

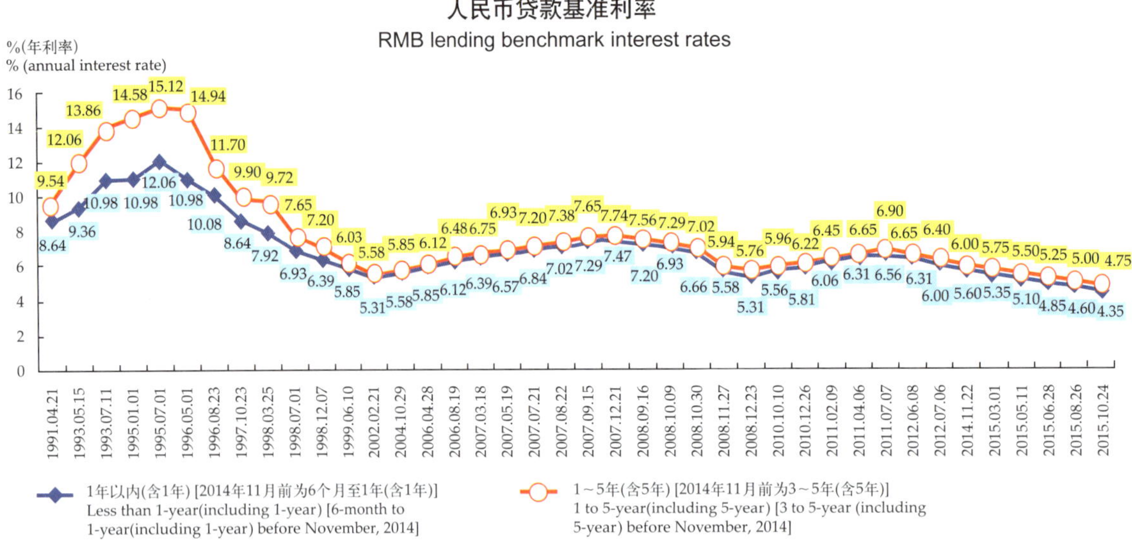

金融机构人民币贷款各利率区间占比表
Share of loans with floating rates in various ranges

单位：% Unit: %

年/月 Year/Month	下浮 Floating downward	基准 At benchmark	上浮 Floating upward					
			小计 Subtotal	(1.0, 1.1]	(1.1, 1.3]	(1.3, 1.5]	(1.5, 2.0]	2.0以上Above 2.0
2016.01	19.56	17.16	63.28	15.71	18.44	10.39	11.39	7.35
2016.02	21.92	16.92	61.16	15.06	17.08	9.55	11.71	7.76
2016.03	20.82	17.60	61.58	14.54	17.06	10.19	11.92	7.87
2016.04	21.99	16.27	61.74	13.88	16.73	10.45	12.53	8.15
2016.05	22.94	15.91	61.15	13.16	17.10	10.67	12.40	7.82
2016.06	24.06	17.80	58.14	13.57	16.24	10.13	11.40	6.80
2016.07	21.37	16.11	62.52	12.83	17.52	11.16	13.00	8.01
2016.08	21.46	15.77	62.77	12.95	17.61	11.07	13.27	7.87
2016.09	21.43	18.19	60.38	13.77	17.00	10.73	11.72	7.16
2016.10	22.94	16.89	60.17	13.01	16.17	10.82	12.20	7.98
2016.11	24.24	17.65	58.11	12.72	15.96	10.02	11.79	7.61
2016.12	28.22	19.05	52.73	13.04	14.93	8.44	10.02	6.29
2017.01	23.87	19.41	56.72	14.53	16.04	9.24	10.43	6.48
2017.02	27.64	18.55	53.81	15.12	15.14	8.17	9.12	6.27
2017.03	23.30	18.13	58.57	14.19	16.17	9.83	10.76	7.62
2017.04	21.41	17.71	60.88	15.23	17.60	9.75	10.83	7.46
2017.05	20.70	18.11	61.19	14.76	17.68	10.27	11.11	7.37
2017.06	16.13	19.47	64.39	15.12	19.06	11.77	11.45	6.99
2017.07	12.96	18.93	68.11	15.08	19.98	12.37	12.45	8.22
2017.08	13.44	17.85	68.72	15.04	19.14	12.88	12.99	8.67
2017.09	13.69	18.17	68.14	14.86	19.79	12.69	12.73	8.07
2017.10	13.63	17.88	68.49	14.55	19.68	12.42	13.00	8.84
2017.11	13.59	19.36	67.05	15.20	18.67	12.49	12.68	8.01
2017.12	14.28	21.31	64.41	14.50	18.07	11.33	12.68	7.84
2018.01	11.89	20.31	67.80	16.45	19.67	12.32	12.11	7.26
2018.02	12.50	18.83	68.67	15.98	18.66	12.88	12.65	8.50
2018.03	9.61	16.04	74.35	15.86	21.29	14.00	14.53	8.68
2018.04	10.38	15.15	74.47	15.77	21.12	14.13	14.72	8.73
2018.05	9.03	14.36	76.61	16.60	20.85	14.39	15.65	9.12
2018.06	9.93	14.83	75.24	15.19	21.36	14.10	16.32	8.27
2018.07	9.59	14.08	76.33	14.96	21.08	14.07	16.63	9.59
2018.08	11.87	13.33	74.81	13.20	20.53	14.23	16.31	10.55
2018.09	12.60	13.64	73.76	12.79	21.26	13.87	16.06	9.78
2018.10	12.91	14.40	72.69	12.15	19.73	13.22	16.49	11.10
2018.11	14.92	14.87	70.21	12.39	19.71	13.12	15.28	9.70
2018.12	16.27	18.47	65.26	13.59	17.81	11.52	13.89	8.45

注：* 2012年8月以来统计数据的下浮区间为[0.7，1.0)。
Note: * The downward floating range for statistical data has been changed to [0.7,1.0) since August, 2012.

2018年第四季度金融机构人民币贷款各利率区间占比表

Share of loans with rates floating at various ranges in the fourth quarter of 2018

单位：% Unit: %

	下浮 Floating downward	基准 At benchmark	上浮 Floating upward					
			小计 Subtotal	(1.0, 1.1]	(1.1, 1.3]	(1.3, 1.5]	(1.5, 2.0]	2.0以上 Above 2.0
四大国有商业银行 Four state-owned commercial banks	22.37	23.64	53.99	23.33	23.43	5.63	1.41	0.20
股份制商业银行 Joint-stock commercial banks	10.14	14.37	75.49	14.37	28.75	18.75	10.28	3.33
外资商业银行 Foreign commercial banks	37.92	12.08	50.00	18.37	23.63	5.27	2.23	0.50
城市商业银行 City commercial banks	2.39	8.09	89.52	6.45	17.75	19.17	25.49	20.67
农村合作金融机构 Rural cooperative financial institutions	1.80	6.61	91.59	3.89	11.17	16.48	34.29	25.76
政策性银行 Policy banks	39.03	35.75	25.22	17.66	7.39	0.15	0.02	0.00
合计 Total	14.99	16.29	68.73	12.84	18.91	12.47	14.99	9.52

大额美元存款与美元贷款平均利率表
Average interest rates of large-value dollar deposits and loans

单位：% Unit: %

年/月 Year/ Month	大额存款 Large-value deposits						贷款 Loans				
	活期 Demand	3个月以内 Within 3 months	3(含)~6个月 3~6 months (including 3 months)	6(含)~12个月 6~12 months (including 6 months)	1年 1 year	1年以上 Above 1 year	3个月以内 Within 3 months	3(含)~6个月 3~6 months (including 3 months)	6(含)~12个月 6~12 months (including 6 months)	1年 1 year	1年以上 Above 1 year
2016.01	0.24	0.65	1.20	1.37	1.64	1.55	1.50	2.15	1.94	2.07	3.30
2016.02	0.22	0.62	1.11	1.25	1.44	1.40	1.47	1.99	1.84	1.99	4.14
2016.03	0.20	0.68	1.13	1.27	1.50	1.60	1.48	1.85	3.08	2.28	3.32
2016.04	0.23	0.81	0.96	1.39	1.52	1.53	1.48	2.02	1.81	1.97	3.50
2016.05	0.24	0.76	1.12	1.31	1.59	1.38	1.52	1.94	1.85	1.86	3.11
2016.06	0.18	0.67	1.23	1.51	1.62	1.41	1.62	1.84	1.76	2.29	3.45
2016.07	0.21	0.76	1.13	1.46	1.67	1.61	1.62	2.07	1.89	2.04	2.87
2016.08	0.21	0.79	1.24	1.63	1.76	1.79	1.74	2.23	2.02	2.14	3.26
2016.09	0.18	0.69	1.36	1.60	1.76	1.81	1.78	2.11	1.83	2.03	3.41
2016.10	0.18	0.74	1.11	1.51	1.66	1.73	1.72	2.26	1.93	2.16	3.31
2016.11	0.17	0.76	1.25	1.51	1.76	1.91	1.75	2.24	2.31	2.40	3.63
2016.12	0.14	0.88	1.50	1.80	1.79	1.95	1.89	2.26	2.61	2.46	3.69
2017.01	0.20	1.05	1.59	1.88	2.03	2.19	2.03	2.32	2.19	2.21	3.80
2017.02	0.20	1.05	1.57	1.89	2.13	2.24	1.95	2.30	2.02	2.28	4.07
2017.03	0.22	1.14	1.68	2.01	2.25	2.24	2.17	2.32	2.26	2.38	3.90
2017.04	0.25	1.22	1.59	2.02	2.14	2.25	2.31	2.45	2.42	2.55	3.22
2017.05	0.22	1.39	1.73	2.51	2.09	2.25	2.67	2.77	2.61	2.58	3.48
2017.06	0.22	1.41	1.93	2.02	2.35	1.87	2.43	2.45	2.71	2.46	3.50
2017.07	0.19	1.50	1.93	2.18	2.30	2.28	2.55	2.70	2.89	2.57	3.53
2017.08	0.21	1.46	1.95	2.05	2.28	2.61	2.45	2.67	2.79	2.89	3.92
2017.09	0.20	1.55	1.97	2.30	2.35	2.26	2.48	2.69	2.54	3.07	3.85
2017.10	0.20	1.50	1.96	2.25	2.47	2.37	2.53	2.88	2.68	2.96	3.84
2017.11	0.22	1.49	2.11	3.01	2.56	2.39	2.56	2.91	2.95	2.87	4.15
2017.12	0.20	1.70	2.23	2.44	2.58	2.60	2.67	2.99	2.96	3.27	3.98
2018.01	0.19	1.79	2.37	2.61	2.77	2.87	2.72	3.10	2.84	3.04	4.48
2018.02	0.18	1.82	2.39	2.70	2.97	2.81	2.79	3.28	2.95	3.21	4.11
2018.03	0.30	1.92	2.70	3.09	3.28	3.33	3.17	3.42	3.21	3.73	4.23
2018.04	0.31	2.00	2.90	3.21	2.82	3.26	3.28	3.63	3.39	3.67	4.99
2018.05	0.32	2.06	3.30	3.45	3.31	3.23	3.30	3.60	3.49	3.60	4.60
2018.06	0.33	2.15	2.95	2.95	3.40	3.43	3.35	3.61	3.55	3.67	4.32
2018.07	0.30	2.18	2.94	3.11	3.41	3.34	3.47	3.67	3.57	3.61	4.66
2018.08	0.38	2.23	3.00	3.20	2.80	3.54	3.50	3.71	3.59	4.01	4.39
2018.09	0.40	2.34	2.95	3.37	3.03	3.19	3.49	3.66	3.56	3.82	4.49
2018.10	0.42	2.45	3.03	3.33	3.68	3.09	3.64	3.87	3.89	5.09	4.74
2018.11	0.37	2.46	3.22	3.75	3.74	3.99	3.65	4.05	4.07	4.21	4.85
2018.12	0.40	2.64	3.31	3.45	3.54	3.59	3.61	3.89	3.91	3.93	4.74

八、金融市场
8. Financial Market

1.货币市场
(1) Money market

银行间市场交易量
Transaction volume in the inter-bank market

单位：万亿元
Unit: RMB1 trillion

年 Year	债券回购 Repurchasing	同业拆借 Inter-bank borrowing	现券买卖 Outright transactions
2000	1.6	0.7	0.1
2001	4.0	0.8	0.1
2002	10.2	1.2	0.4
2003	11.7	2.4	3.1
2004	9.4	1.5	2.5
2005	15.9	1.3	6.0
2006	26.6	2.2	10.2
2007	44.8	10.6	15.6
2008	58.1	15.0	37.1
2009	70.3	19.4	47.3
2010	87.6	27.9	64.0
2011	99.5	33.4	63.6
2012	141.7	46.7	75.2
2013	158.2	35.5	41.6
2014	224.4	37.7	40.4
2015	457.8	64.2	86.7
2016	601.3	95.9	127.1
2017	616.4	79.0	102.8
2018	722.7	139.3	105.7

银行间市场月加权平均利率
Monthly weighted average interest rates in the inter-bank market

单位：%　Unit: %

年/月 Year/Month	同业拆借市场 Inter-bank borrowing market	质押式债券回购 Bond-pledged repurchasing
2017.01	2.36	2.48
2017.02	2.47	2.61
2017.03	2.62	2.84
2017.04	2.65	2.80
2017.05	2.88	2.92
2017.06	2.94	3.03
2017.07	2.82	2.90
2017.08	2.96	3.09
2017.09	2.92	3.07
2017.10	2.82	2.91
2017.11	2.92	3.00
2017.12	2.91	3.11
2018.01	2.78	2.88
2018.02	2.73	2.87
2018.03	2.74	2.90
2018.04	2.81	3.10
2018.05	2.72	2.82
2018.06	2.73	2.89
2018.07	2.47	2.43
2018.08	2.29	2.25
2018.09	2.59	2.60
2018.10	2.42	2.39
2018.11	2.49	2.46
2018.12	2.57	2.68

银行间市场交易量
Transaction volume in the inter-bank market

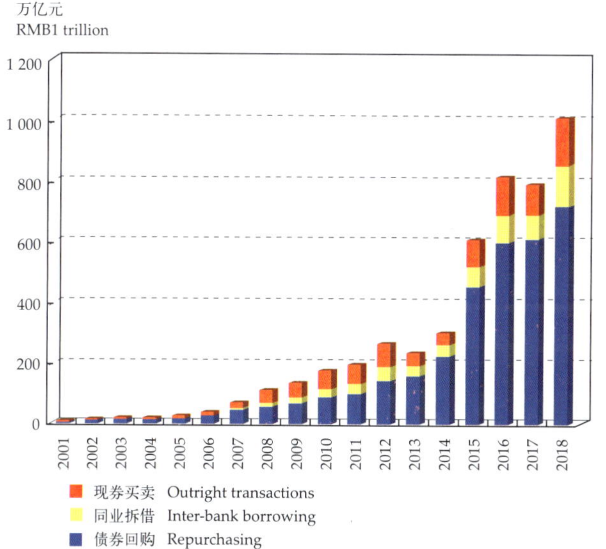

银行间市场月加权平均利率
Monthly weighted average interest rates in the inter-bank market

各品种Shibor走势
Movements of the Shibor

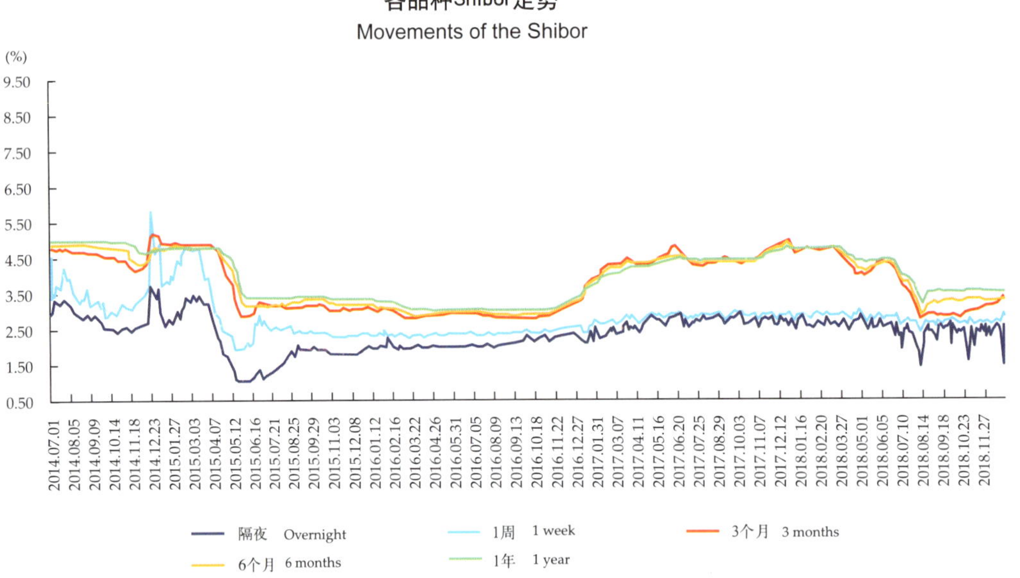

全国银行间同业拆借各期限当月交易量及月加权平均利率
Monthly transaction volume and monthly weighted average interest rates of inter-bank borrowing with different maturities

单位：亿元、%
Unit: RMB100 million, %

年/月 Year/Month	1天 1 day		7天 7 days		14天 14 days		21天 21 days		1个月 1 month		2个月 2 months		3个月 3 months		4个月 4 months		6个月 6 months		9个月 9 months		1年 1 year	
	交易量 Volume	利率 Rate	交易量 Volume	利率 Rate	交易量 Volume	利率 Rate	交易量 Volume	利率 Rate	交易量 Volume	利率 Rate	交易量 Volume	利率 Rate	交易量 Volume	利率 Rate	交易量 Volume	利率 Rate	交易量 Volume	利率 Rate	交易量 Volume	利率 Rate	交易量 Volume	利率 Rate
2017.01	50 192	2.22	6 982	2.71	1 814	3.15	588	3.81	687	3.69	428	4.22	199	4.23	34	4.26	51	4.35	1	4.25	90	4.67
2017.02	62 629	2.38	5 150	2.93	904	3.30	194	3.68	316	4.15	271	4.34	189	4.51	203	4.47	20	4.53	15	4.31	14	4.60
2017.03	67 691	2.51	6 244	3.16	1 026	3.53	140	4.20	421	4.39	930	4.51	133	4.87	18	4.64	23	4.63	10	4.65	25	4.64
2017.04	53 821	2.56	4 989	3.18	761	3.41	63	4.03	466	4.13	447	4.35	129	4.55	11	4.62	39	4.43	11	4.67	31	4.78
2017.05	47 751	2.79	6 267	3.24	729	3.83	38	4.20	270	4.13	229	4.67	175	4.86	11	4.70	20	4.96	9	4.97	17	4.36
2017.06	55 703	2.85	6 910	3.30	661	3.92	64	4.50	365	4.91	224	5.11	249	5.14	24	5.09	33	4.91	10	5.20	42	5.26
2017.07	48 944	2.73	6 593	3.26	444	3.80	69	4.13	365	3.89	207	4.20	158	4.57	11	4.46	36	4.55	14	4.81	30	4.89
2017.08	54 286	2.88	6 633	3.41	613	3.96	46	3.93	392	3.67	247	4.24	156	4.66	32	4.47	26	4.71	11	4.86	19	4.85
2017.09	59 760	2.78	7 094	3.50	1 736	4.07	219	4.18	294	4.19	437	4.73	100	4.93	4	4.89	12	4.87	6	5.01	15	5.34
2017.10	47 104	2.71	6 327	3.36	416	4.02	22	4.25	216	4.16	449	4.44	206	4.81	58	4.57	22	4.89	3	5.01	12	5.04
2017.11	63 922	2.79	7 995	3.44	807	3.99	580	4.10	570	4.03	448	4.70	286	5.18	24	5.12	81	4.86	9	5.08	8	4.86
2017.12	68 003	2.71	9 337	3.46	2 838	4.18	1 103	4.03	716	4.80	747	5.22	200	5.59	46	5.31	14	5.29	5	5.27	28	5.32
2018.01	93 171	2.69	10 728	3.17	1 060	3.89	226	4.23	264	4.32	347	4.78	232	5.18	90	5.03	77	5.20	18	5.23	71	5.34
2018.02	73 939	2.61	7 741	3.26	1 509	3.96	319	4.16	309	4.11	445	4.43	243	4.88	82	5.05	45	5.17	37	5.26	41	5.46
2018.03	103 998	2.66	8 921	3.39	771	4.00	115	4.68	246	4.48	296	4.75	238	5.42	32	5.10	99	5.25	52	5.23	56	5.45
2018.04	73 557	2.67	8 430	3.57	487	4.05	116	4.34	412	3.95	289	4.18	802	4.33	145	4.24	133	4.52	33	4.85	45	5.14
2018.05	105 699	2.63	8 950	3.31	711	3.73	180	3.96	984	3.78	349	4.21	431	4.51	12	4.73	38	4.70	36	4.69	104	4.86
2018.06	87 492	2.62	9 190	3.51	610	3.88	132	4.60	151	4.35	179	4.84	161	5.40	20	4.84	78	4.85	19	4.93	82	5.18
2018.07	110 556	2.39	8 821	3.18	563	3.00	61	3.46	274	3.16	249	3.46	463	3.81	71	3.61	76	3.70	6	4.13	53	4.02
2018.08	141 082	2.23	8 799	3.03	1 116	2.76	121	2.89	521	2.75	289	3.00	525	3.46	32	3.47	65	3.56	44	3.54	59	3.68
2018.09	120 855	2.52	7 417	3.33	2 704	3.19	1 243	2.81	381	3.40	750	3.18	231	4.32	12	3.79	95	3.90	14	4.40	33	4.43
2018.10	107 791	2.35	7 110	3.20	1 021	2.71	461	2.76	564	2.90	211	3.07	929	3.24	571	3.10	135	3.50	13	3.77	22	4.37
2018.11	127 077	2.43	8 521	3.17	1 265	2.73	492	2.75	408	2.88	505	3.05	567	3.59	59	3.38	48	3.94	5	4.62	33	4.32
2018.12	110 241	2.46	8 361	3.57	1 062	3.54	674	3.04	524	3.46	296	3.95	312	4.45	88	3.76	108	3.90	47	3.90	53	4.25

全国银行间同业拆借各期限月加权平均利率
Monthly weighted average interest rates of inter-bank borrowing with different maturities

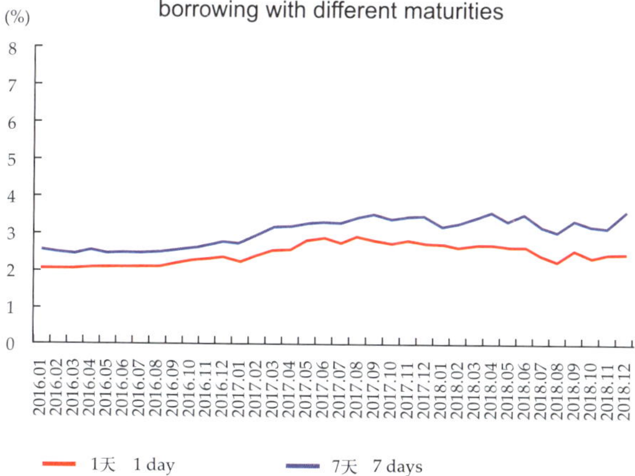

全国银行间同业拆借各期限当月交易量
Monthly transaction volume of inter-bank borrowing with different maturities

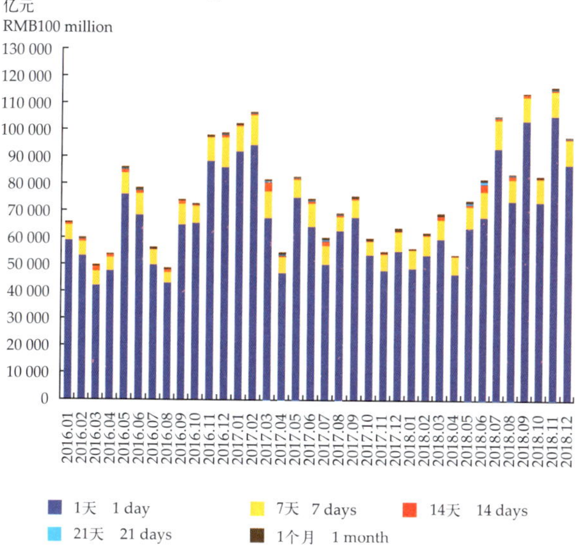

2.债券市场
(2) Bond market

债券回购交易成交金额
Turnover of repurchasing

单位：亿元
Unit: RMB100 million

年/月 Year/Month	银行间债券市场 Inter-bank bond market	交易所 Stock exchanges
2017.01	363 049	181 480
2017.02	372 906	179 444
2017.03	523 764	226 438
2017.04	434 587	193 041
2017.05	489 018	231 671
2017.06	574 017	258 220
2017.07	538 507	244 525
2017.08	586 545	261 321
2017.09	604 380	224 596
2017.10	458 306	170 298
2017.11	612 262	218 731
2017.12	606 340	212 407
2018.01	578 129	218 587
2018.02	404 493	147 246
2018.03	612 286	218 515
2018.04	494 618	180 524
2018.05	579 504	215 901
2018.06	557 380	194 004
2018.07	651 531	202 381
2018.08	769 566	205 528
2018.09	613 276	169 558
2018.10	569 715	168 456
2018.11	716 132	199 208
2018.12	627 825	190 640

债券现券交易成交金额
Turnover of outright transactions

单位：亿元
Unit: RMB100 million

年/月 Year/Month	银行间债券市场 Inter-bank bond market	交易所 Stock exchanges
2017.01	53 830	3 581
2017.02	63 859	3 613
2017.03	89 692	4 732
2017.04	69 993	3 927
2017.05	76 416	4 753
2017.06	91 797	5 250
2017.07	91 649	4 451
2017.08	97 950	4 901
2017.09	101 985	4 373
2017.10	81 686	4 249
2017.11	106 248	6 009
2017.12	103 247	5 322
2018.01	92 379	5 729
2018.02	53 381	3 896
2018.03	98 548	6 278
2018.04	92 702	4 511
2018.05	116 037	5 126
2018.06	115 628	4 270
2018.07	138 524	5 739
2018.08	165 650	5 562
2018.09	147 080	5 065
2018.10	138 524	5 739
2018.11	165 650	5 562
2018.12	147 080	5 065

债券回购交易成交金额
Turnover of repurchasing

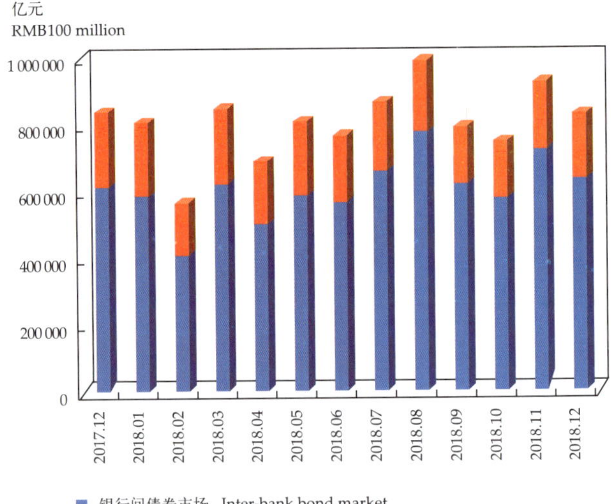

债券现券交易成交金额
Turnover of outright transactions

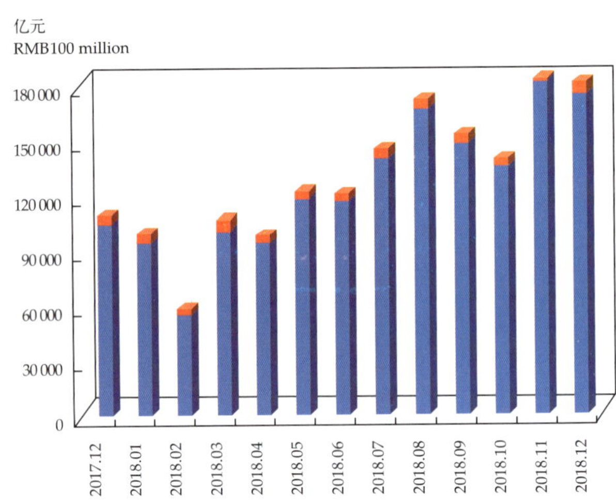

政府债券发行、兑付、期末余额
Issue and redemption values and end-period balance of government bonds

单位：亿元
Unit: RMB100 million

年/月 Year/Month	发行额 Issue value	兑付额 Redemption value	期末余额 End-period balance
2017.01	1 360	731	226 400
2017.02	1 846	1 906	226 209
2017.03	6 497	2 380	229 439
2017.04	6 084	1 074	235 378
2017.05	8 408	1 898	241 883
2017.06	8 697	2 111	248 454
2017.07	11 479	2 006	257 926
2017.08	13 987	9 046	262 346
2017.09	7 317	2 434	267 832
2017.10	7 053	1 159	272 800
2017.11	8 013	2 047	278 779
2017.12	2 772	776	281 538
2018.01	1 900	1 665	281 544
2018.02	1 486	1 422	281 719
2018.03	4 009	2 387	283 535
2018.04	6 269	1 063	288 838
2018.05	7 002	3 593	291 566
2018.06	9 188	3 309	298 075
2018.07	10 943	2 379	306 073
2018.08	12 525	3 242	314 725
2018.09	11 059	3 189	323 833
2018.10	6 055	2 820	326 865
2018.11	3 348	3 776	326 618
2018.12	4 495	1 028	330 069

政府债券发行与兑付
Issue and redemption values of government bonds

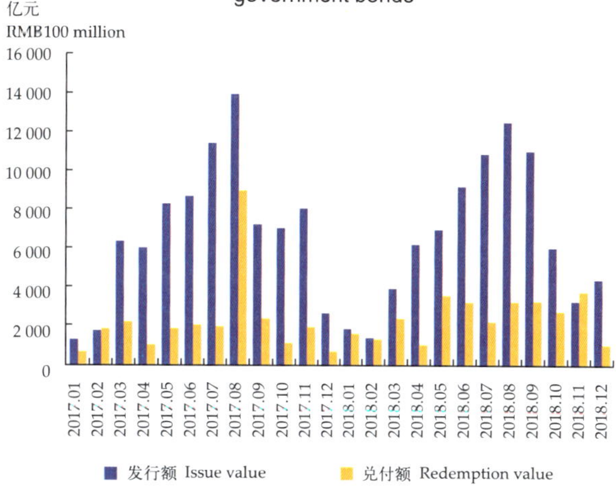

政府债券期末余额
Outstanding amounts of government bonds at end-period

3.股票市场
(3) Stock market

股票成交、发行筹资额
Turnover of stock trading and funds raised in the stock market

年/月 Year/Month	成交金额（亿元） Turnover of stock trading (RMB100 million)		A股筹资（亿元） A-shares capital raised (RMB100 million)					B股筹资（亿元） B-shares capital raised (RMB100 million)		H股筹资（亿元） H-shares capital raised (RMB100 million)	
	上海证券交易所A股 A-shares on the Shanghai Stock Exchange	深圳证券交易所A股 A-shares on the Shenzhen Stock Exchange	首次发行金额 Initial public offering	公开增发 Additional offering	定向增发（现金） Placement (Cash)	配股 Allotment	权证行权 Exercise warrant	首次发行金额 Initial public offering	再筹资金额 Refinancing	首次发行金额 Initial public offering	再筹资金额 Refinancing
2017 1	30 669	36 917	237.97	0.00	3 886.86	0.00	0.00	0.00	0.00	27.67	0.20
2	37 916	42 835	125.17	0.00	664.95	0.00	0.00	0.00	0.00	0.00	1.22
3	51 068	64 772	286.14	0.00	878.85	0.00	0.00	0.00	0.00	3.98	162.19
4	42 394	49 617	180.30	0.00	967.98	48.52	0.00	0.00	0.00	163.11	0.00
5	36 198	45 046	161.61	0.00	399.64	0.00	0.00	0.00	0.00	2.80	48.93
6	36 656	48 039	171.33	0.00	526.45	39.42	0.00	0.00	0.00	73.30	0.00
7	45 139	52 395	182.83	0.00	475.40	0.00	0.00	0.00	0.00	73.06	0.00
8	55 474	62 113	168.39	0.00	895.18	32.99	0.00	0.00	0.00	0.00	13.15
9	49 499	65 482	171.66	0.00	687.35	0.00	0.00	0.00	0.00	101.24	561.02
10	34 108	45 199	167.67	0.00	917.07	0.00	0.00	0.00	0.00	3.45	246.71
11	51 502	60 423	202.02	0.00	1 570.56	0.00	0.00	0.00	0.00	0.00	0.16
12	36 593	43 595	127.06	0.00	1 000.89	356.63	0.00	0.00	0.00	38.66	308.34
2018 1	57 871	56 935	235.00	0.00	754.00	40.00	0.00	0.00	0.00	46.64	61.75
2	32 703	31 634	112.00	0.00	237.00	30.00	0.00	0.00	0.00	0.00	0.00
3	44 101	59 135	43.00	0.00	343.00	18.00	0.00	0.00	0.00	0.00	103.01
4	33 837	48 510	76.00	0.00	448.00	47.00	0.00	0.00	0.00	0.57	3.01
5	38 250	51 566	364.00	0.00	73.00	0.00	0.00	0.00	0.00	0.00	27.25
6	31 155	38 614	92.00	0.00	193.00	5.00	0.00	0.00	0.00	64.49	0.00
7	32 642	45 100	34.00	0.00	1 139.00	26.00	0.00	0.00	0.00	58.12	22.54
8	28 793	36 948	58.00	0.00	225.00	0.00	0.00	0.00	0.00	546.62	0.00
9	21 596	28 116	181.00	0.00	146.00	0.00	0.00	0.00	0.00	42.49	0.00
10	24 511	27 819	45.00	0.00	148.00	17.00	0.00	0.00	0.00	29.49	0.00
11	33 592	44 452	90.00	0.00	124.00	46.00	0.00	0.00	0.00	1.70	0.62
12	22 524	30 697	45.00	0.00	97.00	0.00	0.00	0.00	0.00		

月末加权平均市盈率
Weighted average price-earnings ratio at month-end

年/月 Year/Month	上海证券交易所A股 A-shares on the Shanghai Stock Exchange	上海证券交易所B股 B-shares on the Shanghai Stock Exchange	深圳证券交易所A股 A-shares on the Shenzhen Stock Exchange	深圳证券交易所B股 B-shares on the Shenzhen Stock Exchange
2017.01	16.3	27.9	40.9	11.0
2017.02	16.8	28.8	42.7	11.0
2017.03	16.9	27.5	40.4	10.5
2017.04	16.7	27.2	36.2	11.2
2017.05	16.5	21.1	34.3	10.8
2017.06	17.0	21.5	36.0	11.3
2017.07	17.5	22.1	35.7	11.5
2017.08	18.0	22.7	37.1	11.2
2017.09	18.0	23.8	38.0	11.7
2017.10	18.4	23.0	38.4	11.9
2017.11	18.1	22.5	36.6	10.9
2017.12	18.2	22.5	36.5	11.3
2018.01	19.2	22.8	36.3	11.6
2018.02	18.3	21.7	34.7	11.3
2018.03	17.8	21.6	33.2	11.3
2018.04	17.3	21.0	28.2	7.9
2018.05	15.2	12.1	27.8	7.9
2018.06	14.1	11.5	25.3	7.5
2018.07	14.3	11.5	24.9	7.4
2018.08	13.6	11.2	22.9	7.0
2018.09	14.1	11.4	22.7	6.9
2018.10	13.0	10.7	20.5	6.1
2018.11	13.0	10.9	21.2	6.0
2018.12	12.5	10.6	20.1	6.0

股票成交金额
Turnover of stock trading

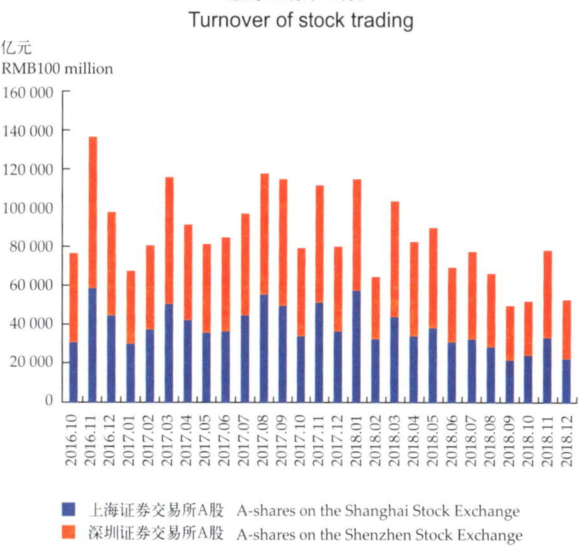

月末加权平均市盈率
Weighted average price-earnings ratio at month-end

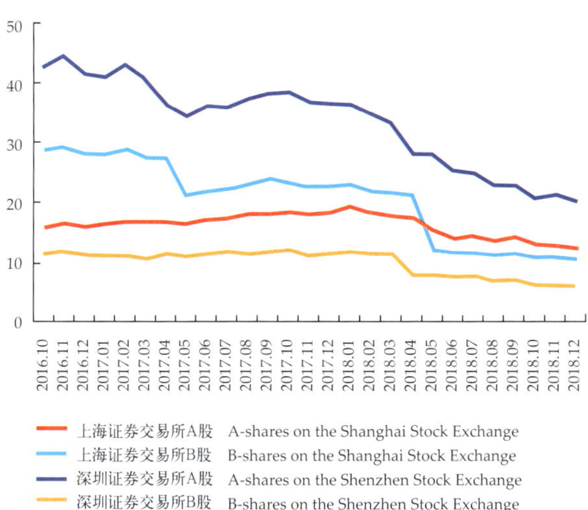

月末收盘指数
Closing index at month-end

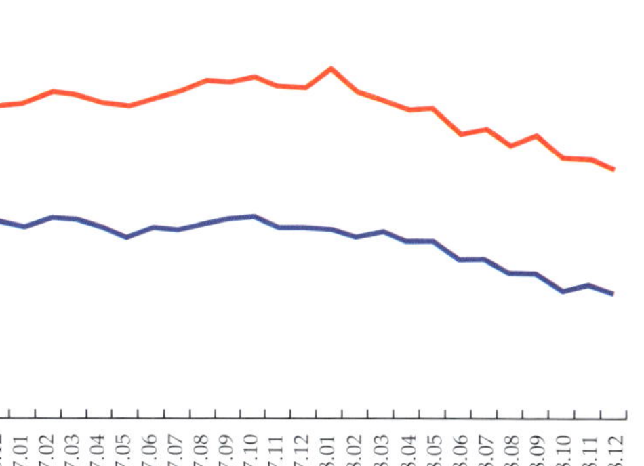

上证综合指数　Shanghai Stock Exchange Composite Index
深证综合指数　Shenzhen Stock Exchange Composite Index

4.票据市场
(4) Commercial paper market

票据市场交易额与期末余额
Transactions and outstanding balance of commercial paper market

单位：亿元
Unit: RMB100 million

年/月 Year/Month	商业汇票 Drafts	贴现 Discount bills	再贴现 Rediscount bills
发生额 Transactions during the period			
2017.01	13 261	40 386	253
2017.02	27 505	34 840	279
2017.03	14 928	46 113	416
2017.04	12 294	38 573	320
2017.05	13 044	40 618	343
2017.06	13 760	23 226	434
2017.07	11 536	29 658	285
2017.08	11 426	29 386	386
2017.09	13 992	28 893	392
2017.10	10 147	29 721	394
2017.11	13 727	29 721	481
2017.12	13 893	31 692	530
2018.01	14 538	27 401	385
2018.02	9 896	20 121	320
2018.03	16 007	23 512	541
2018.04	11 424	24 117	464
2018.05	12 187	20 341	534
2018.06	12 923	23 038	388
2018.07	12 591	25 085	586
2018.08	14 542	28 357	525
2018.09	14 087	25 671	616
2018.10	11 451	19 325	410
2018.11	13 957	30 567	1 133
2018.12	16 931	29 585	1 058
期末余额 Outstanding balance at the end of the period			
2017.01	91 920	50 188	1 116
2017.02	88 602	47 770	1 109
2017.03	88 400	43 877	1 224
2017.04	88 417	41 895	1 255
2017.05	84 618	40 426	1 298
2017.06	82 756	38 828	1 402
2017.07	81 030	37 166	1 418
2017.08	79 200	37 485	1 478
2017.09	81 281	37 463	1 504
2017.10	81 135	37 085	1 611
2017.11	79 729	37 470	1 699
2017.12	81 715	38 873	1 829
2018.01	82 680	39 207	1 829
2018.02	83 075	38 432	1 815
2018.03	84 993	38 313	1 894
2018.04	84 325	38 336	1 875
2018.05	85 111	39 783	1 955
2018.06	85 327	42 730	1 901
2018.07	83 212	45 118	1 994
2018.08	86 198	49 217	2 114
2018.09	87 080	50 987	2 162
2018.10	87 942	52 052	2 109
2018.11	89 376	54 393	2 718
2018.12	93 921	57 807	3 290

商业汇票交易情况
Draft transactions

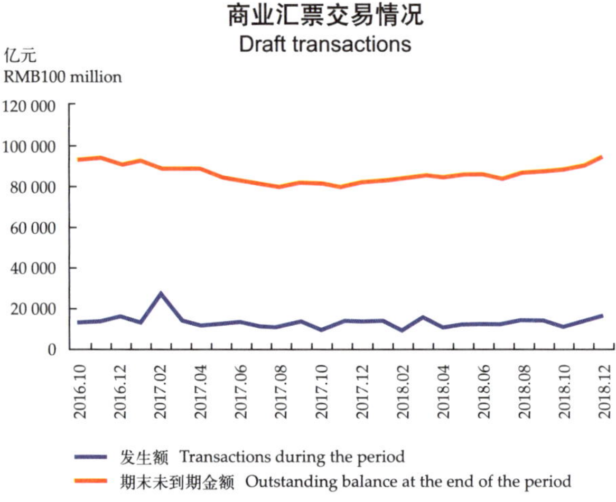

贴现情况
Discount bills

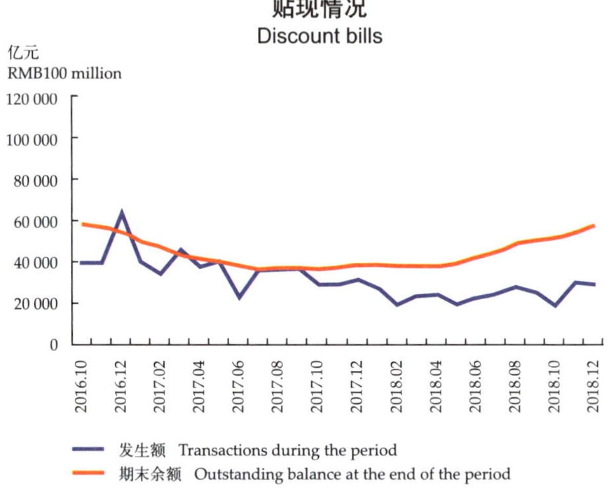

再贴现情况
Rediscount bills

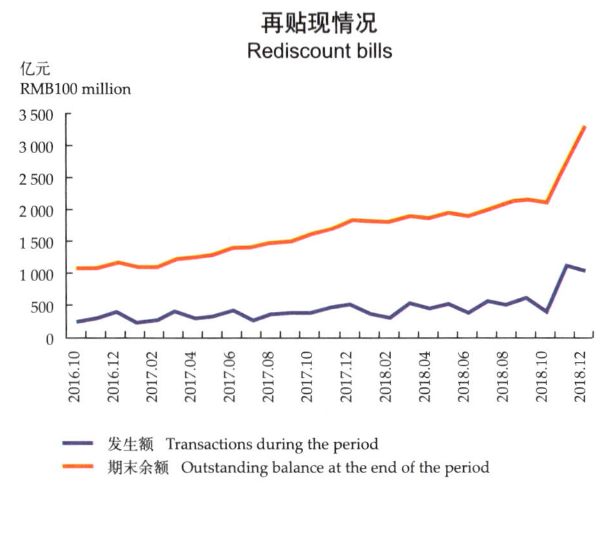

5.外汇市场
(5) Foreign exchange market

世界主要货币兑人民币月平均汇率
Monthly average exchange rate of the RMB against major foreign currencies

年/月 Year/Month	人民币/美元 RMB/USD	人民币/欧元 RMB/EUR	人民币/100日元 RMB/JPY100	人民币/港元 RMB/HKD	卢布/人民币 RUB/RMB
2017.01	6.8918	7.3179	5.9939	0.8886	8.6881
2017.02	6.8713	7.3085	6.0788	0.8855	8.4799
2017.03	6.8932	7.3668	6.1043	0.8876	8.4025
2017.04	6.8845	7.3829	6.2655	0.8856	8.1998
2017.05	6.8827	7.6042	6.1331	0.8840	8.2929
2017.06	6.8019	7.6389	6.1367	0.8723	8.5123
2017.07	6.7654	7.7898	6.0174	0.8664	8.8057
2017.08	6.6736	7.8855	6.0762	0.85329	8.9183
2017.09	6.5634	7.8143	5.9272	0.83995	8.7937
2017.10	6.6154	7.7845	5.8592	0.8477	8.7171
2017.11	6.6186	7.7643	5.8643	0.848	8.9063
2017.12	6.5942	7.8019	5.8373	0.8440	8.8873
2018.01	6.4364	7.8414	5.7951	0.8231	8.8101
2018.02	6.3162	7.7866	5.8235	0.8075	9.0202
2018.03	6.3220	7.7975	5.9612	0.8063	9.0319
2018.04	6.2975	7.7417	5.8603	0.8024	9.6695
2018.05	6.3758	7.5344	5.8097	0.8123	9.7806
2018.06	6.4556	7.5397	5.8698	0.8227	9.7217
2018.07	6.7034	7.8345	6.0191	0.8542	9.3733
2018.08	6.8433	7.9083	6.1668	0.8718	9.6799
2018.09	6.8445	7.9788	6.1207	0.8730	9.8971
2018.10	6.9264	7.9526	6.1587	0.8837	9.5050
2018.11	6.9351	7.8824	6.1219	0.8857	9.5827
2018.12	6.8853	7.8309	6.1279	0.8805	9.7763

世界主要货币兑人民币期末汇率
Exchange rate of the RMB against major foreign currencies at the end of the period

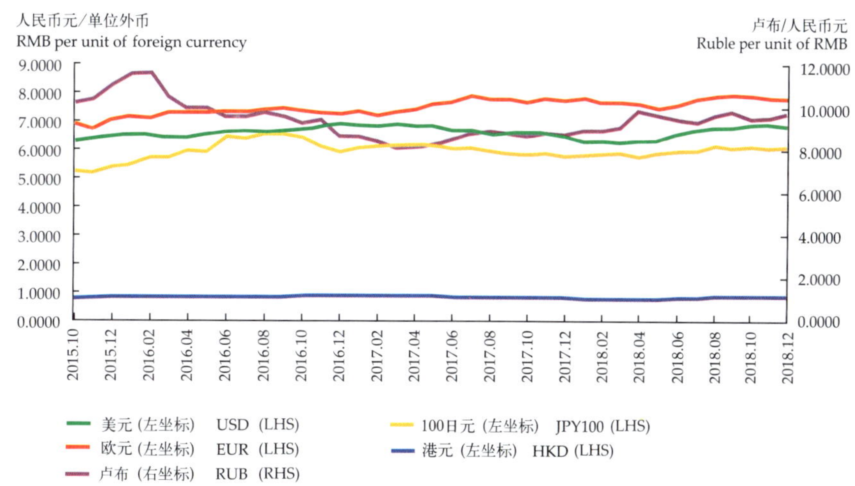

人民币/美元中间价
Central parity of the RMB against the USD
2005年7月21日至2018年12月28日
From July 21, 2005 to December 28, 2018

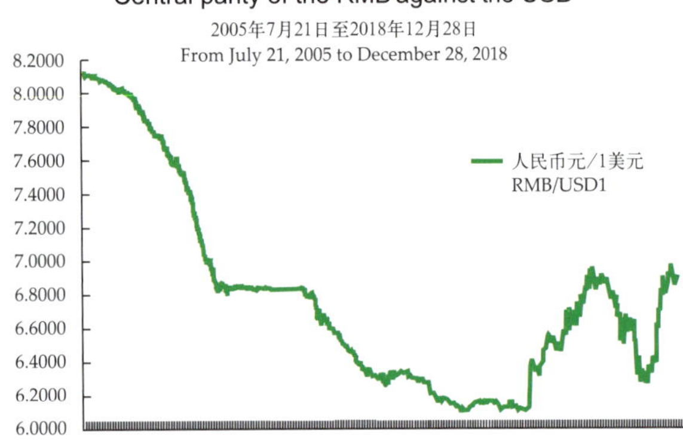

人民币/日元中间价
Central parity of the RMB against the JPY
2005年7月21日至2018年12月28日
From July 21, 2005 to December 28, 2018

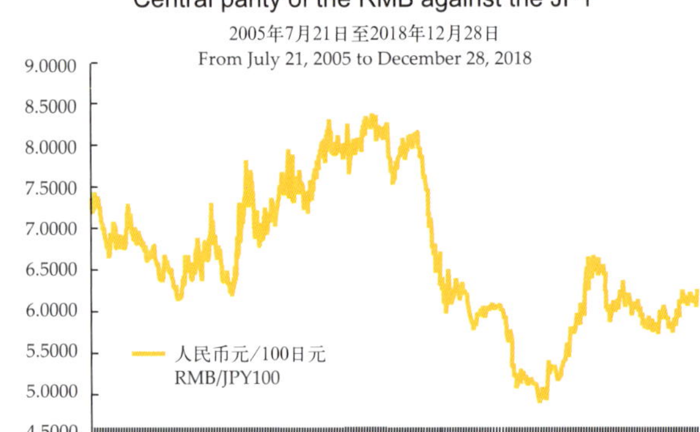

人民币/欧元中间价
Central parity of the RMB against the EUR
2005年7月21日至2018年12月28日
From July 21, 2005 to December 28, 2018

人民币/港元中间价
Central parity of the RMB against the HKD
2005年7月21日至2018年12月28日
From July 21, 2005 to December 28, 2018

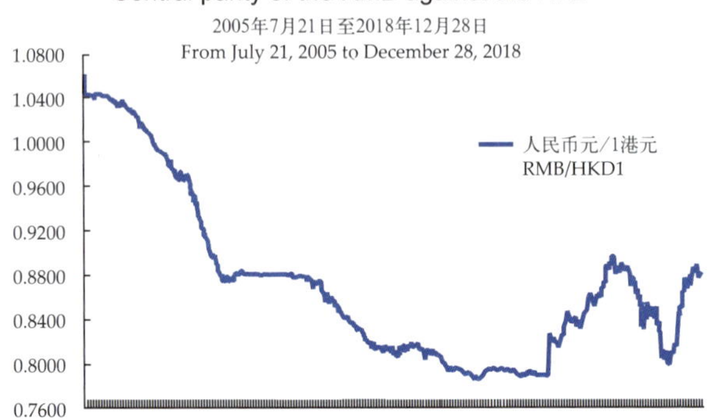

卢布/人民币中间价
Central parity of the RUB against the RMB
2010年11月22日至2018年12月28日
From November 22, 2010 to December 28, 2018

13.0000
12.0000
11.0000
10.0000
9.0000
8.0000
7.0000
6.0000
5.0000
4.0000
3.0000
卢布/人民币1元
RUB/RMB1

2018年1月2日以来人民币汇率中间价
Central parity of RMB against major foreign currencies
Since January 2, 2018

日期 Date	人民币/美元 RMB/USD	人民币/欧元 RMB/EUR	人民币/100日元 RMB/JPY100	人民币/港元 RMB/HKD	卢布/人民币 RUB/RMB
2018.01.02	6.5079	7.8198	5.7730	0.8323	8.8633
2018.01.03	6.4920	7.8326	5.7849	0.8306	8.8525
2018.01.04	6.5043	7.8096	5.7748	0.8320	8.7922
2018.01.05	6.4915	7.8365	5.7565	0.8303	8.7806
2018.01.08	6.4832	7.8058	5.7308	0.8291	8.7819
2018.01.09	6.4968	7.7746	5.7409	0.8305	8.7890
2018.01.10	6.5207	7.7770	5.7863	0.8338	8.7165
2018.01.11	6.5147	7.7882	5.8510	0.8327	8.7614
2018.01.12	6.4932	7.8231	5.8375	0.8300	8.7043
2018.01.15	6.4574	7.8717	5.8145	0.8254	8.7738
2018.01.16	6.4372	7.8957	5.8193	0.8227	8.7584
2018.01.17	6.4335	7.8933	5.8293	0.8223	8.7781
2018.01.18	6.4401	7.8482	5.7854	0.8240	8.8352
2018.01.19	6.4169	7.8574	5.7812	0.8207	8.8097
2018.01.22	6.4112	7.8529	5.7888	0.8201	8.8426
2018.01.23	6.4009	7.8476	5.7680	0.8186	8.8253
2018.01.24	6.3916	7.8630	5.7979	0.8175	8.8140
2018.01.25	6.3724	7.8996	5.8320	0.8151	8.8290
2018.01.26	6.3436	7.8621	5.7881	0.8115	8.8319
2018.01.29	6.3267	7.8603	5.8212	0.8092	8.8887
2018.01.30	6.3312	7.8363	5.8100	0.8099	8.8883
2018.01.31	6.3339	7.8553	5.8216	0.8099	8.9051
2018.02.01	6.3045	7.8218	5.7667	0.8060	8.9231
2018.02.02	6.2885	7.8641	5.7452	0.8041	8.8904
2018.02.05	6.3019	7.8353	5.7215	0.8057	8.9827
2018.02.06	6.3072	7.8035	5.7720	0.8065	9.0975
2018.02.07	6.2882	7.7784	5.7323	0.8042	9.0536
2018.02.08	6.2822	7.7007	5.7446	0.8036	9.2014
2018.02.09	6.3194	7.7447	5.8192	0.8082	9.2267
2018.02.12	6.3001	7.7183	5.7935	0.8057	9.2630
2018.02.13	6.3247	7.7740	5.8159	0.8088	9.1426
2018.02.14	6.3428	7.8343	5.8850	0.8109	9.0896
2018.02.22	6.3530	7.7966	5.9040	0.8119	8.9373
2018.02.23	6.3482	7.8276	5.9465	0.8114	8.9024
2018.02.26	6.3378	7.7892	5.9225	0.8101	8.8742
2018.02.27	6.3146	7.7756	5.8963	0.8071	8.8141
2018.02.28	6.3294	7.7355	5.8872	0.8086	8.9051
2018.03.01	6.3352	7.7229	5.9413	0.8094	8.8971
2018.03.02	6.3334	7.7702	5.9655	0.8091	8.9523
2018.03.05	6.3431	7.8103	6.0088	0.8099	8.9536
2018.03.06	6.3386	7.8211	5.9651	0.8093	8.8939
2018.03.07	6.3294	7.8593	5.9931	0.8080	8.9949
2018.03.08	6.3239	7.8492	5.9602	0.8072	8.9846
2018.03.09	6.3451	7.8089	5.9641	0.8092	8.9952
2018.03.12	6.3333	7.7956	5.9244	0.8080	8.9559
2018.03.13	6.3218	7.8002	5.9459	0.8064	8.9913
2018.03.14	6.3205	7.8325	5.9352	0.8061	9.0294
2018.03.15	6.3141	7.8131	5.9446	0.8053	9.0455
2018.03.16	6.3340	7.7926	5.9589	0.8077	9.0835
2018.03.19	6.3320	7.7764	5.9751	0.8073	9.0787
2018.03.20	6.3246	7.8038	5.9672	0.8064	9.1327
2018.03.21	6.3396	7.7653	5.9519	0.8081	9.0788
2018.03.22	6.3167	7.8020	5.9626	0.8051	8.9996
2018.03.23	6.3272	7.7975	6.0361	0.8062	9.0595
2018.03.26	6.3193	7.8136	6.0297	0.8052	9.0485
2018.03.27	6.2816	7.8218	5.9540	0.8005	9.1222
2018.03.28	6.2785	7.7910	5.9559	0.8002	9.1330
2018.03.29	6.3046	7.7598	5.9011	0.8035	9.1648
2018.03.30	6.2881	7.7378	5.9066	0.8013	9.1061

2018年1月2日以来人民币汇率中间价

Central parity of RMB against major foreign currencies
Since January 2, 2018

续表

日期 Date	人民币/美元 RMB/USD	人民币/欧元 RMB/EUR	人民币/100日元 RMB/JPY100	人民币/港元 RMB/HKD	卢布/人民币 RUB/RMB
2018.04.02	6.2764	7.7299	5.9047	0.7997	9.1065
2018.04.03	6.2833	7.7274	5.9395	0.8006	9.1358
2018.04.04	6.2926	7.7206	5.9075	0.8017	9.1515
2018.04.09	6.3114	7.7412	5.9014	0.8041	9.2117
2018.04.10	6.3071	7.7731	5.9104	0.8035	9.6175
2018.04.11	6.2911	7.7766	5.8697	0.8015	10.0142
2018.04.12	6.2834	7.7716	5.8808	0.8005	9.9565
2018.04.13	6.2898	7.7498	5.8617	0.8013	9.8640
2018.04.16	6.2884	7.7522	5.8487	0.8011	9.9869
2018.04.17	6.2771	7.7700	5.8578	0.7997	9.7528
2018.04.18	6.2817	7.7682	5.8661	0.8002	9.7973
2018.04.19	6.2832	7.7757	5.8557	0.8005	9.6898
2018.04.20	6.2897	7.7611	5.8530	0.8014	9.7018
2018.04.23	6.3034	7.7359	5.8456	0.8035	9.7474
2018.04.24	6.3229	7.7132	5.8095	0.8062	9.7897
2018.04.25	6.3066	7.7144	5.7936	0.8037	9.7566
2018.04.26	6.3283	7.6985	5.7823	0.8065	9.8666
2018.04.27	6.3393	7.6714	5.7967	0.8079	9.9043
2018.05.02	6.3670	7.6274	5.7917	0.8111	9.9743
2018.05.03	6.3732	7.6149	5.8025	0.8120	10.0392
2018.05.04	6.3521	7.6137	5.8189	0.8092	9.9191
2018.05.07	6.3584	7.6047	5.8258	0.8101	9.8334
2018.05.08	6.3674	7.5932	5.8386	0.8112	9.8806
2018.05.09	6.3733	7.5601	5.8423	0.8119	9.9275
2018.05.10	6.3768	7.5557	5.8071	0.8124	9.9074
2018.05.11	6.3524	7.5685	5.8020	0.8093	9.7183
2018.05.14	6.3345	7.5703	5.7934	0.8070	9.7743
2018.05.15	6.3486	7.5711	5.7858	0.8088	9.7525
2018.05.16	6.3745	7.5352	5.7784	0.8121	9.7751
2018.05.17	6.3679	7.5220	5.7693	0.8112	9.6905
2018.05.18	6.3763	7.5188	5.7517	0.8123	9.7583
2018.05.21	6.3852	7.5070	5.7551	0.8134	9.7640
2018.05.22	6.3799	7.5202	5.7459	0.8129	9.6571
2018.05.23	6.3773	7.5130	5.7531	0.8124	9.6101
2018.05.24	6.3816	7.4717	5.8050	0.8132	9.6063
2018.05.25	6.3867	7.4830	5.8410	0.8139	9.6441
2018.05.28	6.3962	7.4753	5.8334	0.8153	9.7291
2018.05.29	6.4021	7.4425	5.8509	0.8161	9.7367
2018.05.30	6.4207	7.4074	5.9234	0.8184	9.7925
2018.05.31	6.4144	7.4814	5.8986	0.8175	9.6821
2018.06.01	6.4078	7.4961	5.8906	0.8167	9.7360
2018.06.04	6.4208	7.4890	5.8609	0.8184	9.6904
2018.06.05	6.4157	7.5058	5.8368	0.8176	9.6784
2018.06.06	6.4040	7.5072	5.8281	0.8161	9.6951
2018.06.07	6.3919	7.5316	5.8029	0.8146	9.6750
2018.06.08	6.4003	7.5496	5.8360	0.8158	9.7526
2018.06.11	6.4064	7.5446	5.8540	0.8165	9.7436
2018.06.12	6.4121	7.5423	5.8079	0.8172	9.7942
2018.06.13	6.4156	7.5351	5.8084	0.8176	9.8399
2018.06.14	6.3962	7.5459	5.8007	0.8151	9.7769
2018.06.15	6.4306	7.4379	5.8122	0.8193	9.7533
2018.06.19	6.4235	7.4668	5.8203	0.8184	9.8484
2018.06.20	6.4586	7.4985	5.8774	0.8228	9.8473
2018.06.21	6.4706	7.4897	5.8613	0.8249	9.8287
2018.06.22	6.4804	7.5206	5.8944	0.8261	9.8157
2018.06.25	6.4893	7.5666	5.9078	0.8271	9.7075
2018.06.26	6.5180	7.6323	5.9482	0.8306	9.6115
2018.06.27	6.5569	7.6441	5.9592	0.8354	9.5982
2018.06.28	6.5960	7.6389	5.9966	0.8404	9.5527
2018.06.29	6.6166	7.6515	5.9914	0.8431	9.4894

2018年1月2日以来人民币汇率中间价

Central parity of RMB against major foreign currencies
Since January 2, 2018

续表

日期 Date	人民币/美元 RMB/USD	人民币/欧元 RMB/EUR	人民币/100日元 RMB/JPY100	人民币/港元 RMB/HKD	卢布/人民币 RUB/RMB
2018.07.02	6.6157	7.7243	5.9777	0.8431	9.5103
2018.07.03	6.6497	7.7412	6.0007	0.8475	9.5332
2018.07.04	6.6595	7.7665	6.0294	0.8490	9.4891
2018.07.05	6.6180	7.7172	5.9910	0.8437	9.5654
2018.07.06	6.6336	7.7558	5.9973	0.8453	9.5223
2018.07.09	6.6393	7.7986	6.0111	0.8459	9.4943
2018.07.10	6.6259	7.7905	5.9726	0.8442	9.4395
2018.07.11	6.6234	7.7687	5.9733	0.8439	9.3242
2018.07.12	6.6726	7.7973	5.9691	0.8502	9.3315
2018.07.13	6.6727	7.7833	5.9234	0.8502	9.3349
2018.07.16	6.6758	7.8016	5.9405	0.8506	9.3527
2018.07.17	6.6821	7.8239	5.9471	0.8514	9.3219
2018.07.18	6.6914	7.8004	5.9262	0.8525	9.3537
2018.07.19	6.7066	7.8090	5.9466	0.8545	9.3899
2018.07.20	6.7671	7.8759	6.0181	0.8621	9.3993
2018.07.23	6.7593	7.9326	6.0813	0.8611	9.3726
2018.07.24	6.7891	7.9387	6.0963	0.8651	9.2705
2018.07.25	6.8040	7.9533	6.1187	0.8672	9.3174
2018.07.26	6.7662	7.9403	6.1029	0.8625	9.2829
2018.07.27	6.7942	7.9109	6.1138	0.8658	9.2622
2018.07.30	6.8131	7.9486	6.1438	0.8681	9.2123
2018.07.31	6.8165	7.9799	6.1398	0.8685	9.1330
2018.08.01	6.8293	7.9864	6.1126	0.8701	9.1818
2018.08.02	6.7942	7.9250	6.0857	0.8657	9.2564
2018.08.03	6.8322	7.9210	6.1238	0.8704	9.2591
2018.08.06	6.8513	7.9257	6.1647	0.8730	9.2491
2018.08.07	6.8431	7.9126	6.1493	0.8718	9.3008
2018.08.08	6.8313	7.9277	6.1364	0.8703	9.2956
2018.08.09	6.8317	7.9323	6.1615	0.8704	9.5947
2018.08.10	6.8395	7.8826	6.1595	0.8713	9.7476
2018.08.13	6.8629	7.8286	6.2070	0.8743	9.9566
2018.08.14	6.8695	7.8395	6.2119	0.8751	9.8376
2018.08.15	6.8856	7.8136	6.1940	0.8772	9.6425
2018.08.16	6.8946	7.8285	6.2430	0.8784	9.7289
2018.08.17	6.8894	7.8437	6.2177	0.8777	9.7017
2018.08.20	6.8718	7.8650	6.2233	0.8754	9.7437
2018.08.21	6.8360	7.8664	6.2218	0.8709	9.7845
2018.08.22	6.8271	7.9046	6.2024	0.8697	9.8380
2018.08.23	6.8367	7.9195	6.1838	0.8710	9.9469
2018.08.24	6.8710	7.9357	6.1764	0.8753	9.9183
2018.08.27	6.8508	7.9777	6.1625	0.8727	9.8390
2018.08.28	6.8052	7.9545	6.1245	0.8669	9.9005
2018.08.29	6.8072	7.9590	6.1225	0.8673	9.9710
2018.08.30	6.8113	7.9759	6.0998	0.8678	9.9681
2018.08.31	6.8246	7.9646	6.1524	0.8695	9.9753
2018.09.03	6.8347	7.9320	6.1552	0.8708	9.8814
2018.09.04	6.8183	7.9214	6.1406	0.8687	9.9560
2018.09.05	6.8266	7.9096	6.1268	0.8697	9.9641
2018.09.06	6.8217	7.9388	6.1210	0.8691	9.9916
2018.09.07	6.8212	7.9295	6.1723	0.8690	10.1356
2018.09.10	6.8389	7.9059	6.1671	0.8712	10.2052
2018.09.11	6.8488	7.9380	6.1642	0.8725	10.2980
2018.09.12	6.8546	7.9482	6.1425	0.8733	10.1212
2018.09.13	6.8488	7.9669	6.1577	0.8727	10.0543
2018.09.14	6.8362	7.9949	6.1042	0.8711	9.9885
2018.09.17	6.8509	7.9682	6.1211	0.8730	9.9174
2018.09.18	6.8554	7.9992	6.1371	0.8739	9.9389
2018.09.19	6.8569	8.0057	6.1051	0.8740	9.8217
2018.09.20	6.8530	8.0008	6.1030	0.8737	9.7535
2018.09.21	6.8357	8.0535	6.0796	0.8716	9.7079
2018.09.25	6.8440	8.0434	6.0682	0.8760	9.6120
2018.09.26	6.8571	8.0658	6.0694	0.8776	9.5897
2018.09.27	6.8642	8.0642	6.0880	0.8792	9.5850
2018.09.28	6.8792	8.0111	6.0705	0.8800	9.5226

2018年1月2日以来人民币汇率中间价
Central parity of RMB against major foreign currencies
Since January 2, 2018

续表

日期 Date	人民币/美元 RMB/USD	人民币/欧元 RMB/EUR	人民币/100日元 RMB/JPY100	人民币/港元 RMB/HKD	卢布/人民币 RUB/RMB
2018.10.8	6.8957	7.9529	6.0710	0.8800	9.6772
2018.10.9	6.9019	7.9312	6.1055	0.8817	9.6366
2018.10.10	6.9072	7.9400	6.1096	0.8817	9.5770
2018.10.11	6.9098	7.9655	6.1549	0.8817	9.6746
2018.10.12	6.9120	8.0045	6.1571	0.8822	9.5979
2018.10.15	6.9154	7.9930	6.1691	0.8825	9.5242
2018.10.16	6.9119	8.0078	6.1816	0.8820	9.4868
2018.10.17	6.9103	8.0018	6.1529	0.8818	9.4535
2018.10.18	6.9275	7.9686	6.1523	0.8838	9.4616
2018.10.19	6.9387	7.9547	6.1904	0.8851	9.4828
2018.10.22	6.9236	7.9708	6.1585	0.8830	9.4646
2018.10.23	6.9338	7.9536	6.1525	0.8845	9.3946
2018.10.24	6.9357	7.9556	6.1690	0.8848	9.4484
2018.10.25	6.9409	7.9166	6.1968	0.8853	9.4461
2018.10.26	6.9510	7.9036	6.1853	0.8866	9.4346
2018.10.29	6.9377	7.9113	6.1991	0.8849	9.4756
2018.10.30	6.9574	7.9137	6.1924	0.8871	9.4561
2018.10.31	6.9646	7.9008	6.1590	0.8877	9.3981
2018.11.1	6.9670	7.8923	6.1782	0.8883	9.4301
2018.11.2	6.9371	7.9120	6.1531	0.8853	9.4770
2018.11.5	6.8976	7.8655	6.0952	0.8815	9.5947
2018.11.6	6.9075	7.8798	6.0997	0.8818	9.5532
2018.11.7	6.9065	7.8964	6.0915	0.8818	9.5583
2018.11.8	6.9163	7.9046	6.0891	0.8833	9.5742
2018.11.9	6.9329	7.8826	6.0845	0.8855	9.6475
2018.11.12	6.9476	7.8672	6.1026	0.8871	9.7632
2018.11.13	6.9629	7.8195	6.1246	0.8887	9.7345
2018.11.14	6.9402	7.8521	6.0985	0.8861	9.7837
2018.11.15	6.9392	7.8535	6.1084	0.8863	9.6664
2018.11.16	6.9377	7.8580	6.1102	0.8858	9.4969
2018.11.19	6.9245	7.9046	6.1442	0.8842	9.5311
2018.11.20	6.9280	7.9342	6.1610	0.8845	9.4587
2018.11.21	6.9449	7.9006	6.1652	0.8867	9.5110
2018.11.22	6.9391	7.9030	6.1369	0.8861	9.4822
2018.11.23	6.9306	7.9036	6.1347	0.8853	9.4690
2018.11.26	6.9453	7.8752	6.1528	0.8874	9.5817
2018.11.27	6.9463	7.8715	6.1191	0.8881	9.6615
2018.11.28	6.9500	7.8534	6.1111	0.8880	9.6491
2018.11.29	6.9353	7.8839	6.1055	0.8862	9.6549
2018.11.30	6.9357	7.8991	6.1153	0.8868	9.5401
2018.12.3	6.9431	7.8734	6.1067	0.8876	9.6021
2018.12.4	6.8939	7.8284	6.0692	0.8820	9.6556
2018.12.5	6.8476	7.7764	6.0757	0.8771	9.7694
2018.12.6	6.8599	7.7833	6.0682	0.8779	9.6983
2018.12.7	6.8664	7.8111	6.0917	0.8793	9.7144
2018.12.10	6.8693	7.8333	6.1086	0.8790	9.6792
2018.12.11	6.8996	7.8393	6.0986	0.8830	9.6512
2018.12.12	6.9064	7.8200	6.0888	0.8835	9.6245
2018.12.13	6.8769	7.8225	6.0719	0.8800	9.6580
2018.12.14	6.8750	7.8102	6.0528	0.8803	9.6437
2018.12.17	6.8908	7.7940	6.0813	0.8819	9.6694
2018.12.18	6.8854	7.8153	6.1046	0.8811	9.6655
2018.12.19	6.8869	7.8347	6.1251	0.8805	9.7878
2018.12.20	6.8936	7.8478	6.1320	0.8807	9.7877
2018.12.21	6.8825	7.8848	6.1905	0.8793	9.9214
2018.12.24	6.9006	7.8529	6.2166	0.8810	9.9583
2018.12.25	6.8919	7.8576	6.2456	0.8798	9.9505
2018.12.26	6.8845	7.8571	6.2435	0.8790	9.9779
2018.12.27	6.8894	7.8280	6.1972	0.8800	9.9723
2018.12.28	6.8632	7.8473	6.1887	0.8762	10.1383

九、中央银行公开市场业务
9. Central Bank Open Market Operations

中央银行公开市场业务交易
Central bank open market operations

日期 Date		操作工具 Mode of transaction	招标方式 Mode of bidding	期限品种（天） Maturity (Day)	招标数量（亿元） Bidding amount (RMB100 million)	交易量（亿元） Transaction volume (RMB100 million)	中标利率（%） Interest rate of successful bidding(%)
2018.01.10	周三 Wednesday	逆回购 Repurchase	利率招标 Interest rate bidding	7天 7-day	600	600	2.5
2018.01.10	周三 Wednesday	逆回购 Repurchase	利率招标 Interest rate bidding	14天 14-day	600	600	2.65
2018.01.11	周四 Thursday	逆回购 Repurchase	利率招标 Interest rate bidding	7天 7-day	300	300	2.5
2018.01.11	周四 Thursday	逆回购 Repurchase	利率招标 Interest rate bidding	14天 14-day	300	300	2.65
2018.01.12	周五 Friday	逆回购 Repurchase	利率招标 Interest rate bidding	7天 7-day	1 400	1 400	2.5
2018.01.12	周五 Friday	逆回购 Repurchase	利率招标 Interest rate bidding	14天 14-day	1 300	1 300	2.65
2018.01.15	周一 Monday	逆回购 Repurchase	利率招标 Interest rate bidding	7天 7-day	800	800	2.5
2018.01.15	周一 Monday	逆回购 Repurchase	利率招标 Interest rate bidding	14天 14-day	700	700	2.65
2018.01.16	周二 Tuesday	逆回购 Repurchase	利率招标 Interest rate bidding	7天 7-day	1 600	1 600	2.5
2018.01.16	周二 Tuesday	逆回购 Repurchase	利率招标 Interest rate bidding	14天 14-day	1 500	1 500	2.65
2018.01.16	周二 Tuesday	逆回购 Repurchase	利率招标 Interest rate bidding	63天 63-day	100	100	2.95
2018.01.17	周三 Wednesday	逆回购 Repurchase	利率招标 Interest rate bidding	7天 7-day	1 000	1 000	2.5
2018.01.17	周三 Wednesday	逆回购 Repurchase	利率招标 Interest rate bidding	14天 14-day	900	900	2.65
2018.01.17	周三 Wednesday	逆回购 Repurchase	利率招标 Interest rate bidding	63天 63-day	100	100	2.95
2018.01.18	周四 Thursday	逆回购 Repurchase	利率招标 Interest rate bidding	7天 7-day	800	800	2.5
2018.01.18	周四 Thursday	逆回购 Repurchase	利率招标 Interest rate bidding	14天 14-day	700	700	2.65

中央银行公开市场业务交易
Central bank open market operations

续表

日期 Date		操作工具 Mode of transaction	招标方式 Mode of bidding	期限品种（天）Maturity (Day)	招标数量（亿元）Bidding amount (RMB100 million)	交易量（亿元）Transaction volume (RMB100 million)	中标利率（%）Interest rate of successful bidding(%)
2018.01.18	周四 Thursday	逆回购 Repurchase	利率招标 Interest rate bidding	63天 63-day	100	100	2.95
2018.01.19	周五 Friday	逆回购 Repurchase	利率招标 Interest rate bidding	7天 7-day	1 300	1 300	2.5
2018.01.19	周五 Friday	逆回购 Repurchase	利率招标 Interest rate bidding	14天 14-day	900	900	2.65
2018.01.19	周五 Friday	逆回购 Repurchase	利率招标 Interest rate bidding	63天 63-day	100	100	2.95
2018.01.22	周一 Monday	逆回购 Repurchase	利率招标 Interest rate bidding	7天 7-day	600	600	2.5
2018.01.22	周一 Monday	逆回购 Repurchase	利率招标 Interest rate bidding	14天 14-day	400	400	2.65
2018.01.22	周一 Monday	逆回购 Repurchase	利率招标 Interest rate bidding	63天 63-day	100	100	2.95
2018.01.23	周二 Tuesday	逆回购 Repurchase	利率招标 Interest rate bidding	7天 7-day	800	800	2.5
2018.01.23	周二 Tuesday	逆回购 Repurchase	利率招标 Interest rate bidding	14天 14-day	800	800	2.65
2018.01.23	周二 Tuesday	逆回购 Repurchase	利率招标 Interest rate bidding	63天 63-day	100	100	2.95
2018.01.24	周三 Wednesday	逆回购 Repurchase	利率招标 Interest rate bidding	7天 7-day	1 100	1 100	2.5
2018.01.24	周三 Wednesday	逆回购 Repurchase	利率招标 Interest rate bidding	14天 14-day	1 000	1 000	2.65
2018.01.24	周三 Wednesday	逆回购 Repurchase	利率招标 Interest rate bidding	63天 63-day	100	100	2.95
2018.02.22	周四 Thursday	逆回购 Repurchase	利率招标 Interest rate bidding	7天 7-day	1 600	1 600	2.5
2018.02.22	周四 Thursday	逆回购 Repurchase	利率招标 Interest rate bidding	28天 28-day	1 300	1 300	2.8
2018.02.22	周四 Thursday	逆回购 Repurchase	利率招标 Interest rate bidding	63天 63-day	600	600	2.95
2018.02.23	周五 Friday	逆回购 Repurchase	利率招标 Interest rate bidding	7天 7-day	1 100	1 100	2.5
2018.02.23	周五 Friday	逆回购 Repurchase	利率招标 Interest rate bidding	28天 28-day	800	800	2.8

中央银行公开市场业务交易
Central bank open market operations

续表

日期 Date		操作工具 Mode of transaction	招标方式 Mode of bidding	期限品种（天） Maturity (Day)	招标数量（亿元） Bidding amount (RMB100 million)	交易量（亿元） Transaction volume (RMB100 million)	中标利率（%） Interest rate of successful bidding(%)
2018.02.23	周五 Friday	逆回购 Repurchase	利率招标 Interest rate bidding	63天 63-day	400	400	2.95
2018.02.26	周一 Monday	逆回购 Repurchase	利率招标 Interest rate bidding	7天 7-day	1 000	1 000	2.5
2018.02.26	周一 Monday	逆回购 Repurchase	利率招标 Interest rate bidding	28天 28-day	300	300	2.8
2018.02.26	周一 Monday	逆回购 Repurchase	利率招标 Interest rate bidding	63天 63-day	200	200	2.95
2018.03.01	周四 Thursday	逆回购 Repurchase	利率招标 Interest rate bidding	7天 7-day	1 000	1 000	2.5
2018.03.01	周四 Thursday	逆回购 Repurchase	利率招标 Interest rate bidding	28天 28-day	300	300	2.8
2018.03.01	周四 Thursday	逆回购 Repurchase	利率招标 Interest rate bidding	63天 63-day	200	200	2.95
2018.03.02	周五 Friday	逆回购 Repurchase	利率招标 Interest rate bidding	7天 7-day	400	400	2.5
2018.03.02	周五 Friday	逆回购 Repurchase	利率招标 Interest rate bidding	28天 28-day	300	300	2.8
2018.03.02	周五 Friday	逆回购 Repurchase	利率招标 Interest rate bidding	63天 63-day	200	200	2.95
2018.03.12	周一 Monday	逆回购 Repurchase	利率招标 Interest rate bidding	7天 7-day	500	500	2.5
2018.03.12	周一 Monday	逆回购 Repurchase	利率招标 Interest rate bidding	28天 28-day	400	400	2.8
2018.03.13	周二 Tuesday	逆回购 Repurchase	利率招标 Interest rate bidding	7天 7-day	300	300	2.5
2018.03.13	周二 Tuesday	逆回购 Repurchase	利率招标 Interest rate bidding	28天 28-day	300	300	2.8
2018.03.14	周三 Wednesday	逆回购 Repurchase	利率招标 Interest rate bidding	7天 7-day	300	300	2.5
2018.03.14	周三 Wednesday	逆回购 Repurchase	利率招标 Interest rate bidding	28天 28-day	200	200	2.8
2018.03.15	周四 Thursday	逆回购 Repurchase	利率招标 Interest rate bidding	7天 7-day	200	200	2.5
2018.03.15	周四 Thursday	逆回购 Repurchase	利率招标 Interest rate bidding	28天 28-day	200	200	2.8

中央银行公开市场业务交易
Central bank open market operations

续表

日期 Date		操作工具 Mode of transaction	招标方式 Mode of bidding	期限品种（天）Maturity (Day)	招标数量（亿元）Bidding amount (RMB100 million)	交易量（亿元）Transaction volume (RMB100 million)	中标利率（%）Interest rate of successful bidding(%)
2018.03.19	周一 Monday	逆回购 Repurchase	利率招标 Interest rate bidding	7天 7-day	300	300	2.50
2018.03.19	周一 Monday	逆回购 Repurchase	利率招标 Interest rate bidding	14天 14-day	200	200	2.65
2018.03.22	周四 Thursday	逆回购 Repurchase	利率招标 Interest rate bidding	7天 7-day	100	100	2.55
2018.04.08	周日 Sunday	逆回购 Repurchase	利率招标 Interest rate bidding	7天 7-day	100	100	2.55
2018.04.09	周一 Monday	逆回购 Repurchase	利率招标 Interest rate bidding	7天 7-day	100	100	2.55
2018.04.16	周一 Monday	逆回购 Repurchase	利率招标 Interest rate bidding	7天 7-day	800	800	2.55
2018.04.16	周一 Monday	逆回购 Repurchase	利率招标 Interest rate bidding	14天 14-day	700	700	2.7
2018.04.18	周三 Wednesday	逆回购 Repurchase	利率招标 Interest rate bidding	7天 7-day	1 500	1 500	2.55
2018.04.19	周四 Thursday	逆回购 Repurchase	利率招标 Interest rate bidding	7天 7-day	1 900	1 900	2.55
2018.04.23	周一 Monday	逆回购 Repurchase	利率招标 Interest rate bidding	7天 7-day	800	800	2.55
2018.04.24	周二 Tuesday	逆回购 Repurchase	利率招标 Interest rate bidding	7天 7-day	300	300	2.55
2018.04.26	周四 Thursday	逆回购 Repurchase	利率招标 Interest rate bidding	7天 7-day	1 000	1 000	2.55
2018.04.27	周五 Friday	逆回购 Repurchase	利率招标 Interest rate bidding	7天 7-day	400	400	2.55
2018.05.02	周三 Wednesday	逆回购 Repurchase	利率招标 Interest rate bidding	7天 7-day	2 000	2 000	2.55
2018.05.03	周四 Thursday	逆回购 Repurchase	利率招标 Interest rate bidding	7天 7-day	500	500	2.55
2018.05.04	周五 Friday	逆回购 Repurchase	利率招标 Interest rate bidding	7天 7-day	200	200	2.55
2018.05.09	周三 Wednesday	逆回购 Repurchase	利率招标 Interest rate bidding	7天 7-day	600	600	2.55
2018.05.09	周三 Wednesday	逆回购 Repurchase	利率招标 Interest rate bidding	14天 14-day	400	400	2.7

中央银行公开市场业务交易
Central bank open market operations

续表

日期 Date		操作工具 Mode of transaction	招标方式 Mode of bidding	期限品种（天）Maturity (Day)	招标数量（亿元）Bidding amount (RMB100 million)	交易量（亿元）Transaction volume (RMB100 million)	中标利率（%）Interest rate of successful bidding(%)
2018.05.10	周四 Thursday	逆回购 Repurchase	利率招标 Interest rate bidding	7天 7-day	200	200	2.55
2018.05.10	周四 Thursday	逆回购 Repurchase	利率招标 Interest rate bidding	14天 14-day	100	100	2.7
2018.05.15	周二 Tuesday	逆回购 Repurchase	利率招标 Interest rate bidding	7天 7-day	1 000	1 000	2.55
2018.05.15	周二 Tuesday	逆回购 Repurchase	利率招标 Interest rate bidding	14天 14-day	800	800	2.7
2018.05.16	周三 Wednesday	逆回购 Repurchase	利率招标 Interest rate bidding	7天 7-day	1 400	1 400	2.55
2018.05.16	周三 Wednesday	逆回购 Repurchase	利率招标 Interest rate bidding	14天 14-day	1 200	1 200	2.7
2018.05.17	周四 Thursday	逆回购 Repurchase	利率招标 Interest rate bidding	7天 7-day	300	300	2.55
2018.05.17	周四 Thursday	逆回购 Repurchase	利率招标 Interest rate bidding	14天 14-day	200	200	2.7
2018.05.22	周二 Tuesday	逆回购 Repurchase	利率招标 Interest rate bidding	7天 7-day	500	500	2.55
2018.05.22	周二 Tuesday	逆回购 Repurchase	利率招标 Interest rate bidding	14天 14-day	500	500	2.7
2018.05.23	周三 Wednesday	逆回购 Repurchase	利率招标 Interest rate bidding	7天 7-day	800	800	2.55
2018.05.23	周三 Wednesday	逆回购 Repurchase	利率招标 Interest rate bidding	14天 14-day	700	700	2.70
2018.05.24	周四 Thursday	逆回购 Repurchase	利率招标 Interest rate bidding	7天 7-day	200	200	2.55
2018.05.24	周四 Thursday	逆回购 Repurchase	利率招标 Interest rate bidding	14天 14-day	200	200	2.7
2018.05.28	周一 Monday	逆回购 Repurchase	利率招标 Interest rate bidding	7天 7-day	200	200	2.55
2018.05.28	周一 Monday	逆回购 Repurchase	利率招标 Interest rate bidding	28天 28-day	100	100	2.85
2018.05.29	周二 Tuesday	逆回购 Repurchase	利率招标 Interest rate bidding	7天 7-day	1 000	1 000	2.55
2018.05.29	周二 Tuesday	逆回购 Repurchase	利率招标 Interest rate bidding	28天 28-day	800	800	2.85

中央银行公开市场业务交易
Central bank open market operations

续表

日期 Date		操作工具 Mode of transaction	招标方式 Mode of bidding	期限品种（天）Maturity (Day)	招标数量（亿元）Bidding amount (RMB100 million)	交易量（亿元）Transaction volume (RMB100 million)	中标利率（%）Interest rate of successful bidding(%)
2018.05.30	周三 Wednesday	逆回购 Repurchase	利率招标 Interest rate bidding	7天 7-day	1 100	1 100	2.55
2018.05.30	周三 Wednesday	逆回购 Repurchase	利率招标 Interest rate bidding	14天 14-day	600	600	2.7
2018.05.30	周三 Wednesday	逆回购 Repurchase	利率招标 Interest rate bidding	28天 28-day	1 000	1 000	2.85
2018.05.31	周四 Thursday	逆回购 Repurchase	利率招标 Interest rate bidding	7天 7-day	900	900	2.55
2018.05.31	周四 Thursday	逆回购 Repurchase	利率招标 Interest rate bidding	14天 14-day	600	600	2.7
2018.05.31	周四 Thursday	逆回购 Repurchase	利率招标 Interest rate bidding	28天 28-day	700	700	2.85
2018.06.01	周五 Friday	逆回购 Repurchase	利率招标 Interest rate bidding	7天 7-day	400	400	2.55
2018.06.01	周五 Friday	逆回购 Repurchase	利率招标 Interest rate bidding	14天 14-day	100	100	2.7
2018.06.01	周五 Friday	逆回购 Repurchase	利率招标 Interest rate bidding	28天 28-day	300	300	2.85
2018.06.04	周一 Monday	逆回购 Repurchase	利率招标 Interest rate bidding	7天 7-day	200	200	2.55
2018.06.04	周一 Monday	逆回购 Repurchase	利率招标 Interest rate bidding	28天 28-day	200	200	2.85
2018.06.05	周二 Tuesday	逆回购 Repurchase	利率招标 Interest rate bidding	7天 7-day	700	700	2.55
2018.06.05	周二 Tuesday	逆回购 Repurchase	利率招标 Interest rate bidding	28天 28-day	500	500	2.85
2018.06.07	周四 Thursday	逆回购 Repurchase	利率招标 Interest rate bidding	7天 7-day	200	200	2.55
2018.06.07	周四 Thursday	逆回购 Repurchase	利率招标 Interest rate bidding	28天 28-day	200	200	2.85
2018.06.12	周二 Tuesday	逆回购 Repurchase	利率招标 Interest rate bidding	7天 7-day	500	500	2.55
2018.06.12	周二 Tuesday	逆回购 Repurchase	利率招标 Interest rate bidding	14天 14-day	200	200	2.7
2018.06.12	周二 Tuesday	逆回购 Repurchase	利率招标 Interest rate bidding	28天 28-day	300	300	2.85

中央银行公开市场业务交易
Central bank open market operations

续表

日期 Date		操作工具 Mode of transaction	招标方式 Mode of bidding	期限品种（天） Maturity (Day)	招标数量（亿元） Bidding amount (RMB100 million)	交易量（亿元） Transaction volume (RMB100 million)	中标利率（%） Interest rate of successful bidding(%)
2018.06.13	周三 Wednesday	逆回购 Repurchase	利率招标 Interest rate bidding	7天 7-day	600	600	2.55
2018.06.13	周三 Wednesday	逆回购 Repurchase	利率招标 Interest rate bidding	14天 14-day	400	400	2.7
2018.06.13	周三 Wednesday	逆回购 Repurchase	利率招标 Interest rate bidding	28天 28-day	300	300	2.85
2018.06.14	周四 Thursday	逆回购 Repurchase	利率招标 Interest rate bidding	7天 7-day	700	700	2.55
2018.06.14	周四 Thursday	逆回购 Repurchase	利率招标 Interest rate bidding	14天 14-day	500	500	2.70
2018.06.14	周四 Thursday	逆回购 Repurchase	利率招标 Interest rate bidding	28天 28-day	300	300	2.85
2018.06.15	周五 Friday	逆回购 Repurchase	利率招标 Interest rate bidding	7天 7-day	500	500	2.55
2018.06.15	周五 Friday	逆回购 Repurchase	利率招标 Interest rate bidding	14天 14-day	300	300	2.7
2018.06.15	周五 Friday	逆回购 Repurchase	利率招标 Interest rate bidding	28天 28-day	200	200	2.85
2018.06.19	周二 Tuesday	逆回购 Repurchase	利率招标 Interest rate bidding	7天 7-day	700	700	2.55
2018.06.19	周二 Tuesday	逆回购 Repurchase	利率招标 Interest rate bidding	14天 14-day	200	200	2.7
2018.06.19	周二 Tuesday	逆回购 Repurchase	利率招标 Interest rate bidding	28天 28-day	100	100	2.85
2018.06.20	周三 Wednesday	逆回购 Repurchase	利率招标 Interest rate bidding	7天 7-day	700	700	2.55
2018.06.20	周三 Wednesday	逆回购 Repurchase	利率招标 Interest rate bidding	14天 14-day	300	300	2.7
2018.06.21	周四 Thursday	逆回购 Repurchase	利率招标 Interest rate bidding	7天 7-day	600	600	2.55
2018.06.21	周四 Thursday	逆回购 Repurchase	利率招标 Interest rate bidding	14天 14-day	400	400	2.7
2018.06.22	周五 Friday	逆回购 Repurchase	利率招标 Interest rate bidding	7天 7-day	400	400	2.55
2018.06.22	周五 Friday	逆回购 Repurchase	利率招标 Interest rate bidding	14天 14-day	300	300	2.7

中央银行公开市场业务交易
Central bank open market operations

续表

日期 Date		操作工具 Mode of transaction	招标方式 Mode of bidding	期限品种（天） Maturity (Day)	招标数量（亿元） Bidding amount (RMB100 million)	交易量（亿元） Transaction volume (RMB100 million)	中标利率（%） Interest rate of successful bidding(%)
2018.06.26	周二 Tuesday	逆回购 Repurchase	利率招标 Interest rate bidding	7天 7-day	800	800	2.55
2018.06.27	周三 Wednesday	逆回购 Repurchase	利率招标 Interest rate bidding	7天 7-day	600	600	2.55
2018.06.28	周四 Thursday	逆回购 Repurchase	利率招标 Interest rate bidding	7天 7-day	800	800	2.55
2018.06.29	周五 Friday	逆回购 Repurchase	利率招标 Interest rate bidding	7天 7-day	800	800	2.55
2018.07.04	周三 Wednesday	逆回购 Repurchase	利率招标 Interest rate bidding	7天 7-day	100	100	2.55
2018.07.12	周四 Thursday	逆回购 Repurchase	利率招标 Interest rate bidding	7天 7-day	300	300	2.55
2018.07.16	周一 Monday	逆回购 Repurchase	利率招标 Interest rate bidding	7天 7-day	1 700	1 700	2.55
2018.07.16	周一 Monday	逆回购 Repurchase	利率招标 Interest rate bidding	14天 14-day	1 300	1 300	2.7
2018.07.17	周二 Tuesday	逆回购 Repurchase	利率招标 Interest rate bidding	7天 7-day	700	700	2.55
2018.07.17	周二 Tuesday	逆回购 Repurchase	利率招标 Interest rate bidding	14天 14-day	300	300	2.7
2018.07.18	周三 Wednesday	逆回购 Repurchase	利率招标 Interest rate bidding	7天 7-day	600	600	2.55
2018.07.18	周三 Wednesday	逆回购 Repurchase	利率招标 Interest rate bidding	14天 14-day	200	200	2.7
2018.07.19	周四 Thursday	逆回购 Repurchase	利率招标 Interest rate bidding	7天 7-day	700	700	2.55
2018.07.19	周四 Thursday	逆回购 Repurchase	利率招标 Interest rate bidding	14天 14-day	300	300	2.7
2018.08.16	周四 Thursday	逆回购 Repurchase	利率招标 Interest rate bidding	7天 7-day	400	400	2.55
2018.08.17	周五 Friday	逆回购 Repurchase	利率招标 Interest rate bidding	7天 7-day	900	900	2.55
2018.08.20	周一 Monday	逆回购 Repurchase	利率招标 Interest rate bidding	7天 7-day	1 200	1 200	2.55
2018.08.21	周二 Tuesday	逆回购 Repurchase	利率招标 Interest rate bidding	7天 7-day	500	500	2.55

中央银行公开市场业务交易
Central bank open market operations

续表

日期 Date		操作工具 Mode of transaction	招标方式 Mode of bidding	期限品种（天） Maturity (Day)	招标数量（亿元） Bidding amount (RMB100 million)	交易量（亿元） Transaction volume (RMB100 million)	中标利率（%） Interest rate of successful bidding(%)
2018.09.12	周三 Wednesday	逆回购 Repurchase	利率招标 Interest rate bidding	7天 7-day	600	600	2.55
2018.09.13	周四 Thursday	逆回购 Repurchase	利率招标 Interest rate bidding	7天 7-day	1 000	1 000	2.55
2018.09.13	周四 Thursday	逆回购 Repurchase	利率招标 Interest rate bidding	14天 14-day	200	200	2.7
2018.09.14	周五 Friday	逆回购 Repurchase	利率招标 Interest rate bidding	7天 7-day	1 100	1 100	2.55
2018.09.14	周五 Friday	逆回购 Repurchase	利率招标 Interest rate bidding	14天 14-day	400	400	2.7
2018.09.18	周二 Tuesday	逆回购 Repurchase	利率招标 Interest rate bidding	7天 7-day	1 500	1 500	2.55
2018.09.18	周二 Tuesday	逆回购 Repurchase	利率招标 Interest rate bidding	14天 14-day	500	500	2.7
2018.09.19	周三 Wednesday	逆回购 Repurchase	利率招标 Interest rate bidding	7天 7-day	400	400	2.55
2018.09.19	周三 Wednesday	逆回购 Repurchase	利率招标 Interest rate bidding	14天 14-day	200	200	2.7
2018.09.20	周四 Thursday	逆回购 Repurchase	利率招标 Interest rate bidding	7天 7-day	400	400	2.55
2018.09.20	周四 Thursday	逆回购 Repurchase	利率招标 Interest rate bidding	14天 14-day	300	300	2.7
2018.09.25	周二 Tuesday	逆回购 Repurchase	利率招标 Interest rate bidding	14天 14-day	600	600	2.7
2018.10.19	周五 Friday	逆回购 Repurchase	利率招标 Interest rate bidding	7天 7-day	300	300	2.55
2018.10.22	周一 Monday	逆回购 Repurchase	利率招标 Interest rate bidding	7天 7-day	1 200	1 200	2.55
2018.10.23	周二 Tuesday	逆回购 Repurchase	利率招标 Interest rate bidding	7天 7-day	1 200	1 200	2.55
2018.10.24	周三 Wednesday	逆回购 Repurchase	利率招标 Interest rate bidding	7天 7-day	1 500	1 500	2.55
2018.10.25	周四 Thursday	逆回购 Repurchase	利率招标 Interest rate bidding	7天 7-day	1 000	1 000	2.55
2018.12.17	周一 Monday	逆回购 Repurchase	利率招标 Interest rate bidding	7天 7-day	1 600	1 600	2.55

中央银行公开市场业务交易
Central bank open market operations

续表

日期 Date		操作工具 Mode of transaction	招标方式 Mode of bidding	期限品种（天） Maturity (Day)	招标数量（亿元） Bidding amount (RMB100 million)	交易量（亿元） Transaction volume (RMB100 million)	中标利率（%） Interest rate of successful bidding(%)
2018.12.18	周二 Tuesday	逆回购 Repurchase	利率招标 Interest rate bidding	7天 7-day	1 400	1 400	2.55
2018.12.18	周二 Tuesday	逆回购 Repurchase	利率招标 Interest rate bidding	14天 14-day	400	400	2.7
2018.12.19	周三 Wednesday	逆回购 Repurchase	利率招标 Interest rate bidding	7天 7-day	400	400	2.55
2018.12.19	周三 Wednesday	逆回购 Repurchase	利率招标 Interest rate bidding	14天 14-day	200	200	2.7
2018.12.20	周四 Thursday	逆回购 Repurchase	利率招标 Interest rate bidding	7天 7-day	1 200	1 200	2.55
2018.12.20	周四 Thursday	逆回购 Repurchase	利率招标 Interest rate bidding	14天 14-day	300	300	2.7
2018.12.21	周五 Friday	逆回购 Repurchase	利率招标 Interest rate bidding	7天 7-day	300	300	2.55
2018.12.21	周五 Friday	逆回购 Repurchase	利率招标 Interest rate bidding	14天 14-day	200	200	2.7
2018.12.24	周一 Monday	逆回购 Repurchase	利率招标 Interest rate bidding	14天 14-day	200	200	2.7
2018.12.25	周二 Tuesday	逆回购 Repurchase	利率招标 Interest rate bidding	7天 7-day	300	300	2.55
2018.12.25	周二 Tuesday	逆回购 Repurchase	利率招标 Interest rate bidding	14天 14-day	200	200	2.7
2018.12.26	周三 Wednesday	逆回购 Repurchase	利率招标 Interest rate bidding	7天 7-day	200	200	2.55
2018.12.26	周三 Wednesday	逆回购 Repurchase	利率招标 Interest rate bidding	14天 14-day	100	100	2.7
2018.12.27	周四 Thursday	逆回购 Repurchase	利率招标 Interest rate bidding	7天 7-day	1 200	1 200	2.55
2018.12.27	周四 Thursday	逆回购 Repurchase	利率招标 Interest rate bidding	14天 14-day	300	300	2.7
2018.12.28	周五 Friday	逆回购 Repurchase	利率招标 Interest rate bidding	7天 7-day	1 500	1 500	2.55
2018.12.28	周五 Friday	逆回购 Repurchase	利率招标 Interest rate bidding	14天 14-day	1 000	1 000	2.7
2018.12.29	周六 Saturday	逆回购 Repurchase	利率招标 Interest rate bidding	7天 7-day	1 500	1 500	2.55
2018.12.29	周六 Saturday	逆回购 Repurchase	利率招标 Interest rate bidding	14天 14-day	800	800	2.7

一、经济增长率
1. Economic Growth Rate

世界经济增长率
World economic growth rate

单位：% Unit: %

		2015	2016	2017	2018年10月预计 Projection in October, 2018		2019年1月预计 Projection in January,2019	
					2018	2019	2018	2019
国际货币基金组织 IMF	按购买力平价方法计算的实际GDP增长率 Real GDP growth rate based on PPP	3.5	3.2	3.8	3.7	3.7	3.7	3.5
	按市场汇率法计算的实际GDP增长率 Real GDP growth rate based on market exchange rate	2.8	2.5	3.2	3.2	3.1	3.1	3.0
世界银行 World Bank	按2005年不变价及市场汇率法计算的实际GDP增长率 Real GDP growth rate based on 2005 constant price and market exchange rate	2.8	2.4	3.1	—	—	3.0	2.9

数据来源：国际货币基金组织《世界经济展望更新》（2019年1月），世界银行《全球经济展望》（2019年1月）。
Source : *World Economic Outlook Update*, IMF, January, 2019; *Global Economic Prospects Forecast*, The World Bank, January, 2019.

世界经济增长率
World economic growth rate

单位：% Unit: %

年 Year	国际货币基金组织按购买力平价方法计算的实际GDP增长率 Real GDP growth rate based on PPP (IMF)	国际货币基金组织按市场汇率法计算的实际GDP增长率 Real GDP growth rate based on market exchange rate (IMF)
1986	3.7	3.4
1987	4.0	3.8
1988	4.7	4.6
1989	3.8	3.8
1990	3.5	3.2
1991	2.6	1.9
1992	2.3	2.5
1993	2.1	1.5
1994	3.3	3.2
1995	3.3	2.9
1996	3.9	3.4
1997	4.0	3.5
1998	2.6	2.3
1999	3.6	3.2
2000	4.8	4.2
2001	2.5	1.7
2002	3.0	2.0
2003	4.3	2.9
2004	5.4	4.0
2005	4.9	3.5
2006	5.4	3.9
2007	5.6	3.8
2008	3.0	1.5
2009	-0.2	-2.1
2010	5.4	4.1
2011	4.3	3.1
2012	3.5	2.5
2013	3.5	2.6
2014	3.6	2.8
2015	3.5	2.8
2016	3.2	2.5
2017	3.8	3.2
2018*	3.7	3.1
2019*	3.5	3.0

注：*为预测数。
Note: * Projection.

世界经济增长
World economic growth

国际货币基金组织按购买力平价方法计算的实际GDP增长率
Real GDP growth rate based on PPP (IMF)
国际货币基金组织按市场汇率法计算的实际GDP增长率
Real GDP growth rate based on market exchange rate (IMF)

注：*为预测数。
Note: * Projection.

GDP年度增长率
Annual growth rate of GDP

单位：% Unit: %

年 Year	美国 U.S.	日本 Japan	欧元区 Euro Area	英国 U.K.
2003	2.5	1.4	0.8	2.8
2004	3.6	2.7	2.1	3.3
2005	2.9	1.9	1.6	1.8
2006	2.8	2.4	2.8	2.8
2007	1.8	1.7	3.0	2.4
2008	-0.3	-1.1	0.4	-0.5
2009	-2.8	-5.4	-4.5	-4.2
2010	2.5	4.2	2.1	1.7
2011	1.6	-0.1	1.6	1.5
2012	2.2	1.5	-0.9	1.5
2013	1.7	2.0	-0.2	2.1
2014	2.6	0.4	1.3	3.1
2015	2.9	1.4	2.1	2.3
2016	1.5	1.0	1.8	1.8
2017	2.2	1.9	2.4	1.8
2018*	2.9	0.9	1.8	1.4
2019*	2.5	1.1	1.6	1.5

注：*为预测数。日本当局于2016年12月对历史国民账户数据进行了修订，将国民经济账户体系由1993年版调整至2008年版，基准年度由2005年调整至2011年。本表中日本2015年以后的数据体现了这一变化。

Note: *Projection.Japan's historical national accounts figures reflect a comprehensive revision by the national authorities, released in December 2016.The main revisions are the switch from the System of National Accounts 1993 to the System of National Accounts 2008 and the updating of the benchmark year from 2005 to 2011.The data of Japan in this table reflect this revision since 2015.

GDP季度同比增长率
Year-on-year growth rate of GDP

单位：% Unit: %

年/季度 Year/Quarter	美国 U.S.	日本 Japan	欧元区 Euro Area	英国 U.K.
2015Q1	3.3	0.0	1.2	2.7
2015Q2	3.3	2.2	1.6	2.4
2015Q3	1.0	1.9	1.6	2.1
2015Q4	0.4	0.9	1.7	2.2
2016Q1	1.5	0.4	1.7	2.1
2016Q2	2.3	0.3	1.7	1.7
2016Q3	1.9	0.5	1.8	1.7
2016Q4	1.8	1.2	1.9	1.7
2017Q1	1.8	1.4	2.1	1.8
2017Q2	3.0	1.8	2.4	1.9
2017Q3	2.8	2.1	2.8	2.0
2017Q4	2.3	2.4	2.8	1.6
2018Q1	2.2	1.3	2.4	1.3
2018Q2	4.2	1.5	2.2	1.4
2018Q3	3.4	0.1	1.6	1.6
2018Q4	2.6	0.0	1.2	1.3

GDP年度增长率
Annual growth rate of GDP

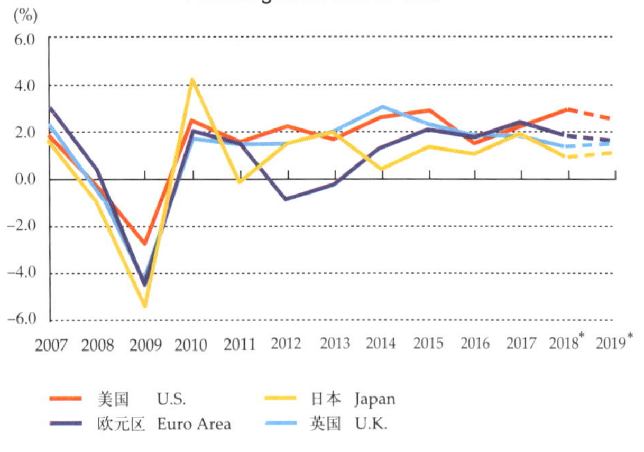

注：*为预测数。
数据来源：国际货币基金组织《世界经济展望更新》(2019年1月)。
Note: *Projection.
Source: *World Economic Outlook update*, IMF, January, 2019.

GDP季度同比增长率
Year-on-year growth rate of GDP

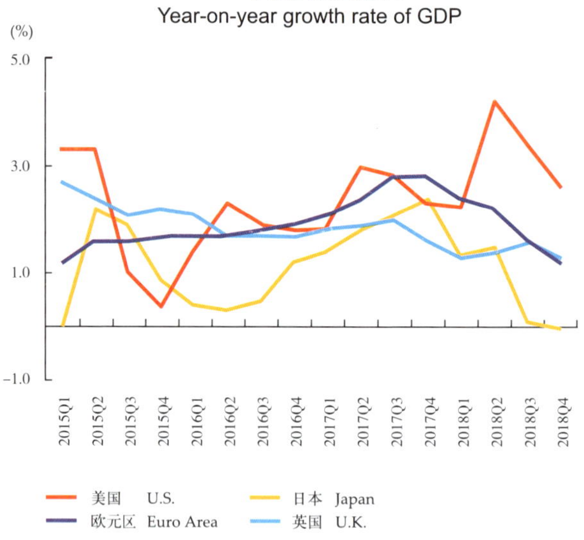

注：美国GDP增长率为环比折年率季节调整后的数据，折年率方法为 $[(GDP_1/GDP_0)^4-1]\times 100$。
数据来源：各经济体官方统计网站。
Note: The U.S. GDP growth rate is an annualized rate after a seasonal adjustment. It can be written as $[(GDP_1/GDP_0)^4-1]\times 100$.
Source: Official statistical websites of the economies.

二、消费价格指数
2. CPI

消费价格当月同比指数
Monthly CPI (YOY)

单位：% Unit: %

年/月 Year/Month	美国 U.S.	日本 Japan	欧元区 Euro Area	英国 U.K.
2017.10	2.0	0.2	1.4	2.8
2017.11	2.2	0.6	1.5	2.8
2017.12	2.1	1.0	1.4	2.7
2018.01	2.1	1.4	1.3	2.7
2018.02	2.2	1.5	1.1	2.5
2018.03	2.4	1.1	1.3	2.3
2018.04	2.5	0.6	1.3	2.2
2018.05	2.8	0.7	1.9	2.3
2018.06	2.9	0.7	2.0	2.3
2018.07	2.9	0.9	2.1	2.5
2018.08	2.7	1.3	2.0	2.7
2018.09	2.3	1.2	2.1	2.4
2018.10	2.5	1.4	2.2	2.4
2018.11	2.2	0.8	2.0	2.3
2018.12	1.9	0.3	1.6	2.1

数据来源：各经济体官方统计网站。
Source: Official statistical websites of the economies.

三、失业率
3. Unemployment Rate

失业率（季节调整后）
Unemployment rate
(after seasonal adjustment)

单位：% Unit: %

年/月 Year/Month	美国 U.S.	日本 Japan	欧元区 Euro Area	英国 U.K.
2017.10	4.1	2.7	8.8	4.3
2017.11	4.1	2.6	8.7	4.4
2017.12	4.1	2.6	8.6	4.3
2018.01	4.1	2.4	8.6	4.3
2018.02	4.1	2.5	8.5	4.2
2018.03	4.1	2.5	8.4	4.2
2018.04	3.9	2.6	8.4	4.2
2018.05	3.8	2.3	8.2	4.2
2018.06	4.0	2.5	8.2	4.0
2018.07	3.9	2.5	8.1	4.0
2018.08	3.9	2.5	8.1	4.0
2018.09	3.7	2.4	8.1	4.1
2018.10	3.8	2.4	8.0	4.1
2018.11	3.7	2.4	7.9	4.0
2018.12	3.9	2.3	7.8	4.0

数据来源：各经济体官方统计网站。
Source: Official statistical websites of the economies.

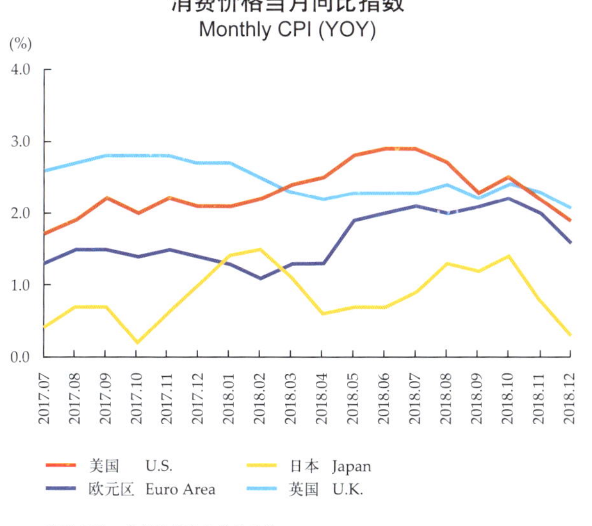

数据来源：各经济体官方统计网站。
Source: Official statistical websites of the economies.

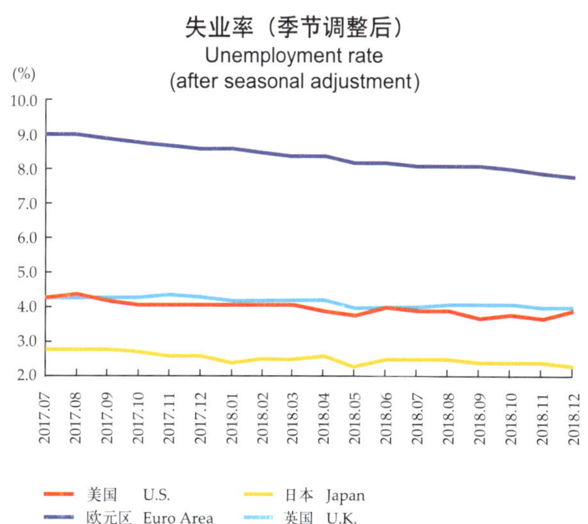

数据来源：各经济体官方统计网站。
Source: Official statistical websites of the economies.

四、国际收支[①]
4. BOP[1]

经常项目差额
Current account balance

单位：10亿美元
Unit: USD1 billion

年/季度 Year/Quarter	美国 U.S.	日本 Japan	欧元区 Euro Area	英国 U.K.
2013Q3	-111.72	16.33	68.84	-45.91
2013Q4	-80.71	-14.26	119.52	-37.92
2014Q1	-73.16	-8.44	43.51	-33.15
2014Q2	-99.33	8.67	56.31	-27.78
2014Q3	-115.33	18.79	102.64	-49.61
2014Q4	-107.07	13.14	125.36	-36.34
2015Q1	-92.14	36.73	62.18	-29.96
2015Q2	-119.19	30.66	75.03	-23.29
2015Q3	-129.21	40.16	110.78	-34.38
2015Q4	-104.81	25.89	130.13	-43.95
2016Q1	-98.89	51.35	72.62	-45.48
2016Q2	-114.89	45.24	103.40	-39.49
2016Q3	-124.33	59.29	113.45	-48.18
2016Q4	-106.00	36.97	114.42	-16.94
2017Q1	-84.84	52.99	60.50	-23.46
2017Q2	-133.92	41.40	64.15	-26.80
2017Q3	-114.19	63.11	141.55	-30.50
2017Q4	-116.19	38.29	140.55	-17.62
2018Q1	-93.79	54.35	100.33	-25.44
2018Q2	-118.69	45.63	94.71	-24.73

资本项目差额
Capital account balance

单位：10亿美元
Unit: USD1 billion

年/季度 Year/Quarter	美国 U.S.	日本 Japan	欧元区 Euro Area	英国 U.K.
2013Q3	-0.15	-1.12	5.79	0.04
2013Q4	0.00	-0.54	12.40	-0.93
2014Q1	-0.04	-0.59	7.79	-0.30
2014Q2	0.00	-0.38	5.36	-0.36
2014Q3	0.00	-0.65	5.01	-0.45
2014Q4	0.00	-0.28	6.95	-0.51
2015Q1	-0.02	-1.11	1.10	0.11
2015Q2	-0.02	-0.22	-30.17	-0.43
2015Q3	0.00	-0.53	5.53	-0.41
2015Q4	0.00	-0.39	10.33	-1.14
2016Q1	-0.06	-4.86	-1.52	0.45
2016Q2	0.00	0.03	-0.22	-0.45
2016Q3	0.00	-0.84	1.18	-1.25
2016Q4	0.00	-0.91	2.89	-0.93
2017Q1	0.00	-0.59	-19.34	-0.03
2017Q2	0.00	-1.28	-6.08	-1.00
2017Q3	24.79	-0.18	-4.89	-0.48
2017Q4	-0.04	-0.51	1.95	-0.73
2018Q1	0.00	-0.81	3.15	0.02
2018Q2	0.00	-0.58	1.65	-0.76

经常项目差额
Current account balance

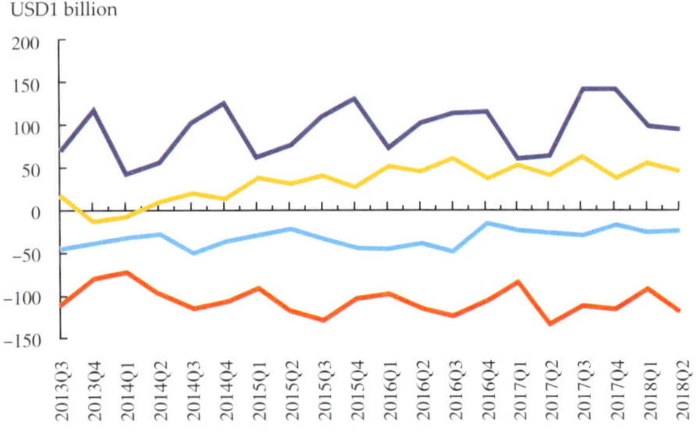

数据来源：国际货币基金组织《国际金融统计》(2019年1月)。
Source: *International Financial Statistics*, IMF, January, 2019.

资本项目差额
Capital account balance

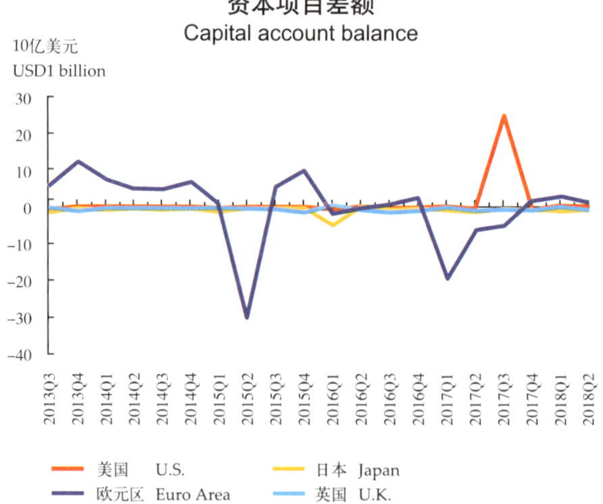

数据来源：国际货币基金组织《国际金融统计》(2019年1月)。
Source: *International Financial Statistics*, IMF, January, 2019.

①国际货币基金组织《国际金融统计》自2012年8月起，将国际收支统计规则由BPM5调整至BPM6。数据从2005年起调整。根据BMP6，金融账户由"贷方和借方"改为"金融资产净获得和负债净产生"，金融账户的总差额为净贷款/净借款。净贷款表示，考虑了金融资产的取得和处置以及负债的发生和偿还后，一个经济体向世界其他地方提供资金。

1. The IMF's *International Financial Statistics* (IFS) is publishing balance of payments data on BPM6 presentational basis instead of BPM5 since August, 2012.The data series starts in 2005. In BPM6, the headings of the financial account have been changed from "credits and debits" to "net acquisition of financial assets" and "net incurrence of liabilities". The overall balance on the financial account is called net lending/net borrowing. Net lending means the economy supplies funds to the rest of the world, taking into account acquisition and disposal of financial assets and incurrence and repayment of liabilities.

金融项目差额
Financial account balance

单位：10亿美元
Unit: USD1 billion

年/季度 Year/Quarter	美国 U.S.	日本 Japan	欧元区 Euro Area	英国 U.K.
2013Q3	-122.19	9.08	72.84	-47.85
2013Q4	-211.98	-30.51	140.11	-43.68
2014Q1	-108.47	-19.98	98.12	-33.14
2014Q2	-45.61	22.08	108.28	-43.75
2014Q3	-15.90	29.61	135.71	-57.32
2014Q4	-43.81	15.80	116.82	-55.55
2015Q1	-20.20	53.02	-68.52	-63.60
2015Q2	-96.39	34.47	92.49	-15.66
2015Q3	-27.03	43.76	102.77	-22.40
2015Q4	-46.03	34.83	154.23	-32.65
2016Q1	-73.52	77.87	15.19	-34.63
2016Q2	-35.43	67.28	81.26	-61.16
2016Q3	-190.33	107.69	113.17	-47.09
2016Q4	-100.03	13.04	94.12	-13.99
2017Q1	-54.16	39.10	53.36	-28.78
2017Q2	-115.33	34.87	121.61	-27.24
2017Q3	-101.68	32.69	132.22	-26.55
2017Q4	-59.00	27.15	127.09	-10.78
2018Q1	-144.65	62.62	138.40	-9.57
2018Q2	-129.08	40.86	91.91	-22.35

金融项目差额
Financial account balance

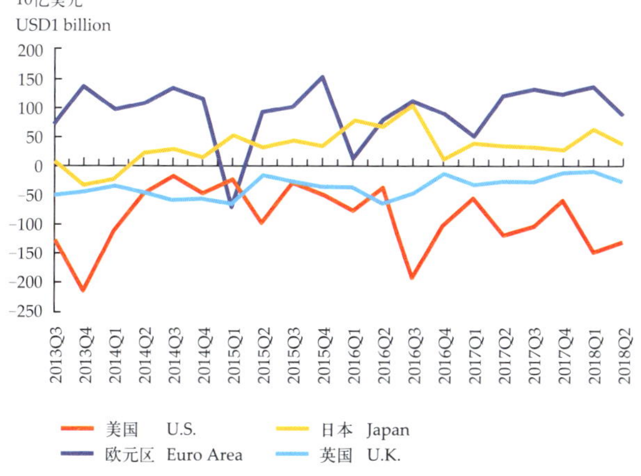

数据来源：国际货币基金组织《国际金融统计》(2019年1月)。
Source: *International Financial Statistics*, IMF, January, 2019.

五、利率
5. Interest Rates

1.中央银行目标利率
(1) Central bank base rates

中央银行目标利率
Central bank base rates

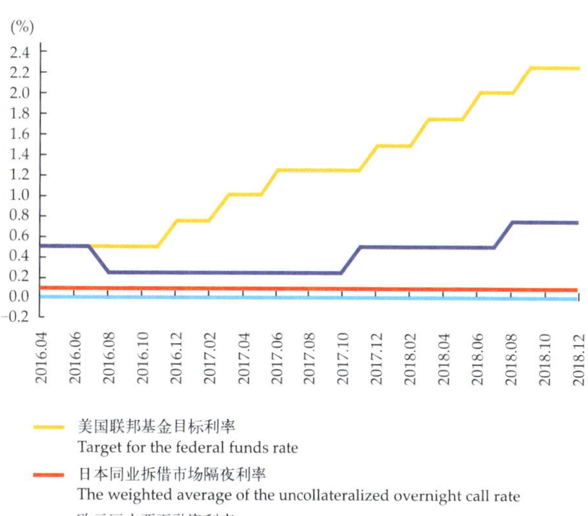

注：2016年1月29日，日本央行宣布实施负利率政策，商业银行存放在日本央行的超额准备金存款利率降至-0.1%，目前仍维持在-0.1%的水平。
数据来源：各经济体中央银行网站。
Note:On January 29, 2016, Bank of Japan decided to introduce negative interest rate of minus 0.1 percent to current accounts that financial institutions hold at the Bank. Up to now it has remained unchanged.
Source: Central bank websites of the economies.

2.短期利率
(2) Short-term interest rates

3个月期银行间市场拆借利率（年率，月平均）
3-month inter-bank rate (annualized, monthly average)

单位：% Unit: %

年/月 Year/Month	美元 USD	日元 JPY	欧元 EUR	英镑 GBP
2017.10	1.36	-0.04	-0.33	0.35
2017.11	1.43	-0.03	-0.33	0.44
2017.12	1.60	-0.02	-0.33	0.44
2018.01	1.73	-0.03	-0.38	0.52
2018.02	1.87	-0.06	-0.38	0.55
2018.03	2.17	-0.05	-0.38	0.62
2018.04	2.35	-0.04	-0.36	0.76
2018.05	2.34	-0.03	-0.35	0.64
2018.06	2.33	-0.04	-0.36	0.64
2018.07	2.34	-0.04	-0.36	0.75
2018.08	2.32	-0.04	-0.36	0.81
2018.09	2.35	-0.04	-0.35	0.80
2018.10	2.46	-0.08	-0.35	0.81
2018.11	2.65	-0.10	-0.36	0.87
2018.12	2.74	-0.07	-0.35	0.90

3个月期银行间市场拆借利率（年率，月平均）
3-month inter-bank rate
(annualized, monthly average)

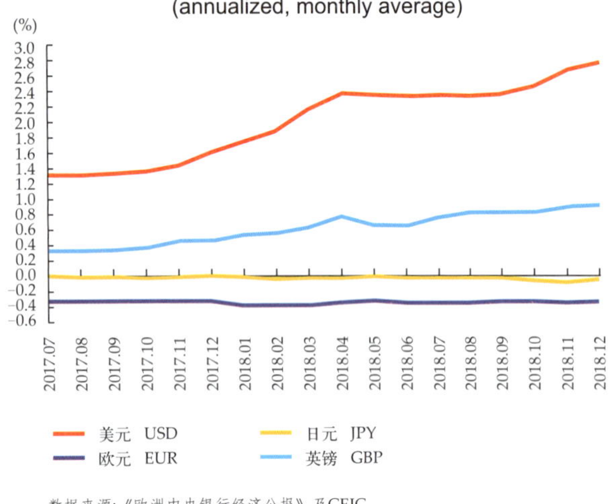

数据来源：《欧洲中央银行经济公报》及CEIC。
Source: *Economic Bulletin of ECB*, CEIC.

3.长期利率
(3) Long-term interest rates

10年期国债收益率（年率，月平均）
10-year government bond yield
(annualized, monthly average)

单位：% Unit: %

年/月 Year/Month	美元 USD	日元 JPY	欧元 EUR	英镑 GBP
2017.10	2.36	0.07	1.15	1.38
2017.11	2.35	0.04	0.95	1.33
2017.12	2.40	0.05	0.88	1.28
2018.01	2.57	0.08	0.55	1.33
2018.02	2.86	0.07	0.72	1.57
2018.03	2.84	0.04	0.58	1.45
2018.04	2.87	0.04	0.60	1.51
2018.05	2.98	0.05	0.58	1.50
2018.06	2.91	0.05	0.47	1.42
2018.07	2.89	0.05	0.39	1.37
2018.08	2.89	0.11	0.39	1.40
2018.09	3.00	0.13	0.48	1.50
2018.10	3.15	0.14	0.51	1.55
2018.11	3.12	0.11	0.44	1.44
2018.12	2.83	0.05	0.32	1.31

10年期国债收益率(年率，月平均)
10-year government bond yield
(annualized, monthly average)

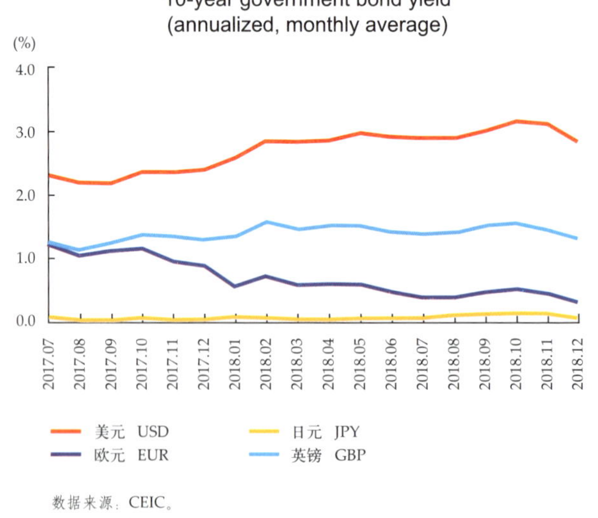

数据来源：CEIC。
Source: CEIC.

六、汇率
6. Exchange Rates

汇率（月平均）
Exchange rates (monthly average)

年/月 Year/Month	美元/欧元 USD/EUR	美元/英镑 USD/GBP	日元/美元 JPY/USD
2017.09	1.1919	1.3333	110.72
2017.10	1.1751	1.3210	112.96
2017.11	1.1723	1.3210	113.00
2017.12	1.1834	1.3405	112.95
2018.01	1.2195	1.3812	110.77
2018.02	1.2346	1.3947	107.90
2018.03	1.2330	1.3966	106.00
2018.04	1.2270	1.4065	107.52
2018.05	1.1820	1.3477	109.70
2018.06	1.1682	1.3298	110.03
2018.07	1.1682	1.3175	111.42
2018.08	1.1547	1.2870	111.06
2018.09	1.1655	1.3055	111.95
2018.10	1.1481	1.3004	112.78
2018.11	1.1364	1.2903	113.38

实际有效汇率（月平均，2010年=100）
Real effective exchange rates
(monthly average, year 2010=100)

年/月 Year/Month	美元 USD	欧元 EUR	日元 JPY	英镑 GBP
2017.09	113.1	96.4	74.7	99.2
2017.10	115.0	96.1	73.7	99.6
2017.11	115.5	96.1	73.9	99.4
2017.12	115.0	96.3	73.6	100.2
2018.01	112.5	96.9	73.6	100.8
2018.02	111.6	97.2	75.0	100.7
2018.03	112.0	97.4	76.0	101.0
2018.04	111.9	97.4	74.5	102.4
2018.05	115.2	96.1	74.1	101.0
2018.06	116.9	95.8	74.6	100.6
2018.07	117.2	96.6	74.7	99.9
2018.08	117.6	96.8	75.7	99.1
2018.09	117.6	97.7	74.9	99.9
2018.10	118.3	96.1	74.9	100.5
2018.11	119.7	95.2	74.7	100.2

汇率(月平均)
Exchange rates (monthly average)

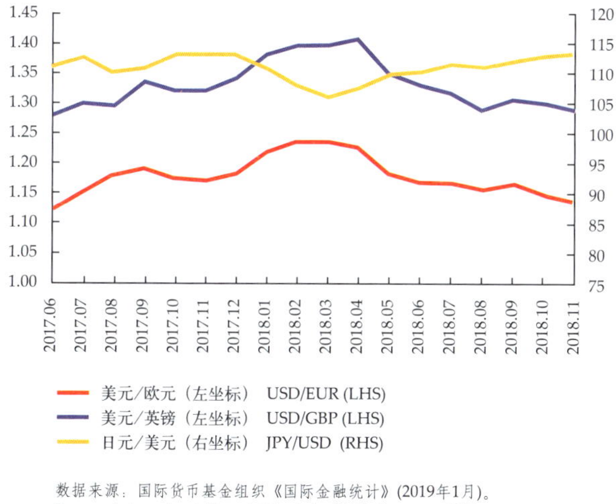

数据来源：国际货币基金组织《国际金融统计》(2019年1月)。
Source: *International Financial Statistics*, IMF, January, 2019.

实际有效汇率（月平均，2010年=100）
Real effective exchange rates
(monthly average, year 2010=100)

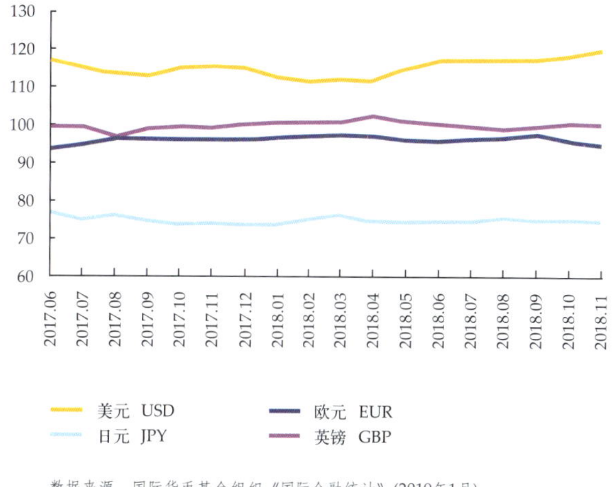

数据来源：国际货币基金组织《国际金融统计》(2019年1月)。
Source: *International Financial Statistics*, IMF, January, 2019.

七、股票市场指数
7. Stock Market Indices

主要股票市场指数（期末）
Major stock market indices (end-period)

年/月 Year/Month	美国道琼斯30种股票平均价格指数 Dow Jones 30	纳斯达克综合指数 NASDAQ	日本日经225种股票平均价格指数 Nikkei 225	道琼斯欧元区STOXX50股票指数 Dow Jones EURO STOXX 50
2017.10	23 377	6 728	21 267	3 674
2017.11	24 272	6 874	22 525	3 570
2017.12	24 719	6 903	22 770	3 504
2018.01	26 149	7 411	23 098	3 609
2018.02	25 029	7 273	22 068	3 439
2018.03	24 103	7 063	21 454	3 362
2018.04	24 163	7 066	22 468	3 537
2018.05	24 416	7 442	22 202	3 407
2018.06	24 271	7 510	22 305	3 396
2018.07	25 415	7 672	22 554	3 525
2018.08	25 965	8 110	22 865	3 393
2018.09	26 458	8 046	24 120	3 399
2018.10	25 116	7 306	21 920	3 198
2018.11	25 538	7 331	22 351	3 173
2018.12	23 327	6 635	20 014	3 001

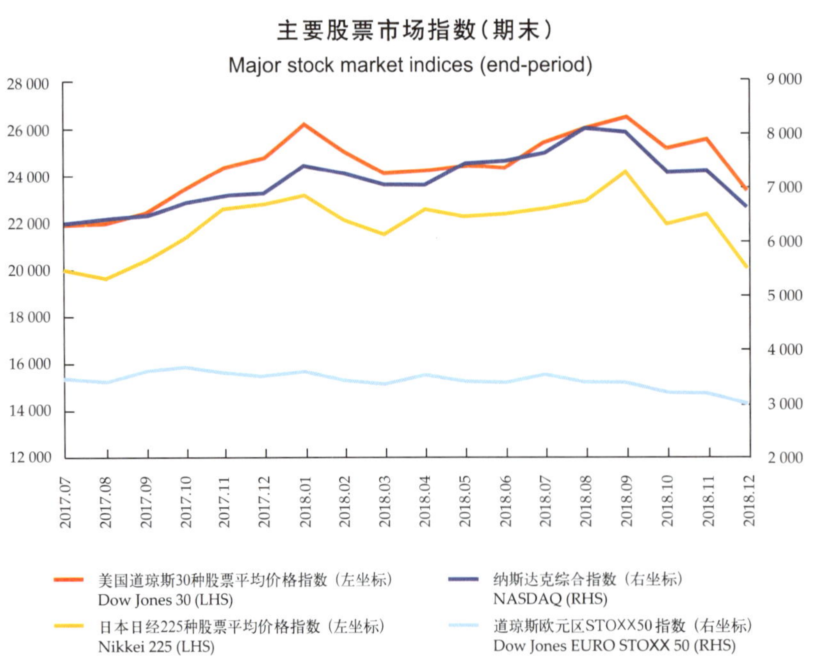